高等院校"十三五"应用型规划教材 · 工商管理专业

U0653353

资产评估实务

主　编　张翠红　吴凌霞
副主编　成　文　刘　然　费　娥　蔡阿双
参　编　范伟杰　陈　豪　陈子君　李志月

南京大学出版社

图书在版编目(CIP)数据

资产评估实务 / 张翠红,吴凌霞主编. — 南京:
南京大学出版社,2016.8(2022.1 重印)
高等院校"十三五"应用型规划教材. 工商管理专业
ISBN 978 - 7 - 305 - 17313 - 4

Ⅰ. ①资… Ⅱ. ①张… ②吴… Ⅲ. ①资产评估—高
等学校—教材 Ⅳ. ①F20

中国版本图书馆 CIP 数据核字(2016)第 171296 号

出版发行　南京大学出版社
社　　址　南京市汉口路 22 号　　　　邮　编　210093
出 版 人　金鑫荣
丛 书 名　高等院校"十三五"应用型规划教材·工商管理专业
书　　名　资产评估实务
主　　编　张翠红　吴凌霞
责任编辑　王春梅　府剑萍　　　　编辑热线　025 - 83597087
照　　排　南京南琳图文制作有限公司
印　　刷　南京人文印务有限公司
开　　本　787×1092　1/16　印张 15.5　字数 381 千
版　　次　2016 年 8 月第 1 版　2022 年 1 月第 4 次印刷
ISBN 978 - 7 - 305 - 17313 - 4
定　　价　39.00 元

网址:http://www.njupco.com
官方微博:http://weibo.com/njupco
微信服务号:njuyuexue
销售咨询热线:(025) 83594756

微信扫一扫
下载教学资源

* 版权所有,侵权必究
* 凡购买南大版图书,如有印装质量问题,请与所购
　图书销售部门联系调换

前　言

随着社会经济的不断发展,资产评估作为社会经济活动中的一个重要的中介服务行业,作用在不断突显,已成为社会主义市场经济不可或缺的重要组成部分。可以预见,随着市场经济的进一步发展,我国资产评估行业的发展前景会更加广阔。

为了适应资产评估行业发展和本科教育教学工作的需要,我们在资产评估多年教学经验的基础上编写了本教材。我们结合当前资产评估实践中主要评估对象的特点,较为详细地介绍资产评估原理和技术在这些资产评估中的具体应用。

本书共十个章节和6个附件,从认识资产评估开始,介绍了资产评估的基本理论与基本方法,详细论述了各种资产的评估实务,主要涉及诸如机电设备、房地产、无形资产、资源资产、长期投资性资产、流动资产、企业价值、财务报告等各类型资产的评估。

本教材参考了各类资产评估的优秀书籍,不仅每个项目都直接点明了知识目标与技能目标,并在每个项目后附有思考题,使读者能很好地把握每个项目的要点,巩固各知识要点。

本书可作为本科学校财经类专业的教学用书,也可作为成人高等学校、在职人员培训用书。

本书由张翠红、吴凌霞担任主编,成文、刘然、费娥、蔡阿双担任副主编,范伟杰、陈豪、陈子君、李志月参与编写。

在本书出版之际,感谢湖北商贸学院、湖北财税职业学院、重庆大学城市科技学院、闽南理工学院、许昌学院领导与相关专业老师的大力支持与帮助,同时也感谢南京大学出版社各位编辑人员对本书出版所付出的心血。

由于编者水平有限,书中不妥之处在所难免,恳请读者在使用中提出宝贵意见,以便修订时改进。

编　者
2016 年 6 月

目　录

第一章　资产评估基础知识

第一节　资产评估概述

随着我国社会主义市场经济体制改革的深入,国有资产和非国有资产之间,非国有资产和非国有资产之间的产权转换、产权交易越来越频繁,资产的相关当事人为了维护各自的产权利益,对资产的价值量进行鉴定的要求也越发强烈。现在资产评估不仅已经成为一个独立的行业,同时也成了一个约定俗成的概念和专业术语。就目前学术界和执业界的普遍共识,资产评估可以表述为:资产评估是专业机构和人员按照国家法律、法规、资产评估准则和有关资料,根据特定目的,遵循评估原则,依照相关程序,选择适当的价值类型,运用科学方法,对资产价值进行分析、估算并发表专业意见的行为和过程。

通过分析以上定义可知,资产评估作为一种评价过程,要经历若干评估步骤和程序,同时也会涉及以下基本的评估要素:

(1) 资产评估的主体:是指从事资产评估的机构和人员,即具有资产评估资格的中介机构和注册资产评估师。

(2) 资产评估的客体:是指被评估的资产,即评估的具体对象,也称为评估对象。

(3) 资产评估的依据:是指评估所遵循的法律、法规、经济文件、重大合同协议以及取费标准和其他参考依据。一般包括行为依据、法规依据、产权依据和取价依据四部分。

(4) 资产评估的目的:即资产业务引发的经济行为对资产评估结果的要求,或评估结果的具体用途。它直接或间接地决定和制约资产评估的条件,以及价值类型的选择。

(5) 资产评估的原则:即资产评估的行为规范,是调节评估当事人各方关系、处理评估业务的行为准则,包括工作原则和经济原则。

(6) 资产评估的程序:即资产评估工作从开始准备到最后结束的工作顺序。可以从广义和狭义两个角度来理解。

广义的资产评估程序开始于承接资产评估业务前的明确资产评估基本事项环节,终止于资产评估报告书提交后的资产评估文件归档管理。

狭义的资产评估程序是指评估机构自接受评估项目委托起到提交评估报告的工作顺序,一般包括接受委托、资产清查、评定估算、评估汇总以及评估报告提交等几个阶段。在财政部《关于改革国有资产评估行政管理方式加强资产评估监督管理工作的意见》中,评估工作是按照一定逻辑进行的,评估师所承担风险的大小取决于其是否按照规范的评估程序进行评估。

(7) 资产评估的价值类型:评估结果是质与量的统一,因此评估报告中不能只计算价值量,还必须指明是什么价值,价值类型就是对评估价值的质的规定,它对资产评估参数的选择具有约束性。

(8) 资产评估的方法:即资产评估所运用的特定技术,是分析和判断资产价值的手段和途径。

(9) 资产评估假设：即资产评估得以进行的前提条件、假设等。

(10) 资产评估基准日：即资产评估的时间基准。

资产评估的要素是一个有机组成的整体，它们之间相互依托、相辅相成，缺一不可。而且它们也是保证资产评估价值的合理性和科学性的重要条件。下面介绍其中几个要素，其他要素将在后面的章节里介绍。

一、资产评估的主体

资产评估的主体，是指从事资产评估的机构和人员。具体来说，就是具有资产评估资格的中介机构和资产评估师。中介机构从事资产评估业务，需具备一定条件，并经主管部门批准，这里不赘述，重点说明的是资产评估师。

资产评估师是具备资产评估、经济管理和财务会计等专业知识并通过考试或认定，取得资产评估师资格，从事资产评估业务及相关服务业务的人员。资产评估师的执业行为应遵循有关的法律和行政法规。资产评估报告应由至少两名资产评估师签字。资产评估师只能在一个资产评估机构执业并独立行使签字权利，不得允许他人以本人名义签字。资产评估师对签署的资产评估报告书的真实性、客观性、公正性负责，并承担相应的法律责任。

资产评估师在执业中应遵守独立、客观、公正的原则，与客户存在以下利害关系时，应予以回避：

(1) 曾在委托单位任职，离职未满两年；

(2) 持有客户的股票、债券或与客户有其他经济利益关系；

(3) 与客户的负责人或委托事项的当事人有利害关系；

(4) 其他可能直接或间接影响执业的利害关系。

资产评估师应当维护职业形象，在本行业中团结协作，维护行业信誉。不得以下列不正当手段争揽业务：

(1) 诋毁、贬损同行的信誉；

(2) 利用回扣、提成等手段；

(3) 借助行政机关的权力，垄断行业、地区、系统的评估业务；

(4) 胁迫、欺诈、利诱等方式；

(5) 其他不正当手段。

此外，资产评估师不得向客户索取或通过客户获取服务费以外的不正当利益；不得对其执业能力进行夸张、虚假以及容易引起误解的宣传。

二、资产评估的客体

1. 资产的含义

资产评估客体，是指被评估的资产。作为评估客体的资产，有的是单项资产，有的则是若干项资产的组合体；有的是资产的所有权，有的则是资产的使用权……我国的资产评估客体，最初是以企业为主体进行的，当然也不排斥各项独立形态的资产，如房地产等。所谓资产，是经济主体拥有或者控制的，能以货币计量的，能够给经济主体带来经济效益的经济资源。资产具有以下基本特征：

（1）资产必须是经济主体拥有或者控制的。一般来说，一项财产要作为经济主体的资产予以确认，其所有权必须归经济主体所有。由于市场经济的深化，财产所有权基本权能形成不同的排列与组合不仅成为必要，而且成为可能。如果将这些排列与组合称之为产权，那么，在资产评估中应了解资产的产权构成。对于一些特殊方式形成的资产，经济主体虽然对其不拥有所有权，但依法能够实际控制的，如融资租入固定资产、土地使用权等，按照实质重于形式原则的要求，也应当将其作为经济主体资产予以确认。

（2）资产必须能以货币计量。也就是说资产能够运用货币计量其价值，否则就不能将其作为资产确认。如某生产饮料的企业，垄断占有一个含有丰富微量元素的优质矿泉水水源，这对于该企业来说是一大经济资源，它有利于企业生产出优质矿泉水饮料，能够给企业带来未来经济效益，但是由于无法用货币对该矿泉水资源的价值进行计量，所以不能将其作为资产予以确认。

（3）资产必须是能够给经济主体带来经济利益的资源，即可望给经济主体带来现金流入的资源。也就是说，资产具有能够带来未来利益的潜在能力。如果被恰当使用，资产的获利潜力就能够实现，进而使资产具有使用价值和交换价值。资产必须具有使用价值和交换价值，没有交换价值和使用价值的物品，不能给经济主体带来未来效益的，则不作为资产确认。

2. 资产的分类

作为资产评估客体的资产，其存在形式是多种多样的，为了科学地进行资产评估，应对资产评估对象进行适当的分类。

（1）按资产存在形态分类，可以分为有形资产和无形资产。有形资产是指那些具有实体形态的资产，包括机器设备、房屋建筑物、流动资产等。由于不同类别的有形资产具有不同的功能和特性，在评估时应分别进行。无形资产是指特定主体所拥有或者控制，不具有实物形态，但在很大程度上制约着企业物质产品生产能力和生产质量，直接影响企业经济效益的资产，主要包括专利权、商标权、非专利技术、土地使用权、商誉等。

（2）按资产是否具有综合获利能力分类，可以分为单项资产和整体资产。单项资产是指单台、单件的资产；整体资产是指由一组单项资产组成的具有整体获利能力的资产综合体。

在单项资产评估中，我们可以确切地评估出厂房、机器设备的价值，可以评估确定某项技术专利等无形资产的开发或购置成本以及获利能力。以单项资产为对象的评估，称为单项资产评估。将单项资产评估价值汇总起来，可以求得作为资产综合体的企业的总资产的价值。但是，如果不是变卖单项资产，而是把企业或单独的生产车间作为商品进行买卖，一般要进行整体资产评估。企业的整体资产不是企业各单项可确指资产的汇集，其价值也不等于各单项可确指的资产价值的总额，因为企业整体资产评估所考虑的是它作为一个整体的生产能力或获利能力，所以，其评估价值除了包括各单项可确指的资产价值以外，还包括不可确指的资产，即商誉的价值。

（3）按资产能否独立存在分类，可以分为可确指的资产和不可确指的资产。可确指的资产是指能独立存在的资产，前面所列示的有形资产和无形资产，除商誉以外都是可确指的资产；不可确指的资产是指不能脱离企业有形资产而单独存在的资产，如商誉。商誉是由于企业地理位置优越、信誉卓著、生产经营出色、劳动效率高、历史悠久、经验丰富、技术先进等原因，所获得的投资收益率高于一般正常投资收益率所形成的超额收益。

（4）按照资产与生产经营过程的关系分类，可以分为经营性资产和非经营性资产。经营性资产是指处在生产经营过程中的资产,非经营性资产是指处在生产经营过程以外的资产。

(5) 按资产的流动性分类,可以分为流动资产、长期投资、固定资产和无形资产等。

三、资产评估的目的

资产评估作为一种资产价值的判断活动,总是为满足特定资产业务的需要而进行的,在这里,资产业务是指引起资产评估的经济行为。通常把引起资产评估的资产业务对评估结果用途的具体要求称为资产评估的特定目的。同样的资产,因为评估目的不同,其评估值往往不相同。因此,明确资产评估目的,对于科学地组织资产评估工作,提高资产评估质量,具有重要意义。

从我国资产评估实践来看,引起资产评估的资产业务主要有:资产转让、企业兼并、企业出售、企业联营、股份经营、中外合资合作、企业清算、担保、企业租赁、债务重组等,当然,随着社会经济的发展,引起资产评估的资产业务和经济行为也在不断地增加,例如,财产保险、财产纳税、资产公允价值判断等。

1. 资产转让

资产转让是指资产拥有单位有偿转让其拥有的资产,通常是指转让非整体性资产的经济行为。

2. 企业兼并

企业兼并是指一个企业以承担债务、购买、股份化和控股等形式有偿接收其他企业的产权,使被兼并方丧失法人资格或改变法人实体。

3. 企业出售

企业出售是指独立核算的企业或企业内部的分厂、车间及其他整体资产产权出售行为。

4. 企业联营

企业联营是指国内企业、单位之间以固定资产、流动资产、无形资产及其他资产投入组成各种形式的联合经营实体的行为。

5. 股份经营

股份经营是指资产占有单位实行股份制经营方式的行为,包括法人持股、内部职工持股、向社会发行不上市股票和上市股票。

6. 中外合资、合作

中外合资、合作是指我国的企业和其他经济组织与外国企业和其他经济组织或个人在我国境内举办合资或合作经营企业的行为。

7. 企业清算

企业清算包括破产清算、终止清算和结业清算。

8. 担保

担保是指资产占有单位,以本企业的资产为其他单位的经济行为担保,并承担连带责任的行为。担保通常包括抵押、质押、保证等。

9. 企业租赁

企业租赁是指资产占有单位在一定期限内,以收取租金的形式,将企业全部或部分资产的经营使用权转让给其他经营使用者的行为。

10. 债务重组

债务重组是指债权人按照其与债务人达成的协议或法院的裁决同意债务人修改债务条件的事项。

四、资产评估的价值类型

资产评估的价值类型指的是资产评估价值的质的规定性，即价值内涵。价值类型需要与资产行为的发生相匹配。

资产评估的价值类型是资产评估价值形式的具体化。资产在价值形态上的计量可以有多种类型的含义，分别从不同角度反映资产的价值特征。这些不同含义的价值不仅在质上是不同的，在量上也存在较大差异，而作为资产业务所要求的具体价值类型却是唯一的，否则，就失去了正确反映和提供价值尺度的功能。因此，必须根据资产业务的要求，即评估目的，弄清楚所要求的价值尺度的内涵，从而确定资产业务所适用的价值类型。

关于资产评估价值类型的种类，从不同的角度出发，有着不同的表述。其中一种表述将价值类型归纳为四种，即重置成本、现行市价、收益现值和清算价格。

1. 重置成本

重置成本是指在现时条件下，按功能重置资产并使资产处于在用状态所耗费的成本。重置成本的构成与历史成本一样，也是反映资产购建、运输、安装、调试等建设过程中全部费用的价格，只不过它是按现有技术条件初价格水平计算的。重置成本适用的前提是资产处于在用状态，一方面反映资产已经投入使用，另一方面反映资产能够继续使用，对所有者具有使用价值。决定重置成本的两个基本因素是重置完全成本及其损耗（或称贬值）。

2. 现行市价

现行市价是资产在公平市场上的售卖价格。现行市价源生于公平市场，具有如下规定性：有充分的市场竞争、买卖双方没有垄断和强制、双方都有足够的时间和能力了解实情，具有独立的判断和理智的选择。决定现行市价的基本因素如下：

（1）基础价格，即资产的生产成本价格。一般情况下，一项资产的生产成本高低决定其价格的高低。

（2）供求关系，资产价格与需求量成正比例关系，与供应量成反比例关系。当一项资产有多个买主竞买时，资产价格就会上升，反之则会下降。

（3）质量因素，是指资产本身功能、精度等技术参数。优质优价是市场经济的法则，在资产评估中质量因素对资产价值的影响必须予以充分考虑。

3. 收益现值

收益现值是指根据资产未来预期获利能力的大小，按照"将本求利"的逆向思维"以利索本"，以适当的折现率或资本化率将未来收益折成的现值。可见，收益现值是指为获得资产以取得预期收益的权利所支付的货币总额。收益现值适用的前提条件是资产投入使用，同时，投资者投资的直接目的是为了获得预期收益。

4. 清算价格

清算价格是指在非正常市场上限制拍卖的价格。清算价格一般低于现行市价，这是由市场供求状况决定的。其一，因经营失利而导致破产的企业，必然会急于将资产转让或拍卖；其二，这种交易活动主要取决于买方，占有主动权的买方必定会极力压低成交价格，以从中获取利益。

一般来说,在市场机制比较健全的情况下,资产价值会因竞争而趋于合理,以市场售价评定其清算价格仍有一定意义。尽管如此,资产的清算价格往往会低于其现行市场价格。有些市场上不需要的资产,其清算价格甚至会大大低于账面价格。因此,清算价格一般取决于下列几个因素:

(1) 资产的通用性。专用设备的清算价格一般会较大幅度地低于其市场价格。一个具有某一特殊属性(使用价值)的财产对于所有者来讲并不具有特殊价值。

(2) 清算时间的限制。一般来说,清算时间越长,在市场上讨价还价的余地越大,清算价格会越高。

另一种表述将价值类型归纳为市场价值和非市场价值两种。市场价值是自愿买方与自愿卖方在评估基准日进行正常的市场营销之后,所达成的公平交易中某项资产应当进行交易的价值估计数额,当事人双方应自主谨慎行事,不受任何强迫压制。非市场价值是指不满足市场价值成立条件的资产在非公开市场条件下实现的价值。

对于资产评估价值类型的选择,必须与资产经济行为的发生密切结合起来,不同的经济行为,所要求资产评估价值的内涵是不一样的。如果不区别资产经济行为便确定评估价值类型,或者笼统地确定资产评估价值,就会失去评估价值的科学性。实际工作中,资产评估的经济行为是多种多样的,要求评估机构和评估人员充分理解资产评估价值类型的含义和适用前提,选择科学合理的价值类型。

资产评估价值类型说明的是资产评估价值的内涵,具有质的规定性,而评估方法则是资产评估价值的量化过程,这是两个既相联系,又有区别的概念。价值类型对评估方法的选用具有约束性,在价值类型确定的前提下,尽管各种方法之间具有替代性,但不能以方法的可替代性模糊价值类型的唯一性,更不能以评估方法代替价值类型。同时,价值类型与作为评估结果的评估价值不是相同的概念。评估价值是价值类型与评估方法,即评估价值质的规定和量化过程共同作用的结果。影响评估价值的因素很多,诸如特定目的、市场条件及指标参数等,但决定价值类型的则是特定目的。价值类型相同的情况下,价值类型约束下的评估方法应用中,市场条件和指标参数等均会对其产生影响,最终影响评估价值。进一步说,引起评估价值差异的因素,既有价值类型不同的原因,也有方法运用差异的原因。科学选择资产评估价值类型是资产评估具有科学性和有效性的根本前提。

五、资产评估的假设

假设对任何学科都是重要的,相应的理论观念和方法都是建立在一定假设基础之上的。这是由于认识的无限性和阶段性,人们不得不依据已掌握的事实对某一事物做出合乎逻辑的推断。这种推断以事实为依据有其合理性,但这毕竟不是全部事实,因此,假设就是指依据有限事实而做出合理推断的状态。资产评估与其他学科一样,其理论和方法体系的形成也是建立在一定假设条件之上的。适用资产评估的假设有以下几种:

1. 交易假设

交易假设是资产评估得以进行的一个最基本的前提假设,交易假设是假定所有待评估的资产已经处在交易的过程中,评估师根据待评估资产的交易条件等模拟市场进行估价。众所周知,资产评估其实是在资产实施交易前进行的一项专业服务活动,而资产评估的最终结果又属于资产的交换价值范畴。为了发挥资产评估在资产实际交易之前为委托人提供资产交易底价的专家判断作用,同时又能够使资产评估得以进行,利用交易假设将被评估资产置于"市场交易"当中,模拟市场进行评估就成了可能。

2. 公开市场假设

公开市场是指充分发达与完善的市场条件。公开市场假设,是假定在市场上交易的资产,或拟在市场上交易的资产,资产交易双方彼此地位平等,彼此都有获取足够市场信息的机会和时间,以便对资产的功能、用途及其交易价格等做出理智的判断。公开市场假设是基于市场客观存在的现实,即资产在市场上可以公开买卖。不同类型的资产,其性能、用途不同,市场程度也不一样,用途广泛的资产一般比用途狭窄的资产市场活跃,而不论资产的买者或卖者都希望得到资产最大最佳效用。

所谓最大最佳效用是指资产在可能的范围内,用于最有利又可行和法律上允许的用途。这种资产的最大最佳效用可以是现时的,也可以是潜在的。在评估资产时,按照公开市场假设处理或做适当地调整,才有可能使资产效用最大。资产的最大最佳效用,由资产所在地区、具体特定条件以及市场供求规律所决定。

3. 继续使用假设

从资产评估角度看,继续使用假设是指资产将按现行用途继续使用,或转换用途继续使用。对这类资产的评估,就要从继续使用的假设出发,不能按资产拆零出售所得收入之和进行估价。比如一台机床用于制造产品时,其估价可能是 5 万元;而将其拆成发动机、床身等零部件分别出售时,可能仅值 2 万元,同一资产按不同的假设用作不同目的,其价格是不一样的。再如,就一个企业而言,它是由众多的机器设备、流动资产、房屋及其建筑物和无形资产组成的整体,在继续经营条件下评估,其价值(估价)是 800 万元,如果因破产而强制清算拍卖时,其价值就会远远低于 800 万元。

在确认继续使用的资产时,必须充分考虑以下条件:

(1) 资产能以其提供的服务或用途,满足所有者经营上期望的收益;

(2) 资产尚有显著的剩余使用寿命;

(3) 资产所有权明确,并保持完好;

(4) 资产从经济上、法律上允许转作他用;

(5) 资产的使用功能完好或较为完好。

4. 清算(清偿)假设

清算(清偿)假设是指资产所有者在某种压力下,或经协商,或以拍卖方式将其资产强制在公开市场上出售。这种情况下的资产评估具有一定的特殊性,适应强制出售中市场均衡被打破的实际情况,资产评估价值大大低于继续使用或公开市场条件下的评估值。

在资产评估中,由于资产未来效用有别而形成了"三种假设"。在不同假设条件下,评估结果各不相同。在继续使用假设前提下,要求评估资产的继续使用价值;在公开市场假设前提下,要求评估资产的公平市场价值;在清算(清偿)假设前提下,要求评估资产的清算价格。因此,资产评估人员在评估业务活动中要充分分析了解、判断认定被评估资产最可能的效用,以便得出有效结论。

六、资产评估的原则

资产评估的原则是调节资产评估委托者、评估业务承担者以及资产业务有关权益各方在资产评估中的相互关系,规范评估行为和业务的准则。它包括两个层次的内容,即资产评估的工作原则和资产评估的经济原则。

1. 资产评估的工作原则

(1) 独立性原则

独立性原则要求在资产评估过程中摆脱资产业务当事人利益的影响,评估工作始终坚持独立的第三者立场。评估机构是独立的社会中介性机构,在评估中处于中立地位,不能为资产业务中的任何一方所左右,评估工作不应受外界干扰和委托者意图的影响。评估机构和评估人员不应与资产业务有任何利益上的联系。

(2) 客观性原则

客观性原则是指评估结果应以充分的事实为依据。评估人员要从实际出发,认真进行调查研究,在评估过程中排除人为因素的干扰,坚持客观、公正的态度和采用科学的方法。评估的指标具有客观性,评估过程中的预测、推理和逻辑判断等只能建立在市场和现实的基础资料上。

(3) 科学性原则

科学性原则是指在资产评估过程中,必须根据评估的特定目的,选择适用的价值类型和方法,制定科学的评估实施方案,使资产评估结果科学合理。资产评估工作的科学性,不仅在于方法本身,更重要的是必须严格与价值类型相匹配。价值类型的选择要以评估的特定目的为依据,它对评估方法具有约束性,而不能以方法取代价值类型,以技术方法的多样性和可替代性模糊评估价值类型的唯一性,影响评估结果的合理性。

科学性原则还要求资产评估程序科学合理。资产评估业务不同,其评估程序也有繁简的差异。在评估工作中,应根据评估本身的规律性和国家有关规定,结合资产评估的实际情况,确定科学的评估程序。这样做,既有利于节约人力、物力和财力,降低评估成本,又有利于提高评估效率,保证评估工作顺利进行。

2. 资产评估技术经济原则

(1) 贡献原则

贡献原则是指某一资产或资产的某一构成部分的价值,取决于它对其他相关的资产或资产整体的价值贡献,或者根据当缺少它时对整体价值下降的影响程度来衡量确定。贡献原则要求在评估一项由多个资产构成的整体资产的价值时,必须综合考虑该项资产在整体资产构成中的重要性,而不是孤立地确定该项资产的价值。

(2) 替代原则

替代原则是指当同时存在几种效能相同的资产时,最低价格的资产需求最大。这是因为,有经验的买方对某一资产不会支付高于能在市场上找到相同效用替代物的费用。评估时,某一资产的可选择性和有无替代性是需要考虑的一个重要因素。

(3) 供求原则

供求原则是经济学中关于供求关系影响商品价格原理的概括。供求规律对商品价格所形成的作用力同样适用于资产价值的评估,评估人员在判断资产价值时也应充分考虑和依据供求原则。

(4) 预期收益原则

预期收益原则是指在资产评估过程中资产的价值可以不按照过去的生产成本或销售价格

决定,而是基于对未来收益的期望值决定。资产评估价值的高低,取决于现实资产的未来效用或获利能力。一项资产取得时的成本很高,但对购买者来说,其效用不高,评估值就不会很大。预期收益原则要求在进行资产评估时,必须合理预测其未来的获利能力以及拥有获利能力的有效期限。

（5）评估时点原则

市场是变化的,资产价值会随着市场条件的变化而不断改变。为了使资产评估得以进行,同时保证资产评估结果可以被市场检验,在进行评估时,必须假定市场条件固定在某一时点,这一时点就是评估基准日,或称估价日期。它为资产评估提供了一个时间基准,评估值就是评估基准日的评估价值。

资产评估的各经济原则是相互联系的,在评估过程中应综合运用这些原则,以保证资产评估工作效率的提高和评估结果的合理性。

应当说明的是,被评估资产的价值,客观存在的是一个量,人们对它的评估又是一个量。资产评估就是要通过对资产的全面认识和判断,来反映其客观价值。但是,一般来说,评估值与资产客观价值完全一致是很困难的,资产评估者的目标或任务应是努力缩小这个差距。

第二节　资产评估的业务范围

一、资产评估的特点

资产评估是资产交易等资产业务的中介环节,它是市场经济条件下资产交易和相关资产业务顺利进行的基础。这种以提供资产价值判断为主要内容的经济活动与其他经济活动相比,具有以下鲜明的特点:

1. 市场性

资产评估是市场经济发展到一定阶段的产物,没有资产产权变动和资产交易的普遍进行,就不会有资产评估的存在。资产评估一般要估算的是资产的市场价值,因而资产评估专业人员必须凭借着自己对资产性质、功能等的认识以及市场经验,模拟市场对特定条件下的资产价值进行估计和判断,评估结果是否客观需要接受市场价格的检验。因此,资产评估结论要经得起市场的检验,资产评估结论能否经得起市场检验是判断资产评估活动是否合理、规范,以及评估人员是否合格的根本标准。

2. 系统性

对被评估资产的价值做出科学的估算和判断是一项系统的工程,必须用系统论的观点加以分析和开展工作。首先必须将被评估资产置于整个企业或整个行业中,必要时还要置于整个国家的范围进行分析和评价,因为,同样的资产在不同的企业、不同的行业、不同的国家可能发挥不同的作用,因而也就具有不同的价值;其次,必须对被评估资产相互之间的匹配问题进行系统考虑,主要是不同的有形资产、无形资产以及相互之间的匹配,因为,同样的有形资产与不同的其他有形资产匹配或与不同的无形资产匹配,可能发挥不同的作用,因而价值也可能会不同;此外,评估人员在评估工作过程中,必须系统地收集、整理和分析被评估资产的相关资料,将影响资产价值的各种相关因素进行系统综合地考虑,在此基础上对评估结论做出系统地判断。

3. 技术性

资产评估人员在对被评估资产价值做出专业判断的过程中,需要依据大量的数据资料,进行复杂细致的技术性处理和必要的计算,不具备相应的专业知识就难以完成评估工作。如在对厂房或有关建筑物进行评估时,需要对其进行测量,了解建筑构造、工程造价、使用磨损程度等情况,缺乏建筑专业基础知识则难以进行;对机器设备进行评估时,需要对被评估设备的有关技术性能、磨损程度、预计经济寿命等情况做出判断,这些都具有较强的专业技术性,不具备有关专业知识则难以得出客观的评估结果。

资产评估的技术性要求评估人员应当具备一定专业知识,如建筑、土地、机电设备、经济、财务等。

4. 公正性

资产评估的公正性主要体现在资产评估是由交易双方以外的独立的第三者,站在客观公正的立场上对被评估资产所做的价值判断,评估结果具有公正性。资产评估的结果密切关系着资产业务有关各方的经济利益,如果背离客观公正的基本要求,就会使得资产业务的一方或几方蒙受不必要的损失,资产评估就失去了其存在的前提。

资产评估的公正性要求评估人员必须站在公正的立场,采取独立、公正、客观、中立的态度,不屈服于任何外来的压力和任何一方的片面要求,客观、公正地做出价值判断。对于资产评估机构而言,资产评估的公正性也是十分重要的,只有以客观公正的评估结果,为客户提供优质的服务,才能赢得客户的信任,逐步树立自己的品牌,评估机构才能不断得到发展,否则,必将逐步丧失信誉,丧失市场,最终走向破产。

5. 咨询性

资产评估结论是评估人员在评估时点根据所能搜集到的数据资料,模拟市场对资产价值所做出的主观推论和判断。不论评估人员的评估依据有多么充分,评估结论仍然是评估人员的一种主观判断,而不是客观事实。因此,资产评估不是一种给资产定价的社会经济活动,它只是一种经济咨询或专家咨询活动。评估结果本身并没有强制执行的效力,评估人员只对评估结论的客观性负责,而不对资产交易价格的确定负责。评估结果只是为资产业务提供一个参考价值,最终的成交价格取决于交易双方在交易过程中的讨价还价能力。

二、资产评估的业务范围

1. 法律规定需要进行资产评估的经济业务

国有独资企业、国有独资公司和国有资本控股公司合并、分立、改制、转让重大财产,以非货币财产对外投资,清算或者有法律、行政法规以及企业章程规定应当进行资产评估的其他情形的,应当按照规定对有关资产进行评估。对(股东)作为出资的非货币财产应当评估作价,核实财产,不得高估或者低估作价。

2. 行政法规规定需要进行资产评估的经济业务

法定评估情形主要包括:资产拍卖、转让;企业兼并、出售、联营、股份经营;设立中外合资合作经营企业;企业清算;国家规定的应当进行评估的其他情形。

3. 部门规章规定需要进行资产评估的经济业务

占有单位有下列行为之一的,应当对相关国有资产进行评估:(1)整体或部分改建为有限责任公司或者股份有限公司;(2) 以非货币资产对外投资;(3) 合并、分立、清算;(4) 除上市公司以外的原股东股权比例变动;(5) 除上市公司以外的整体或者部分产权(股权)转让;(6) 资产转让、置换、拍卖;(7) 整体资产或者部分资产租赁给非国有单位;(8) 确定涉讼资产价值。

占有单位有下列行为之一的,应当对相关非国有资产进行评估:(1) 收购非国有资产;(2) 与非国有单位置换资产;(3) 接受非国有单位以实物资产偿还债务。

企业有下列行为之一的,应当对相关资产进行评估:(1) 整体或者部分改建为有限责任公司或者股份有限公司;(2) 以非货币资产对外投资;(3) 合并、分立、破产、解散;(4) 非上市公司国有股东股权比例变动;(5) 产权转让;(6) 资产转让;置换;(7) 整体资产或者部分资产租赁给非国有单位;(8) 以非货币资产偿还债务;(9) 资产涉讼;(10) 收购非国有单位的资产;(11) 接受非国有单位以非货币资产出资;(12) 接受非国有单位以非货币资产抵债;(13) 法律、行政法规规定的其他需要进行资产评估的事项。

我国的社会主义市场经济,不但包括占主导地位的国有经济,还包括集体、私营、个体、外资等重要的经济成分,随着市场的不断发育和完善,集体和私有性质的资产之间,特别是非国有资产和国有资产之间,实行大量的新组合,形成混合经济成分,而这些混合经济成分在发生产权变动时,非国有资产的所有者为了维护自身的权益要求进行资产评估。这种趋势越来越明显。而且,一些新的业务类型,如政府征税、保险、企业投资、企业并购、单位绩效考核、以财务报告为目的的评估等正在开拓,使得资产评估业务在各个领域发挥着越来越重要的作用。

三、资产评估的种类

由于资产种类的多样化和资产业务的多样性,资产评估也相应具有多种类型,通常,按照不同分类标准,可将资产评估分为下列几种形式:

1. 按资产评估工作的内容不同,资产评估可具体分为一般评估、评估复核和评估咨询

一般评估是指正常情况下的资产评估,通常以资产发生产权变动、产权交易以及资产保险、纳税或其他经济行为为前提。包括市场价值评估和市场价值以外的价值评估。如企业上市资产评估、组建合资企业资产评估、企业股份制改造资产评估、企业资产抵押贷款资产评估等。

评估复核是指在对被评估的资产已经出具评估报告的基础上,由其他评估机构和评估人员对同一被评估资产独立地进行评定和估算并出具报告的行为和过程。

评估咨询是一个较为宽泛的术语。确切地讲,评估咨询不是对评估标的物价值进行估计和判断,它更侧重于评估标的物的利用价值、利用方式、利用效果的分析和研究,以及与此相关的市场分析、可行性研究等。

2. 按资产评估与评估准则的关系不同,资产评估可具体分为完全评估和限制评估

完全评估一般是指完全按照评估准则的要求进行资产评估,未适用评估准则中的背离条款。完全评估中的被评估资产通常不受某些方面的限制,评估人员可以按照评估准则和有关规定收集评估资料并对被评估资产的价值做出判断。

限制评估一般是指根据背离条款,或在允许的前提下未完全按照评估准则或规定进行的资产评估,评估结果受到某些特殊因素的影响。

3. 按评估范围的不同,资产评估可分为单项资产评估和整体资产评估

单项资产评估是指评估对象为单项可确指资产的评估。通常机器设备评估、土地使用权

评估、房屋建筑物评估、商标权评估、专利权评估等均为单项资产评估。由于单项资产评估的对象为某一类资产,不考虑其他资产的影响,通常由某一方面的专业评估人员参加即可完成资产评估任务。

整体资产评估是指以若干单项资产组成的资产综合体所具有的整体生产能力或获利能力为评估对象的资产评估。如以企业全部资产作为评估对象的企业整体价值评估(或称企业价值评估)、以企业某一部分或某一车间为评估对象的整体资产评估、以企业全部无形资产为评估对象的无形资产整体评估等。企业价值评估是整体资产评估最常见的形式。整体资产评估不同于单项资产评估的关键之处就在于,在整体资产评估工作中要以贡献原则为中心,考虑不同资产的相互作用以及它们对企业整体生产能力或总体获利能力的影响。

第三节　资产评估风险及防范

一、资产评估风险分析

在资产评估过程中,由于客观和主观方面的原因,会出现资产评估价值与实际的价值有较大的差距,这就是资产评估的风险问题。

(一)资产评估风险含义

资产评估风险有多种理解,如:指"与资产评估有关的单位或个人因资产评估事项所遭受损失的可能性";或指"由于评估价值区间与客观价值的偏离,以及评估主体行为的失误(非舞弊或违法行为)产生危害评估报告使用者利益及评估者承担相应责任的可能性";又或指"资产评估机构对委估资产的评估值严重偏离现行市场价格,而给客户、第三者及其他不确定的利害关系人造成重大经济损失,由此引起的法律诉讼带给资产评估机构及评估人员的行政处罚、民事赔偿、刑事处罚的相关法律责任"。

(二)资产评估风险的类型和表现形式

由于资产评估活动涉及经济领域的广泛性,资产评估风险有多种表现形式,大体可以归纳为两类,即不可控风险和可控风险。

1. 不可控风险

不可控风险又称刚性风险,是资产评估机构本身不能直接控制的,但又可能导致评估结果发生错误或重大偏差的风险。这种风险是由外部因素造成的,评估机构和评估人员无法控制。其表现形式主要有以下几种:

(1)法律法规欠缺带来的风险。我国评估监督体系尚未形成,资产评估结果的客观公正性也很难验证,评估人员缺乏充分的执业法律依据。

(2)政府行政管理行为带来的风险。目前我国资产评估的行政主管部门不统一,在具体实施管理职能和制定执业标准时造成政出多门的局面,影响了资产评估工作正常有序地进行。一些地方政府和行业主管部门为特定目的干预评估活动,强行参与评估,甚至人为操纵评估结果,严重影响了评估结论的公正性,造成资产评估值严重失实。

(3)市场信息不完善带来的风险。由于我国资本市场发展得不完善,很难找到公平的估价标准。会计信息失真现象严重,市场交易信息、相关技术参数不充分,信息的可靠性不高,增大了评估师的评估风险。

（4）行业自身发展不成熟产生的风险。我国资产评估行业形成和发展的时间较短，理论界和实务界对评估理论与方法的研究仍处于探索阶段，资产评估准则体系尚未形成，使评估师缺乏充分的执业依据而带来风险。

2. 可控风险

可控风险又称柔性风险，是资产评估机构和评估人员能够控制和防范的风险，这种风险取决于评估机构内部评估质量控制制度建设和评估人员自身综合素质的高低。主要表现在以下方面：

（1）评估机构内部管理不健全可能带来的风险。比如，个别评估机构法制观念淡薄，将某些不合法或有争议的资产进行评估；采取压价、垄断等不正当竞争的手段，承揽业务；在承揽业务时违规操作，为关联方或有直接利益关系的客户提供评估服务；评估机构规模大小、人员结构、执业水平等因素与评估目的存在差距等。这些状况都可能给评估机构带来风险。

（2）职业道德水平不高可能带来的风险。我国《资产评估职业道德准则——基本准则》规定：注册资产评估师应当诚实正直，勤勉尽责，恪守独立、客观、公正的原则。但在实际执业过程中，有些评估师过分依赖委托方提供的信息资料，忽视对资产价值尺度判断的市场性，无原则地满足委托方的不当要求，明显高估或低估委估资产价值等，由此引发评估风险。

（3）评估人员专业水平有限、执业能力不足而带来的评估风险。我国《资产评估职业道德准则——基本准则》中规定：注册资产评估师应当经过专门教育和培训，具备相应的专业知识和经验，能够胜任所执行的评估业务。但是，实际中评估师个体的知识结构和评估经验总是有限的，而评估对象及面临的客观环境在不断变化，这就会使评估结果存在发生错误的可能。即使执业经验丰富的评估师，也可能由于评估对象和环境的复杂性出现判断失误而引发评估风险。

实际工作中，可控风险和不可控风险之间并没有严格的界限，有时候两者是交织在一起的，有些可控风险的产生就是源于不可控风险。

（三）资产评估风险形成的原因

通过对评估风险类型及其表现形式的分析，可以把评估风险形成的原因归纳为如下几个方面：

1. 法律法规等方面的缺陷

资产评估在我国仅有十几年的发展历程，法律法规建设方面还很不完备。目前，我国只有《资产评估法》、国务院91号令《国有资产评估管理办法》等几项法律法规作为资产评估师的执业依据。资产评估管理中不同部门有不同的行政法规，由此形成评估行业多头管理、法度不一、执业标准不统一的局面。这些问题的存在无形中加大了评估机构依法执业的风险。

2. 科学统一的资产评估准则体系建设滞后

日益专业化、综合化和国际化的业务发展趋势为评估师提供了前所未有的广阔市场，也对评估师提出了更专业、更综合的要求。但是，目前不少领域的具体准则、评估指南仍在制订和修订之中。资产评估准则体系的不完备必然会造成评估师执业本身的高风险。

3. 政府的行政干预和操纵

资产评估管理中不同部门有不同的行政法规，造成了行业性的垄断和资产评估行业的条块分割局面，使各行各业均有自己的一块领地，资产评估失去了自由竞争的土壤。在一些兼并、合并和转让评估事项中,政府行政部门出于各种考虑,会干涉、操纵评估机构对资产的公正估价,从而客观上增加了评估机构的风险。

4. 缺乏完善的内部管理制度和质量监控制度

目前很多评估机构没有建立完善的内部管理制度和相应的质量监控制度,对评估中的项目接洽、协议签署、资产清查与鉴定、具体评定估算以及评估报告的编写等各方面缺乏质量监控,致使评估人员在评估操作中只注重工作速度和经济效益而忽视评估的质量。风险意识淡薄是评估机构质量监控制度不健全的主要原因。

5. 评估机构缺乏必要的激励机制

评估质量的好坏与评估人员的利益不挂钩,难以调动评估人员讲求评估质量的积极性,往往会给评估机构和人员带来潜在的风险。

6. 评估人员的职业道德和业务能力低下

为了在有限的市场范围内,多做业务增加收入,评估师未能恪守职业道德准则的要求,滥用评估假设,弄虚作假,随意选择评估参数,高估或低估资产价值,从而为资产评估风险的发生埋下了隐患。资产评估要求评估人员具有丰富的专业知识、工作经验和较强的执业能力,但是,由于我国的资产评估起步较晚,资产评估理论还不成熟,评估人员缺乏学习的主动性,相关培训工作不到位,因而造成评估人员的业务素质低下、执业能力有限,直接导致评估风险的产生。

(四)资产评估风险的防范

通过上述对资产评估风险成因的分析,可以通过以下措施来防范资产评估风险:

1. 加快资产评估相关法律准则建设

(1)统一立法,加快评估法律、法规体系建设的步伐

鉴于我国资产评估的法律法规不健全、不统一,资产评估管理条块分割、多头管辖的现状,首先应尽快制定《资产评估管理法》,将国有资产评估和非国有资产评估都纳入它的管理范围,以此作为资产评估全行业管理的法律规范。其次,为了加强资产评估师队伍的管理,更好地发挥资产评估师维护各类所有者权益的服务作用和在社会中的公信力,应尽快制定《中华人民共和国资产评估师法》。通过统一立法管理,将资产评估纳入法制轨道,使资产评估人员有法可依,以保证和促进资产评估行业健康、有序的发展。

(2)尽快建立资产评估准则体系

鉴于许多评估领域还没有执业规范,导致评估工作中的主观性、低质量、高风险,评估协会应积极推动和开展资产评估理论与实务操作方法的研究,在目前已实施的《资产评估准则——基本准则》和《资产评估职业道德准则——基本准则》的基础上,尽快完善各领域评估具体准则、评估指南、评估指导意见和资产评估质量控制准则,建立起我国统一的资产评估准则体系,使资产评估师掌握执业的武器,减少资产评估的风险。

2. 政府应当为评估业创造良好的发展环境

政府要实行统一的行政管理,主要是依据国家的法律法规对评估机构进行宏观方面的指导和监督。行政部门应当积极为资产评估机构创造公平竞争的环境,支持评估机构走企业化的自主发展道路。政府行政工作人员要转变思想观念,树立为中介服务业服务的意识,禁止行政干预和人为障碍。

3. 资产评估机构应加强对评估风险的防范

评估机构不能只追求眼前利益,从长远利益来看,应当加强对资产评估风险的防范。

（1）建立一支高素质的职工队伍

资产评估机构要建立严格的用工标准,招收已经考取资产评估师执业资格的人员。着意培养一批业务骨干力量,同时注意队伍的梯队建设。资产评估机构应定期举办有效的培训,鼓励工作人员自学,在工作中对他们进行监督和指导,以提高队伍的整体素质。

评估机构要建立对评估人员的奖惩制度,这样做不仅可以充分调动评估人员的工作积极性,提高执业质量,而且会对防范风险起到有效的积极作用。

（2）招聘资产评估专家作为机构顾问

由于资产评估涉及的评估范围大,而每个评估人员的知识面相对有限,因此,评估机构聘请资产评估专家作为顾问非常必要。评估机构可以根据自己所从事的主要评估领域,聘请在财务会计、工程技术、经济管理、金融、法律以及特殊资产等方面有一定造诣的专家作为顾问,就资产评估执业中的难点、疑点问题进行咨询,定期接受资产评估法律法规、执业规范等方面的培训、教育和专业指导。设立资产评估顾问,有助于提高评估工作质量,防范评估风险。

（3）进一步完善资产评估报告的内容及格式

在评估实践中,由于存在因评估人员报告书中表述不当而在诉讼中败诉的事例,因此评估师应当按照不同评估范围来规范资产评估报告书的内容及格式,做到报告书中的数据资料都有据可查。同时,在资产评估报告书尽量增加一些保护性条款或内容。资产评估报告的撰写要做到格式统一、内容规范、表述准确、语言精练。完善资产评估报告书的内容及格式有助于减少资产评估结果使用风险。

（4）建立资产评估风险保险制度

为了降低资产评估风险可能带来的经济损失,借鉴国内外同类行业的做法,评估机构应建立评估风险保险制度,如评估机构和评估人员自身建立职业风险基金,进行自保,或者向保险公司申请设立评估执业责任保险,等等。

（5）加强评估机构内部管理,建立内部质量控制制度

资产评估机构要加强内部管理,建立健全各项规章制度,建立完整详尽的标准化执业程序,如:执业操作规范制度、项目负责制度、内部审核制度、风险评价制度等,最大程度地保护自身和评估人员的利益,把风险降低到最低限度。

建立评估全过程的内部质量控制制度,包括评估业务受理、评估前期准备、具体评定估算、出具评估报告以及评估档案管理在内的整个评估过程的质量控制,在每个阶段都规定出评估工作的重点和质量以及评估人员防范风险应注意的问题。建立评估过程的内部质量控制制度,是规避评估风险的关键性措施。

4. 资产评估人员应大力提高自身综合素质

为了防止被停止执业等风险,评估人员应努力提高自身综合素质,以取得个人事业的长足发展。

（1）转变思想观念,增强评估风险意识

资产评估人员必须转变思想观念,充分认识到资产评估风险是关系到自身生存发展和切身利益的大问题。评估人员要提高抵御风险的能力,就必须加强自身职业道德建设,树立终身学习的意识,不断提高业务理论和实践水平。

（2）加强自身职业道德建设

《资产评估职业道德准则——基本准则》就规范资产评估师职业道德行为、提高资产评估师职业道德素质提出了明确的要求，资产评估师应当诚实正直，勤勉尽责，恪守独立、客观、公正的原则。资产评估师在承揽业务、评估操作和评估报告形成过程中，不能受其他任何单位和个人的干预和影响，要在实质上和形式上保持双重独立，避免评估报告使用人的不当指控。

（3）大力提高自身业务素质

资产评估人员要通过理论学习和实践锻炼，充分理解和掌握有关资产评估方面的法律法规，严格遵循资产评估操作规程，熟练掌握资产评估的理论以及各种类型资产评估的方法。资产评估人员要树立终身学习的意识，自觉参加职业教育培训，开展各种形式的业务交流，提高评估过程中处理和解决实际问题的能力。

思 考 题

一、单项选择题

1. 从性质上讲，资产的评估价值是注册资产评估师对被评估资产在评估基准日的（　　）估计值。

    A. 成交价格　　　　B. 重建成本　　　　C. 交换价值　　　　D. 劳动价值

2. 决定被评估资产评估值的最主要的因素是（　　）。

    A. 资产的预期效用　　　　　　　　B. 资产的账面价值

    C. 资产的社会必要劳动　　　　　　D. 资产的历史收益水平

3. 对评估结果价值类型的选择必须要考虑（　　）因素。

    A. 评估方法　　　　B. 评估计划　　　　C. 评估目的　　　　D. 行业管理

4. 从理论上讲，资产评估结果只是评估师对被评估资产在评估基准日的（　　）。

    A. 价值估计数额　　B. 价值计算数额　　C. 价格估计数额　　D. 价格计算数额

5. 下列价值类型中属于从资产评估假设角度表达的价值类型是（　　）。

    A. 收益现值　　　　B. 市场以外价值　　C. 公开市场价值　　D. 投资价值

6. 不可确指的资产是指（　　）。

    A. 没有实物载体的资产

    B. 具有综合获利能力的资产

    C. 不能脱离有形资产而单独存在的资产

    D. 经营性盈利的资产

7. （　　）是资产评估得以进行的一个最基本的前提假设。

    A. 公开市场假设　　B. 交易假设　　　　C. 清算假设　　　　D. 在用续用假设

8. 资产评估中确认资产的基本标准之一是看其是否具有（　　）。

    A. 历史成本　　　　B. 历史收益　　　　C. 预期成本　　　　D. 预期收益

9. 资产评估工作的执行操作者不同于会计计价，它是由独立于企业以外的社会中介机构完成的。这一点说明资产评估具有（　　）。

    A. 市场性　　　　　B. 公正性　　　　　C. 咨询性　　　　　D. 专业性

10. 下列不属于资产评估工作原则的是（　　）。

A. 独立性原则   B. 客观性原则

C. 专业性原则   D. 科学性原则

11. 在同一市场上具有相同使用价值和质量的商品,应该有大致相同的交换价值,以此确立的评估原则是( )。

A. 贡献原则   B. 资产评估时点原则

C. 预期收益原则   D. 替代原则

12. 资产评估值与资产交易中的实际成交价格存在下列关系( )。

A. 前者必须高于后者   B. 前者必须低于后者

C. 前者必须等于后者   D. 前者可以高于、低于或等于后者

13. 从本质上讲,资产评估是一种( )活动。

A. 事实判断估算   B. 价值分析估算   C. 价格分析确定   D. 资产保值估算

14. 下列不是资产评估的基本作用的是( )。

A. 咨询的作用   B. 管理的作用   C. 核算和监督   D. 鉴证的作用

二、多项选择题

1. 资产评估的资产具有以下基本特征( )。

A. 是由过去的交易或者事项形成的资源

B. 是经济主体拥有或者控制的

C. 能够给经济主体带来经济利益的资源,即可望给经济主体带来现金流入的资源

D. 资产必须能以货币计量

E. 能给企业带来巨额的经济利益

2. 下列关于资产评估的目的表述正确的有( )。

A. 资产评估的目的分为一般目的和特定目的,一般目的包含特定目的,而特定目的则是一般目的的具体化

B. 资产评估一般目的或者资产评估的基本目标是由资产评估的性质及其基本功能决定的

C. 资产评估所要实现的一般目的只能是资产在评估时点的公开市场价值

D. 资产评估特定目的决定资产评估的价值类型,是界定评估对象的基础

E. 资产评估特定目的是由引起资产评估的特定经济行为所决定的,它对评估结果的性质、价值类型都有重要的影响

3. 下列关于资产评估价值类型表述正确的有( )。

A. 资产评估中的价值类型是指资产评估结果的价值属性及其表现形式

B. 不同的价值类型从不同的角度反映资产评估价值的属性和特征

C. 不同属性的价值类型所代表的资产评估价值在性质上是不同的,但是在数量应该比较一致,这是评估特定目的所要求的

D. 资产评估的价值类型分为市场价值和市场价值以外的价值,是以资产评估时所依据的市场条件,以及被评估资产的使用状态划分的

E. 资产评估的价值类型的选择对评估结果没有任何影响

4. 从资产评估服务的对象、评估的内容和评估者承担的责任等方面看,在世界范围内,资产评估主要分为( )。

A. 完全资产评估   B. 评估

C. 限制性资产评估   D. 评估复核

E. 评估咨询

5. 在选择和确定资产评估结果的价值类型时,需要考虑的因素包括(　　)。

A. 评估时使用的评估方法   B. 评估对象的利用方式、功能和状态

C. 评估时采用的评估程序   D. 评估依据的市场条件

E. 评估目的

三、简答题

1. 什么是资产评估?它有哪些特点?

2. 资产评估与会计计价有什么区别?

3. 资产评估应遵循哪些工作原则和经济原则?

第二章 资产评估的程序与基本方法

第一节 资产评估程序

一、资产评估程序的定义

资产评估程序是指注册资产评估师执行资产评估业务所履行的系统性工作步骤。资产评估程序由具体的工作步骤组成,不同的资产评估业务由于评估对象、评估目的、资产评估资料收集情况等相关条件的差异,可能需要注册资产评估师执行不同的资产评估具体程序或工作步骤,但由于资产评估业务的共性,各种资产类型、各种评估目的资产评估业务的基本程序是相同或相似的。通过对资产评估基本程序的总结和规范,可以有效地指导注册资产评估师开展各种类型的资产评估业务,因此有必要加强对资产评估基本程序的研究和规范。

二、资产评估具体程序

1. 明确资产评估业务基本事项

明确资产评估业务基本事项是资产评估程序的第一个环节,包括在签订资产评估业务约定书以前所进行的一系列基础性工作,其对资产评估项目风险评价、项目承接以及资产评估项目的顺利实施具有重要意义。由于资产评估专业服务的特殊性,资产评估程序甚至在资产评估机构接受业务委托前就已经开始。资产评估机构和注册资产评估师在接受资产评估业务委托之前,应当采取与委托人等相关当事人讨论、阅读基础资料、进行必要的初步调查等方式,与委托人等相关当事人共同明确以下资产评估业务基本事项:

(1)委托方和相关当事方基本状况

注册资产评估师应当了解委托方基本状况、产权持有者等相关当事方的基本状况。在不同的资产评估项目中,相关当事方有所不同,主要包括产权持有者、资产评估报告使用方、其他利益关联方等。委托人与相关当事方之间的关系也应当作为重要基础资料予以充分了解,这对于全面理解评估目的、相关经济行为以及防范恶意委托等十分重要。注册资产评估师还应要求委托人明确资产评估报告的使用人或使用人范围,以及资产评估报告的使用方式。明确资产评估报告使用人范围不但有利于资产评估机构和注册资产评估师更好地根据使用人的需求提供良好服务,同时也有利于降低评估风险。

(2)资产评估目的

注册资产评估师应当与委托方就资产评估目的达成明确、清晰的共识,并尽可能细化资产评估目的,说明资产评估业务的具体目的和用途,避免仅仅笼统地列出通用资产评估目的的简单做法。

(3)评估对象基本状况

注册资产评估师应当了解评估对象及其权益基本状况,包括其法律、经济和物理状况,例如资产类型、规格型号、结构、数量、购置(生产)年代、生产(工艺)流程、地理位置、使用状况、企业名称、住所、注册资本、所属行业、在行业中的地位和影响、经营范围、财务和经营状况等。注册资产评估师应当特别了解有关评估对象的权利受限状况。

(4)价值类型

注册资产评估师应当在明确资产评估目的的基础上,恰当确定价值类型,确信所选择的价值类型适用于资产评估目的,并就所选择价值类型的定义与委托方进行沟通,避免出现歧义、误导。

(5)资产评估基准日

注册资产评估师应当通过与委托方的沟通,了解并明确资产评估基准日。资产评估基准日是评估业务中极为重要的基础,也是评估基本原则之一的时点原则在评估实务中的具体体现。资产评估基准日的选择应当有利于资产评估结论有效地服务于资产评估目的,减少和避免不必要的资产评估基准日期后事项。注册资产评估师应当根据专业知识和经验,建议委托方根据评估目的、资产和市场的变化情况等因素合理选择评估基准日。

(6)资产评估限制条件和重要假设

资产评估机构和注册资产评估师应当在承接评估业务前,充分了解所有对资产评估业务可能构成影响的限制条件和重要假设,以便进行必要的风险评价,并更好地为客户服务。

(7)其他需要明确的重要事项

根据具体评估业务的不同,注册资产评估师应当在了解上述基本事项的基础上,了解其他对评估业务的执行可能具有影响的相关事项。

注册资产评估师在明确上述资产评估基本事项的基础上,应当分析下列因素,确定是否承接资产评估项目:

1)评估项目风险

注册资产评估师应当根据初步掌握的有关评估业务的基础情况,具体分析资产评估项目的执业风险,以判断该项目的风险是否超出合理的范围。

2)专业胜任能力

注册资产评估师应当根据所了解的评估业务的基础情况和复杂性,分析资产评估机构和注册资产评估师是否具有与该项目相适应的专业胜任能力及相关经验。

3)独立性分析

注册资产评估师应当根据职业道德要求和国家相关法规的规定,结合评估业务的具体情况分析注册资产评估师的独立性,确认与委托人或相关当事方是否存在现实或潜在利害关系。

2.签订资产评估业务约定书

资产评估业务约定书是资产评估机构与委托人共同签订的,确认资产评估业务的委托与受托关系,明确委托目的、被评估资产范围及双方权利义务等相关重要事项的合同,根据我国资产评估行业的现行规定,注册资产评估师承办资产评估业务,应当由其所在的资产评估机构统一受理,并由评估机构与委托人签订书面资产评估业务约定书,注册资产评估师不得以个人名义签订资产评估业务约定书。资产评估业务约定书应当由资产评估机构和委托方的法定代表人或其授权代表签订。资产评估业务约定书应当内容全面、具体,含义清晰准确,符合国家法律、法规和资产评估行业的管理规定,具体包括以下基本内容:

（1）资产评估机构和委托方名称、住所；

（2）资产评估目的；

（3）资产评估对象和评估范围；

（4）资产评估基准日；

（5）出具资产评估报告的时间要求；

（6）资产评估报告使用范围；

（7）资产评估收费；

（8）双方的权利、义务及违约责任；

（9）签约时间；

（10）双方认为应当约定的其他重要事项。

3. 编制资产评估计划

为高效完成资产评估业务,注册资产评估师应当编制资产评估计划,对资产评估过程中的每个工作步骤以及时间和人力进行规划和安排,资产评估计划是注册资产评估师为执行资产评估业务拟订的资产评估工作思路和实施方案。对合理安排工作量、工作进度,调配专业人员以及按时完成资产评估业务具有重要意义。由于资产评估项目千差万别,资产评估计划也不尽相同,其详略程度取决于资产评估业务的规模和复杂程度。注册资产评估师应当根据所承接的具体资产评估项目情况,编制合理的资产评估计划,并根据执行资产评估业务过程中的具体情况及时修改、补充资产评估计划。

资产评估计划应当涵盖资产评估工作的全过程,评估人员在资产评估计划编制过程中应当同委托人等就相关问题进行洽谈,以便于资产评估计划的实施,并报经资产评估机构相关负责人审核批准。编制资产评估工作计划应当重点考虑以下因素：

（1）资产评估目的、资产评估对象状况；

（2）资产评估业务风险、资产评估项目的规模和复杂程度；

（3）评估对象的性质、行业特点、发展趋势；

（4）资产评估项目所涉及资产的结构、类别、数量及分布状况；

（5）相关资料收集状况；

（6）委托人或资产占有方过去委托资产评估的经历、诚信状况及提供资料的可靠性、完整性和相关性；

（7）资产评估人员的专业胜任能力、经验及专业、助理人员配备情况。

4. 现场调查

注册资产评估师执行资产评估业务.应当对评估对象进行必要的勘察,包括对不动产和其他实物资产进行必要的现场勘察。对企业价值、股权和无形资产等非实物性资产进行评估时,也应当根据评估对象的具体情况进行必要的现场调查。进行资产勘察和现场调查工作不仅仅是基于资产评估人员勤勉尽责义务的要求,同时也是资产评估程序和操作的必经环节,有利于资产评估机构和人员全面、客观地了解评估对象,核实委托方和产权持有者提供资料的可靠性,并通过在资产勘察和现场调查过程中发现的问题、线索,有针对性地开展资料收集、分析工作。由于各类资产差别很大以及评估目的不同的原因,不同项目中对评估对象进行资产勘察或现场调查的具体方式和程度也不尽相同。注册资产评估师应当根据评估项目的具体情况,确定合理的资产勘察或现场调查方式,并与委托方或资产占有方进行沟通,确保资产勘察或现场调查工作的顺利进行。

5. 收集资产评估资料

在上述几个环节的基础上,注册资产评估师应当根据资产评估项目的具体情况收集资产评估相关资料。资料收集工作是资产评估业务质量的重要保证,也是进行分析、判断进而形成评估结论的基础,由于资产评估的专业性和评估对象的广泛性,不同的项目、不同的评估目的、不同的资产类型对评估资料有着不同的需求。另外,由于评估对象及其所在行业的市场状况、信息化和公开化程度差别较大,相关资料的可获取程度也不同。因此,注册资产评估师的执业能力在一定程度上体现为其收集、占有与所执行项目相关信息资料的能力。注册资产评估师在日常工作中应当注重收集信息资料及其来源,并根据所承接项目的情况确定收集资料的深度和广度,尽可能全面、翔实地占有资料,并采取必要措施确定资料来源的可靠性。

注册资产评估师应当通过与委托人、资产占有方沟通并指导其对评估对象进行清查等方式,对评估对象或资产占有单位资料进行了解,并对委托人和资产占有方提供的资料进行必要的核实。同时注册资产评估师也应当主动收集与资产评估业务相关的评估对象资料及其他资产评估资料。根据资产评估项目的进展情况,注册资产评估师应当及时补充收集所需要的资料。

6. 评定估算

注册资产评估师在占有相关资产评估资料的基础上,进行评定估算环节,其主要包括:分析资产评估资料、恰当选择资产评估方法、运用资产评估方法形成初步资产评估结论、综合分析确定资产评估结论、资产评估机构内部复核等具体工作步骤。

注册资产评估师应当对所收集的资产评估资料进行充分分析,确定其可靠性、相关性、可比性,摒弃不可靠、不相关的信息,对不可比信息进行必要分析调整,在此基础上恰当选择资产评估方法,并根据业务需要及时补充收集相关信息。

注册资产评估师在选择恰当的资产评估方法后,应当根据评估基本原理和评估准则的要求恰当运用评估方法进行评估,形成初步的评估结论。如采用成本法,应当合理确定完全重置成本和各相关贬值因素;如采用市场法,应当合理选择参照物,分析参照物的信息资料,根据评估对象与参照物的差异进行必要调整;如采用收益法,应当合理预测未来收益,合理确定收益期和折现率等相关参数。

注册资产评估师在形成初步资产评估结论的基础上,需要对信息资料、参数的数量、质量和选取的合理性等进行综合分析,以最终形成资产评估结论。当采用两种以上资产评估方法时,资产评估人员应当在初步结论的基础上综合分析评估方法的相关性和恰当性、相关参数选取的合理性,以形成资产评估结论。

7. 编制和提交资产评估报告

注册资产评估师在执行必要的资产评估程序、形成资产评估结论后,应当按有关资产评估报告的准则与规范编制资产评估报告,资产评估报告主要内容包括:

(1) 委托方、产权持有方和委托方以外的其他评估报告使用者;

(2) 评估目的;

(3) 评估对象和评估范围;

(4) 价值类型及其定义;

（5）评估基准日；

（6）评估依据；

（7）评估方法；

（8）评估程序实施过程和情况；

（9）评估假设；

（10）评估结论；

（11）特别事项说明；

（12）评估报告使用限制说明；

（13）评估报告日；

（14）注册资产评估师签字盖章，评估机构或者经授权的分支机构加盖公章，法定代表人或者其授权代表签字，合伙人签字。

注册资产评估师应当以恰当的方式将资产评估报告提交给委托人。在提交正式资产评估报告之前，可以与委托人等进行必要的沟通，听取委托人、资产占有方等对资产评估结论的反馈意见，并引导委托人、产权持有者、资产评估报告使用者等合理理解资产评估结论。

8. 资产评估工作底稿归档

注册资产评估师在向委托人提交资产评估报告后，应当及时将资产评估工作底稿归档。将这一环节列为资产评估基本程序之一，充分体现了资产评估服务的专业性和特殊性，不仅有利于评估机构应对今后可能出现的资产评估项目的检查和法律诉讼，也有利于注册资产评估师总结、完善和提高资产评估业务水平。注册资产评估师应当将在资产评估工作中形成的、与资产评估业务相关的有保存价值的各种文字、图表、音像等资料及时予以归档，并按国家有关规定对资产评估工作档案进行保存、使用和销毁。

三、执行资产评估程序的基本要求

鉴于资产评估程序的重要性，注册资产评估师在执行资产评估程序环节中应当符合以下要求：

（1）注册资产评估师应当在国家和资产评估行业规定的范围内，建立、健全资产评估程序制度。由于不同注册资产评估师的专业能力、经验不同，所承接的主要业务范围和执业风险也各有不同，各资产评估机构应当结合本机构实际情况，在资产评估基本程序的基础上进行细化等必要调整，形成本机构资产评估程序制度，并不断完善。

（2）注册资产评估师执行资产评估业务，应当根据具体资产评估项目的情况和资产评估程序制度，确定并履行适当的资产评估程序，不得随意简化或删减资产评估程序。注册资产评估师应当且仅应当在执行必要资产评估程序后，形成和出具资产评估报告。

（3）资产评估机构应当建立相关工作制度，指导和监督资产评估项目经办人员及助理人员实施资产评估程序，并在资产评估执业过程中切实履行，不断完善。

（4）如果由于资产评估项目的特殊性，注册资产评估师无法或没有履行资产评估程序中的某个基本环节（如在损害赔偿评估业务中评估对象已经毁失、无法进行必要的现场勘察），或受到限制无法实施完整的资产评估程序，则应当考虑这种状况是否会影响到资产评估结论的合理性，并在资产评估报告中明确披露这种状况及其对资产评估结论可能造成的影响，必要时应当拒绝接受委托或终止资产评估工作。

（5）注册资产评估师应当将资产评估程序的组织实施情况记录于工作底稿，并将主要资产评估程序执行情况在资产评估报告中予以披露。

第二节　资产评估的基本方法

资产评估方法是实现评定估算资产价值的技术手段，但就资产评估方法本身来讲，它并不为资产评估所独有。事实上，资产评估方法是在工程技术、统计、财务管理、会计等学科的技术方法的基础上，结合自身特点形成的一整套方法体系。资产评估方法与其他学科的技术方法既有联系，又有区别。区别就在于资产评估将其他学科的技术方法按照资产评估运作的内在要求，用资产评估的技术思路加以重组，从而构成了资产评估方法体系。该体系由多种具体资产评估方法构成，这些方法按分析原理和技术路线的不同可以归纳为三种基本类型，或称三种基本方法，即市场法、收益法和成本法。

一、市场法原理及在实务中的运用

市场法是指以市场近期出售的相同或类似的资产交易价格为基础，通过比较被估资产与近期售出的相同或类似资产的异同，将类似资产的市场交易价格进行调整，进而确定被估资产价值的一种资产评估方法。

（一）市场法的评估思路

寻找可比案例——调整差异——调整案例价格——综合确定评估值。

市场法是资产评估中最为直接、最具说服力的评估方法之一。当然，通过市场法进行资产评估，尚需满足一些最基本的条件。

（二）市场法的理论依据

均衡价值论认为，资产的价值是由在公开市场上买卖双方力量达成一致时的均衡价格所决定的。市场法采用的是替代原则。

（三）市场法应用的前提条件和适用范围

1. 前提条件

（1）要有一个活跃的公开市场

公开市场是一个充分的市场，市场上有自愿的买者和卖者，他们之间进行平等交易，这就排除了个别交易的偶然性，市场成交价格基本上可以反映市场行情。按市场行情估测被评估资产价值，评估结果会更贴近市场，更容易被资产交易各方所接受。

（2）公开市场上要有可比的资产及其交易活动

资产及其交易的可比性，是指选择的可比资产及其交易活动在近期公开市场上已经发生，且与被评估资产及资产业务相同或相似。这些已经完成交易的资产就可以作为被评估资产的参照物，其交易数据是进行比较分析的主要依据。资产及其交易的可比性具体体现在以下几个方面：1）参照物与评估对象在功能上具有可比性，包括用途、性能上的相同或相似；2）参照物与被评估对象面临的市场条件具有可比性，包括市场供求关系、竞争状况和交易条件等；3）参照物成交时间与评估基准日间隔时间不能过长，应在一个适度时间范围内，同时，时间对资产价值的影响是可以调整的。

2. 适用范围

市场途径主要适用于单项资产的评估,如对机器设备、运输设备、原材料的评估。由于在市场上很难找到两个相类似的企业,所以企业价值评估一般很难采用市场途径进行评估。

（四）市场法的评估程序

运用市场途径评估资产时,一般按以下程序进行:

1. 确定被评估资产

即明确被评估资产是什么。

2. 选择参照物

选择参照物是运用市场途径进行评估的重要环节,对参照物的选择关键是一个可比性问题,包括功能、市场条件以及成交时间等;另外就是参照物的数量问题。不论参照物与评估对象怎样相似,通常参照物应选择三个以上。因为运用市场途径评估资产价值,被评估资产的评估值高低取决于参照物成交价格水平,而参照物成交价又不仅仅是参照物功能自身的市场体现,同时还受买卖双方交易地位、交易动机、交易时限等因素的影响。为了避免某个参照物个别交易中的特殊因素和偶然因素对成交价及评估值的影响,运用市场途径评估资产时应尽量选择多个参照物。

3. 在评估对象与参照物之间选择比较因素

不论何种资产,影响其价值的因素基本相同,如资产的性质、市场条件等,但具体到每一种资产时,影响资产价值的因素又各有侧重。例如房地产主要受地理位置因素的影响,而机器设备则受技术水平的影响,应根据不同种类资产价值形成的特点,选择对资产价值形成影响较大的因素作为对比指标,在参照物与评估对象之间进行比较。

4. 指标对比、量化差异

根据所选定的对比指标,在参照物及评估对象之间进行比较,并将两者的差异进行量化。例如资产功能指标,参照物与评估对象尽管用途功能相同或相近,但是在生产能力上、在生产产品的质量方面,以及在资产运营过程中的能耗、物耗和人工消耗等方面都会有不同程度的差异,将参照物与评估对象对比指标之间的差异数量化、货币化是运用市场途径的重要环节。

5. 调整已经量化的对比指标差异

市场途径是以参照物的成交价格作为估算评估对象价值的基础,在此基础上将已经量化的参照物与评估对象对比指标差异进行调增或调减,就能得到以每个参照物为基础的评估对象的初评结果。初评结果的数量取决于所选择的参照物个数。

6. 综合分析确定评估结果

运用市场途径通常应选择三个以上参照物,就是说在通常情况下,运用市场途径评估的初评结果也在三个以上。按照资产评估一般惯例的要求,正式的评估结果只能是一个,这就需要评估人员对若干初评结果进行综合分析,确定最终的评估值。在这个环节上没有制度规定,取决于评估人员对参照物的把握和对评估对象的认识,再加上评估经验。当然,假如参照物与评估对象可比性都很好,评估过程中没有明显的遗漏或疏忽,采用加权平均的办法将初评结果转换成最终评估结果也是可以的。

（五）市场法的主要相关参数

1. 资产的功能

资产的功能是资产使用价值的主体,是影响资产价值的重要因素之一。在资产评估中强调资产的使用价值或功能,并不是从纯粹抽象意义上去讲,而是从资产的功能并结合社会需求,从资产实际发挥效用的角度来考虑。也就是说,在社会需要的前提下,资产的功能越好,其价值越高。

2. 资产的实体特征和质量

资产的实体特征主要是指资产的外观、结构、役龄和规格型号等。资产的质量主要是指资产本身的建造或制造工艺水平。

3. 市场条件

其主要是考虑参照物成交时与评估时的市场条件及供求关系的变化情况。在一般情况下,市场供不应求时,价格偏高;供过于求时,价格偏低。市场条件上的差异对资产价值的影响应引起评估人员足够的关注。

4. 交易条件

交易条件主要包括交易批量、交易动机、交易时间等。交易批量不同,交易对象的价格就可能不同。交易动机对资产交易价格有影响;在不同时间交易,资产的交易价格也会有差别。

以上各因素是运用市场法经常涉及的一些可比性因素。在具体运用市场法进行评估时,还要视评估对象的具体情况考虑其具体的可比因素。如房地产评估中的区位因素,机器设备评估中的制造厂家、资产规格型号等。

(六)市场法具体评估方法

运用市场途径进行资产评估,因市场条件的差异和参照物的不同,采取的方法也有所不同。具体方法可以分为两大类:直接法和类比法。

1. 直接法

直接法是指能够在市场上找到与被评估资产完全相同的参照物,或被评估资产的取得时间与评估基准日非常接近且市场价格基本稳定的情况下,直接以参照物的市场交易价格或购置价格作为被评估资产的评估值的评估方法。

这种方法是最为简单、直观的方法。运用直接法进行评估时,应当注意以下问题:

(1)如果与被评估资产相同的参照物在评估基准日同时存在多种交易价格时,应当选用价格最低的一种。按照资产的替代性原则,在公开市场的条件下,购买者如果能用最低的价格买到的东西,就不会用高于这个价格来购买。

(2)如果参照物价格变动幅度过大,可在分析参照物价格合理性的基础上,加以适当调整。一般情况下,资产的市场价格会围绕着正常价值上下波动,但是,如果资产的价格变化幅度过大,则这种市价就失去了其公允性,必须对其交易价格进行调整,才可作为被评估资产的评估值。

2. 类比法

类比法,又叫市场成交价格比较法,是在公开市场上无法找到与被评估资产完全相同的参照物时,可以选择若干个类似资产的交易案例作为参照物,通过分析比较评估对象与各个参照物成交案例的因素差异,并对参照物的价格进行差异调整,来确定被评估资产价值的方法。这种方法在资产交易频繁、市场发育较好的地区得到广泛应用。因为,在资产评估过程中,完全相同的参照物几乎是不存在的,即使是一个工厂出产的相同规格、型号的设备,在不同企业中使用,由于维护保养条件、操作使用水平以及利用率高低等多种因素的作用,其实体损耗也不可能是同步的。更多的情况下获得的是相类似的参照物价格,只能通过类比和调整来确定被评估资产的价值。

类比法的基本计算公式为：

$$被评估资产评估值＝参照物价格×调整系数 \qquad (2-1)$$

或

$$被评估资产评估值＝参照物价格×(1＋调整率) \qquad (2-2)$$

运用类比法的关键是通过严格筛选,找到最适合的参照物,并进行差异调整。通常,参照物的主要差异因素有以下几个方面：

（1）时间因素

时间因素是指参照物交易时间与被评估资产评估基准日时间的不一致产生的影响。由于大多数参照物的交易价格总是处于波动之中,不同时间条件下,参照物的价格会有所不同,在评估时必须考虑时间差异。一般情况下,应当根据价格变动指数将参照物实际成交价格调整为评估基准日交易价格。

如果评估对象与参照物之间只有时间因素的影响时,被评估资产的价值可用下式表示：

$$被评估资产评估值＝参照物价格×时间因素修正系数 \qquad (2-3)$$

（2）区域因素

区域因素是指资产所在地区或地段条件对资产价格的影响。地域因素对房地产价格的影响尤为突出。当评估对象与参照物之间只有区域因素的影响时,被评估资产的价值可用下式表示：

$$被评估资产评估值＝参照物价格×区域因素修正系数 \qquad (2-4)$$

（3）功能因素

功能因素是指资产实体功能过剩和不足对价格的影响。如一栋房屋、一台机器、一条生产线,就其特定资产实体来说效能很高,用途广泛,但购买者未来使用中不需要这样高的效能和广泛的用途,形成的剩余不能在交易中得到买方认可,因而,只能按低于其功能价值的价格来交易。通常情况下功能高卖价就高,但买方未来若不能充分使用特定资产的效能,就不愿意多花钱去购买这项资产;功能低卖价也就低,因为买方在购买后其功能不能满足要求,将要追加投资进行必要的技术改造,这时买方就要考虑花较少的钱购买才是经济合理的。

当评估对象与参照物之间只有功能因素的差异时,被评估资产的价值可用下式表示：

$$被评估资产评估值＝参照物价格×功能因素修正系数 \qquad (2-5)$$

（4）交易情况

交易情况主要包括交易的市场条件和交易条件。市场条件主要是指参照物成交时的市场条件与评估时的市场条件是属于公开市场或非公开市场,以及市场供求状况。在通常情况下,供不应求时,价格偏高;供过于求时,价格偏低。市场条件上的差异对资产价值的影响很大。交易条件主要包括交易批量、动机、时间等。

当评估对象与参照物之间只有交易情况的差异时,被评估资产的价值可用下式表示：

$$被评估资产评估值＝参照物价格×交易情况修正系数 \qquad (2-6)$$

（5）个别因素

个别因素主要包括资产的实体特征和质量。资产的实体特征主要是指资产的外观、结构、规格型号等。资产的质量主要是指资产本身的建造或制造的工艺水平。

当评估对象与参照物之间只有个别因素的差异时,被评估资产的价值可用下式表示：

被评估资产评估值＝参照物价格×个别因素修正系数　　　　　　　　　　　(2-7)

如果评估对象与参照物之间存在上述各种差异时,评估值计算公式可用下式表示:

被评估资产评估值＝参照物价格×交易时间修正系数×区域因素修正系数×功能因素修正系数×交易情况修正系数×个别因素修正系数　　　　　　　　　　　(2-8)

【例2-1】 (1)估价对象概况:待估地块为城市规划上属于住宅区的一块空地,面积为600平方米,地形为长方形。

(2)评估要求:评估该地块2012年10月3日的公平市场交易价格。

(3)评估过程:

① 选择评估方法,该种类型的土地有较多的交易实例,故采用市场法进行评估。

② 搜集有关的评估资料。

A. 搜集待估土地资料(略)。

B. 搜集交易实例资料。选择4个交易实例作为参照物,具体情况见表2-1。

表2-1　交易实例情况表

		交易实例A	交易实例B	交易实例C	交易实例D	估价对象
坐落		略	略	略	略	略
所处地区		临近	类似	类似	类似	一般市区
用地性质		住宅	住宅	住宅	住宅	住宅
土地类型		空地	空地	空地	空地	空地
交易日期		2012年4月2日	2012年3月3日	2011年10月4日	2011年12月5日	2012年10月3日
价格	总价	19.6万元	31.2万元	27.4万元	37.8万元	
	单价	870元/m²	820元/m²	855元/m²	840元/m²	
面积		225 m²	380 m²	320 m²	450 m²	600 m²
形状		长方形	长方形	长方形	略正方形	长方形
地势		平坦	平坦	平坦	平坦	平坦
地质		普通	普通	普通	普通	普通
基础设施		较好	完备	较好	很好	很好
交通状况		很好	较好	较好	较好	很好
正面路宽		8 m	6 m	8 m	8 m	8 m
容积率		6	5	6	6	6
剩余使用年限		35 年	30 年	35 年	30 年	30 年

③ 进行交易情况修正。经分析交易实例A、D为正常买卖,无需进行交易情况修正;交易实例B较正常买卖价格偏低2%;交易实例C较正常买卖价格偏低3%。

则各交易实例的交易情况修正率为:

交易实例 A:0%;交易实例 B:2%;交易实例 C:3%;交易实例 D:0%。

④ 进行交易日期修正。根据调查,2009 年 10 月以来土地价格平均每月上涨 1%,交易实例 A、B、C、D 分别间隔 6、7、12 和 10 个月,则各参照物交易实例的交易日期修正率为:

交易实例 A:6%;交易实例 B:7%;交易实例 C:12%;交易实例 D:10%。

⑤ 进行区域因素修正

交易实例 A 与待估土地处于同一地区,无需作区域因素修正。交易实例 B、C、D 的区域因素修正情况可参照表 2-2 判断。

表 2-2　区域因素比较表

	B	C	D
自然条件	(相同)10	(相同)10	(相同)10
社会条件	(较差)7	(相同)10	(相同)10
街道条件	(相同)10	(相同)10	(相同)10
交通便捷度	(稍差)8	(稍好)12	(相同)10
离交通车站点距离	(较远)7	(稍近)12	(相同)10
离市中心距离	(相同)10	(稍近)12	(相同)10
基础设施状况	(稍差)8	(相同)10	(稍好)12
公共设施完备状况	(相同)10	(较好)12	(相同)10
水、大气、噪音污染状况	(相同)10	(相同)10	(相同)10
周围环境及景观	(稍差)8	(相同)10	(稍差)8
综合打分	88	108	100

本次评估设定待估地块的区域因素值为 100,则根据表 2-2 各种区域因素的对比分析,经综合打分,交易实例 B 所属地区为 88,交易实例 C 所属地区为 108,交易实例 D 所属地区为 100。

⑥ 进行个别因素修正。

A. 经比较分析,待估土地的面积较大,有利于充分利用,另外环境条件也比较好,故判定比各交易实例土地价格高 2%。

B. 土地使用年限因素的修正。交易实例 B、D 与待估土地的剩余使用年限相同无需修正。交易实例 A、C 均需作使用年限因素的调整,其调整系数测算如下(假定折现率为 8%):

$$年限修正系数=[1-1\div(1+8\%)^{30}]\div[1-1\div(1+8\%)^{35}]$$
$$=0.900\ 6\div0.932\ 4$$
$$=0.965\ 9$$

这个调整系数的确定我们等到后面章节再讲解。

⑦ 计算待估土地的初步价格。

交易案例 A 修正后的单价为:

参照物 A 成交价格×被评估对象交易情况指数/参照物 A 交易情况指数×被评估对象交易时间指数/参照物 A 交易时间指数×被评估对象区域情况指数/参照物 A 区域情况指数×

被评估对象个别因素指数/参照物 A 个别因素指数×被评估对象使用年限指数/参照物 A 使用年限指数：

交易实例 A 修正后的单价为：

$$870 \times \frac{100}{100} \times \frac{106}{100} \times \frac{100}{100} \times \frac{102}{100} \times 0.965\ 9 = 909(元/m^2)$$

同理，可得到交易案例 B 修正后的单价为：

$$820 \times \frac{100}{98} \times \frac{107}{100} \times \frac{100}{88} \times \frac{102}{100} = 1\ 038(元/m^2)$$

交易实例 C 修正后的单价为：

$$855 \times \frac{100}{97} \times \frac{112}{100} \times \frac{100}{108} \times \frac{102}{100} \times 0.969\ 5 = 901(元/m^2)$$

交易实例 D 修正后的单价为：

$$840 \times \frac{100}{100} \times \frac{110}{100} \times \frac{100}{100} \times \frac{102}{100} = 942(元/m^2)$$

⑧ 采用简单算术平均法求取评估结果。

土地评估单价为：$(909 + 1\ 038 + 901 + 942) \div 4 = 948(元/m^2)$

土地评估总价为：$600 \times 948 = 568\ 800(元)$

（七）市场法的优缺点

1. 市场法的优点

市场途径是资产评估中最简单、最有效的方法。

（1）能够客观反映资产目前的市场情况，其评估的参数、指标直接从市场获得，评估值更能反映市场现实价格；

（2）评估结果易于被各方面理解和接受。

2. 市场法的缺点

（1）需要有公开活跃的市场作为基础，有时因缺少可对比数据难以应用；

（2）不适用于专用机器设备和大部分的无形资产，以及受到地区、环境等严格限制的一些资产评估。

（八）有关市场法的讨论

1. 关于方法的选用

只有在与被评估资产相类似资产存在交易活跃的市场的情况下方可运用市场途径进行评估，而且能够获得类似资产市场交易的真实资料。例如，大城市的写字楼、公司的普通股股票、生产设备等资产，由于其交易相当频繁，运用市场途径非常有效。

2. 关于参照物选择问题

（1）必须选择三个以上的参照物。

（2）在选择参照物时，应当选择参照物公平交易的案例。

（3）应选取近期交易的资产案例作为参照物。

3. 对不同参照物结果的处理

采用市场途径进行评估，需要选取三个以上的参照物，这时就会得到若干个初评结果，评估师可以对若干个初评结果进行分析，剔除异常值，对其他较为接近的初评结果可以采用加权平均法、简单平均法等计算出平均值作为最终的评估结果，评估师也可以根据经验判断确定评估值的区间。

二、成本法原理及在实务中的运用

成本法是指在评估资产时首先估测被评估资产的重置成本,然后估测被评估资产业已存在的各种贬值因素,并将其从重置成本中予以扣除而得到被评估资产价值的评估方法。

(一)成本法的评估思路

如果该资产是新的,则把重新建造或购置被评估资产的成本作为被评估资产的价值,如果该资产是旧的,按照该重置成本扣除从资产的形成并开始投入使用至评估基准日这段时间内的损耗得到资产的评估价值。成本法是从成本取得和成本构成的角度对被评估资产的价值进行的分析和判断。

(二)成本法的理论依据

1. 生成费用价值论

资产的价值取决于资产的成本。资产的成本越高,相应的资产的价值越大,即在条件允许的情况下,任何一个潜在的投资者在决定投资某项资产时,他所愿意支付的价格不会超过购建该项资产的现行购建成本。

2. 资产的价值是一个变量,随资产本身的运动和其他因素的变化而相应变化

(1)资产投入使用后,由于使用磨损和自然力的作用,其物理性能会不断下降,价值会逐渐减少。这种损耗一般称为资产的物理损耗或有形损耗,也称实体性贬值。

(2)新技术的推广和运用,使得企业原有资产与社会上普遍推广和运用的资产相比较,在技术上明显落后、性能降低,其价值也就相应减少。这种损耗称为资产的功能性损耗,也称功能性贬值。

(3)由于资产以外的外部环境因素变化,引致资产价值降低,这些因素包括政治因素、宏观政策因素等。这种损耗一般称为资产的经济性损耗,也称经济性贬值。

(三)成本法的基本前提

成本法从再取得资产的角度反映资产价值,即通过资产的重置成本扣减各种贬值来反映资产价值。只有当被评估资产处于继续使用状态下,再取得被评估资产的全部费用才能构成其价值的内容。资产的继续使用不仅仅是一个物理上的概念,它还包含着有效使用资产的经济意义。只有当资产能够继续使用并且在持续使用中为潜在所有者或控制者带来经济利益时,资产的重置成本才能为潜在投资者和市场所承认和接受。从这个意义上讲,成本法主要适用于继续使用前提下的资产评估。对于非继续使用前提下的资产,如果运用成本法进行评估,需对成本法的基本要素做必要的调整。从相对准确合理,减少风险和提高评估效率的角度,把继续使用作为运用成本法的前提是有积极意义的。

采用成本法评估资产的前提条件如下:

(1)被评估资产处于继续使用状态或假定处于继续使用状态;

(2)被评估资产的预期收益能够支持其重置及其投入价值。

（四）操作程序

```
┌─────────────────────┐
│    确定评估对象     │
└─────────────────────┘
          ↓
┌─────────────────────────────┐
│ 搜集历史资料，确定成本构成  │
└─────────────────────────────┘
          ↓
┌─────────────────────────────┐
│  确定被评估资产的重置成本   │
└─────────────────────────────┘
          ↓
┌─────────────────────────────────┐
│ 确定各种贬值因素，判断成新率    │
└─────────────────────────────────┘
          ↓
┌─────────────────────────┐
│  综合分析，确定评估值   │
└─────────────────────────┘
```

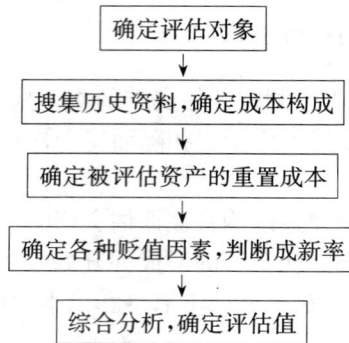

（五）成本法的基本公式

被评估资产评估值＝资产的重置成本－资产实体性贬值－资产功能性贬值－资产经济性贬值

$$(2-9)$$

或 　　　　　　　　　被评估资产评估值＝重置成本×成新率 　　　　　　$(2-10)$

（六）成本法运用中各个参数及其计算方法

1. 重置成本

（1）重置成本的含义

重置成本是按在现行市场条件下重新购建全新的与被评估资产一样的资产所支付的全部货币总额。重置成本包含利润。重置成本与原始成本的内容构成是相同的，而二者反映的物价水平是不相同的，前者反映的是资产评估基准日的市场物价水平，后者反映的是当初购建资产时的物价水平；前者是新的，后者不一定是新的。

（2）重置成本一般可分为复原重置成本和更新重置成本

① 复原重置成本：是指运用与原来相同的材料、建筑或制造标准、设计、格式及技术等，以现时价格水平重新购建与评估对象相同的全新资产所发生的费用。

② 更新重置成本：是指采用新型材料、现代建筑或制造标准、新型设计、规格和技术等，以现行价格水平购建与评估对象具有同等功能的全新资产所需要的费用。

（3）两种重置成本运用中注意事项：

① 在实践工作中，选择重置成本时，在同时可获得复原重置成本和更新重置成本的情况下，应选择更新重置成本。在无法获得更新重置成本时也可采用复原重置成本。

之所以要选择更新重置成本，一方面随着科学技术的进步，劳动生产率的提高，新工艺、新设计被社会所普遍接受；另一方面，新型设计、工艺制造的资产无论从其使用性能，还是成本耗用方面都会优于旧的资产。

② 无论哪种重置成本，资产本身的功能始终是相同的，采用的都是资产的现时价格，不同在于技术、设计、标准方面的差异。

③ 一般而言，复原重置成本大于更新重置成本。

④ 如果选用了复原重置成本，则复原重置成本和更新重置成本的差额视作是功能性贬值的一部分。

2. 重置成本的估算方法

资产的重置成本可以通过若干种方法进行估算，这里对评估实务中应用较为广泛的几种方法介绍如下：

(1) 重置核算法(也称细节分析法、核算法)

是指按资产成本的构成,把以现行市价计算的全部购建支出按其计入成本的形式,将总成本区分为直接成本和间接成本来估算重置成本的一种方法。

① 直接成本是指直接可以构成资产成本支出的部分,直接成本应按现时价格逐项加总。如建造成本构成(材料成本、人工成本、制造费用资金成本、合理利润)和取得成本构成(购买价格、安装调试费运杂费、人工费等)。

② 间接成本是指为建造、购买资产而发生的管理费、总体设计制图等项支出。

间接成本可以通过下列方法计算:

方法一:人工成本比例法

$$间接成本 = 人工成本总额 \times 成本分配率 \qquad (2-11)$$

其中:
$$成本分配率 = \frac{间接成本}{人工成本额} \times 100\%$$

方法二:单位价格法

$$间接成本 = 人数 \times 劳动时间 \times 每人每小时价格 \qquad (2-12)$$

【例 2-2】 重置购建设备一台,现行市场价格每台 1 万元,运杂费 4 000 元,直接安装成本 2 000 元,其中原材料 1 500 元、人工成本 500 元。根据统计分析,计算求得安装成本中的间接成本为人工成本的 80%,该机器设备重置成本为:

直接成本 = 10 000 + 4 000 + 2 000 = 16 000(元)

其中:买价　10 000 元

运杂费　4 000 元

安装成本　2 000 元

其中:原材料　1 500 元

人工　500 元

间接成本(安装成本)　500 × 80% = 400(元)

重置成本合计 = 16 000 + 400 = 16 400(元)

(2) 价格指数法

价格指数法是利用与资产有关的价格变动指数,将被评估资产的历史成本(账面价值)调整为重置成本的一种方法。其计算公式为:

$$被评估资产重置成本 = 资产的历史成本 \times 价格指数 \qquad (2-13)$$

或:
$$被评估资产重置成本 = 资产历史成本 \times (1 + 价格变动指数) \qquad (2-14)$$

(3) 功能价值类比法

功能价值类比法,是指利用某些资产的功能(生产能力)的变化与其价格或重置成本的变化呈某种指数关系或线性关系,通过参照物的价格或重置成本,以及功能价值关系估测评估对象价格或重置成本的技术方法(该方法亦称为类比估价法-指数估价法)。当资产的功能变化与其价格或重置成本的变化呈线性关系时,人们习惯把线性关系条件下的功能价值类比法称为生产能力比例法,而把非线性关系条件下的功能价值类比法称为规模经济效益指数法。

生产能力比例法。生产能力比例法是寻找一个与被评估资产相同或相似的资产为参照物,根据参照资产的重置成本及参照物与被评估资产生产能力的比例,估算被评估资产的重置成本。

① 运用的前提条件和假设:资产的成本与其生产能力呈线性关系,生产能力越大,成本越高,而且是成正比例变化。

② 计算公式为:

被评估资产重置成本＝(被评估资产年产量/参照物年产量)×参照物重置成本

$$(2-15)$$

【例 2-3】 某单位重置全新的一台机器设备价格为 5 万元,年产量为 5 000 件。现知被评估资产的年产量为 4 000 件,由此可以确定其重置成本为:

被评估资产重置成本＝(4 000÷5 000)×50 000

＝40 000(元)

这种方法运用的前提条件和假设是资产的成本与其生产能力呈线性关系,而且是成正比例变化,生产能力越大,成本越高。应用这种方法估算重置成本时,首先应分析资产成本与生产能力之间是否存在线性关系,如果不存在这种关系,该方法就不可以采用。

另外、在用成本法对企业整体资产及某一相同类型资产进行评估时,为了简化评估业务,节省评估时间,还可以采用统计分析法确定某类资产的重置成本,运用的步骤如下:

1) 在核实资产数量的基础上,把全部资产按照适当标准划分为若干类别,如房屋建筑物按结构划分为钢结构、钢筋混凝土结构等;机器设备按有关规定划分为专用设备、通用设备、运输设备、仪器、仪表等。

2) 在各类资产中抽样选择适量具有代表性的资产,应用功能价值类比法、价格指数法或重置核算法等方法估算其重置成本。

3) 依据分类抽样估算资产的重置成本与账面历史成本,计算出分类资产的调整系数,其计算公式为:

$$K=\frac{R'}{R}$$

$$(2-16)$$

式中:K——资产重置成本与历史成本的调整系数;

R'——某类抽样资产的重置成本;

R——某类抽样资产的历史成本。

根据调整系数 K 估算被评估资产的重置成本,计算公式为:

被评估资产重置成本 ＝ $\sum$ 某类资产账面历史成本 × K $(2-17)$

某类资产账面历史成本可从会计记录中取得。

【例 2-4】 评估某企业某类通用设备。经抽样选择具有代表性的通用设备 5 台,估算其重置成本之和为 30 万元,而该 5 台具有代表性的通用设备历史成本之和为 20 万元,该类通用设备账面历史成本之和为 500 万元。则:

$$K=30÷20=1.5$$

该类通用设备重置成本＝500×1.5＝750(万元)

(七) 资产的各种贬值及其估算方法

1. 实体性贬值

(1) 含义:资产由于使用及自然力的作用导致物理性能的损耗或下降,而引起的资产的价值损失。

资产的实体性贬值通常用相对数计量,即实体性贬值率,用公式表示为:

$$资产实体性贬值率 = \frac{资产实体性贬值}{资产重置成本} \times 100\% \qquad (2-18)$$

(2)估算方法

资产的实体性贬值一般可以选择以下几种方法进行估测:

① 观察法

观察法,是指由具有专业知识和丰富经验的工程技术人员,对被评估资产的实体各主要部位进行技术鉴定,并综合分析资产的设计、制造、使用、磨损、维护、修理、大修理、改造情况和物理寿命等因素,将评估对象与其全新状态相比较,考察由于使用磨损和自然损耗对资产的功能、使用效率带来的影响,判断被评估资产的成新率,从而估算资产的实体性贬值。计算公式为:

$$被评估资产实体性贬值 = 重置成本 \times 实体性贬值率 \qquad (2-19)$$

或

$$被评估资产实体性贬值 = 重置成本 \times (1 - 实体性成新率) \qquad (2-20)$$

② 使用年限法(或称年限法)

使用年限法是利用被评估资产的实际已使用年限与其总使用年限的比值来判断其实体贬值率(程度),进而估测资产的实体性贬值。

使用年限法的数学表达式为:

$$资产实体性贬值率 = 实际已使用年限/总使用年限 \times 100\% \qquad (2-21)$$
$$实体性贬值 = (重置成本 - 预计残值) \times 资产实体性贬值率 \qquad (2-22)$$

或

$$实体性贬值 = (重置成本 - 预计残值)/总使用年限 \times 实际已使用年限 \qquad (2-23)$$

式中:

A. 预计残值是指被评估资产在清理报废时净收回的金额。在资产评估中,通常只考虑数额较大的残值,如残值数额较小可以忽略不计。

B. 总使用年限指的是实际已使用年限与尚可使用年限之和。

其计算公式为:

$$总使用年限 = 实际已使用年限 + 尚可使用年限 \qquad (2-24)$$
$$实际已使用年限 = 名义已使用年限 \times 资产利用率 \qquad (2-25)$$

由于资产在使用中负荷程度的影响,必须将资产的名义已使用年限调整为实际已使用年限。

名义已使用年限是指,资产从购进使用到评估时的年限;名义已使用年限可以通过会计记录资产登记簿、登记卡片查询确定。实际已使用年限是指资产在使用中实际损耗的年限。实际已使用年限与名义已使用年限的差异,可以通过资产利用率来调整.资产利用率的计算公式为:

$$资产利用率 = 截至评估日资产累计实际利用时间/截至评估日资产累计法定利用时间 \times 100\%$$
$$(2-26)$$

当资产利用率 > 1 时,表示资产超负荷运转,资产实际已使用年限比名义已使用年限要长;

当资产利用率＝1时,表示资产满负荷运转,资产实际已使用年限等于名义已使用年限;

当资产利用率＜1时,表示开工不足,资产实际已使用年限小于名义已使用年限。

【例2-5】 某资产于1985年2月购进,1995年2月评估时,名义已使用年限是10年。根据该资产技术指标,在正常使用情况下,每天应工作8小时,该资产实际每天工作7.5小时。由此可以计算该资产利用率:

$$资产利用率＝10×360×7.5÷(10×360×8)×100\%＝93.75\%$$

由此可确定其实际已使用年限为9.4年。

使用年限法的评估技术思路是一种应用较为广泛的评估技术,在资产评估实际工作中,评估人员还可以根据被评估资产设计的总工作量和评估对象已经完成的工作量、评估对象设计行驶里程和已经行驶的里程等指标,利用使用年限法的技术思路测算资产的实体性贬值。因此,使用年限法可以利用许多指标评估资产的实体性贬值。

③ 修复费用法

修复费用法是利用恢复资产功能所支出的费用金额来直接估算资产实体性贬值的一种方法。所谓修复费用包括资产主要零部件的更换或者修复、改造、停工损失等费用支出。如果资产可以通过修复恢复到其全新状态,可以认为资产的实体性损耗等于其修复费用。

2. 功能性贬值及其估算方法

(1)功能性贬值

资产的功能性贬值是指由于技术进步引起的资产功能相对落后而造成的资产价值损耗。

(2)估算方法

功能性贬值有两种表现形式:超额投资成本(一次性功能性贬值)和超额运营成本。

① 超额投资成本:由于新技术、新材料、新工艺不断出现,使得相同功能的设备的建造成本比过去降低,原有设备中就有一部分超额投资得不到补偿。它主要反映为更新重置成本低于复原重置成本。

$$超额投资成本＝复原重置成本－更新重置成本 \tag{2-27}$$

注意:如使用复原重置成本则应考虑是否存在超额投资成本引起的功能性贬值;如使用的是更新重置成本,这种贬值因素则已经考虑在内了,无需考虑;如使用现行市场价格作为重置成本,也不需再考虑超额投资成本。

【例2-6】 待评估资产为一栋层高为4米的住宅,其复原重置成本为1 600元/建筑平方米,而在评估基准日建造具有相同效用的层高为3米的住宅,更新重置成本为1 500元/建筑平方米,就此可以断定其单位建筑面积功能性贬值额为:

$$1\ 600－1\ 500＝100(元/建筑平方米)$$

② 超额运营成本:被评估资产与全新状态的资产相比,由于资产的效用、生产加工能力、工耗、物耗、能耗水平等功能方面的差异造成的成本增加和效益降低。

$$超额运营成本＝各年净超额运营成本×折现系数 \tag{2-28}$$

分析设备的超额运营成本,应考虑下列因素:

生产效率是否提高,维护保养费用是否降低,材料消耗是否降低,能源消耗是否降低,操作工人数量是否降低。

计算超额营运成本,具体计算步骤如下:

A. 确定超额运营成本；

B. 确定净超额运营成本；

C. 估计被评估资产的剩余寿命（年限：n）；

D. 以适当的折现率将被评估资产在剩余寿命内每年的超额运营成本折现，这些折现值之和就是被评估资产功能性损耗（贬值）。计算公式为：

$$被评估资产功能性贬值 = \sum（被评估资产年净超额运营成本 \times 折现系数） \quad (2-29)$$

【例 2-7】 某待评估的生产控制装置正常运行需要 6 名技术操作员，而目前的新式同类控制装置仅需要 4 名操作员。假定待评估装置与新装置的运营成本在其他方面相同，操作人员的人均年工资福利费为 12 000 元，待评估资产还可以使用 3 年，所得税税率为 33%，适用折现率为 10%。根据上述调查资料，待评估资产相对于同类新装置的功能性贬值测算过程如下。

解：

A. 估算待评估资产的年超额运营成本：

$$（6-4）\times 12\,000 = 24\,000（元）$$

B. 测算待评估资产的年净超额运营成本：

$$24\,000 \times （1-33\%） = 16\,080（元）$$

C. 将待评估资产在剩余使用年限内的净超额运营成本折算为现值：

$$16\,080 \times （P/A, 10\%, 3） = 16\,080 \times 2.486\,9 = 39\,989.35（元）$$

3. 经济性贬值及其估算方法

（1）经济性贬值

经济性贬值是指由于外部条件的变化引起的资产闲置、收益下降等资产价值损失。经济性贬值从概念上讲，是由于企业外部的影响，导致企业资产本身价值的损失，与企业资产本身无关。

产生的原因如下：

① 竞争加剧，社会总需求减少，导致开工不足；

② 材料供应不畅，导致开工不足；

③ 材料成本增加，导致企业费用直线上升；

④ 通货膨胀的情况下，国家实行高利率政策，导致企业运营成本加大；

⑤ 产业政策的变动，缩短使用寿命；

一般情况下，当资产使用基本正常时，不需要计算经济性贬值。

（2）估算方法：

① 间接计算法

$$经济性贬值率 = [1-（资产预计可被利用的生产能力 \div 资产原设计生产能力）^x] \times 100\% \quad (2-30)$$

式中：x——功能价值指数，实践中多采用经验数据，数值一般在 0.6～0.7 之间。经济性贬值额的计算应以评估对象的重置成本为基数。

【例 2-8】 某被估生产线的设计生产能力为年产 20 000 台产品，因市场需求结构发生变化，在未来可使用年限内，每年产量估计要减少 6 000 台左右，假定规模经济效益指数为 0.6。

根据上述条件,该生产线的经济性贬值率大约在以下水平:

解：经济性贬值率$=\{1-[(20\,000-6\,000)\div20\,000]^{0.6}\}\times100\%$

$\qquad\qquad\qquad =(1-0.81)\times100\%$

$\qquad\qquad\qquad =19\%$

② 直接计算法

$\qquad$经济性贬值额$=$资产年收益损失额$\times(1-$所得税税率$)\times(P/A,r,n)$ $\qquad$ (2-31)

式中：$(P/A,r,n)$——年金现值系数。

【例 2-9】 数据承上例,假定每年减少 6 000 台产品,每台产品损失利润 100 元,该生产线尚可继续使用 3 年,企业所在行业的投资回报率为 10%,所得税税率为 25%。则该生产线的经济性贬值额大约为:

$\qquad\qquad$经济性贬值额$=(6\,000\times100)\times(1-25\%)\times(P/A,10\%,3)$

$\qquad\qquad\qquad\qquad =450\,000\times2.486\,9$

$\qquad\qquad\qquad\qquad =1\,119\,105(元)$

三、收益法原理及在实务中的运用

(一) 收益法的基本含义

收益法是指通过估测被评估资产未来预期收益的现值,来判断资产价值的各种评估方法的总称。从理论上讲,收益法是资产评估中较为科学合理的评估方法之一;收益法是依据资产未来预期收益经折现或者本金化处理来估测资产价值的。公式为:

$$P=\sum_{i=1}^{n}\frac{R_i}{(1+r)^i} \qquad (2-32)$$

式中：P——评估值；

$\qquad i$——年序号；

$\qquad R_i$——未来第 i 年的预期收益；

$\qquad r$——折现率或资本化率；

$\qquad n$——收益年期；

(二) 收益法的评估思路

收益法实际上是一种"以本求利"的逆向思维,因为就本利关系来说,即已知利率,用本金×利率＝利息,从而求得利息。而收益法与之相反,由利息、利率反推本金,也就是说多少资产量在这样的利率下能够带来多少收益。例如已知本金 10 000 元,利率 10%,由本金×利率＝收益;而收益法是反过来,已知某一项资产一年赚 1 000 元,利率是 10%,由收益÷利率＝本金,计算出多大的资产量在 10%的利率下能赚 1 000 元。现在的资产每年赚 1 000 元,由 1 000元的收益,10%的利率可以算出资产价值相当于 10 000 元。

(三) 收益法的基本前提

收益法是依据资产未来预期收益经折现或本金化处理来估测资产价值的,它涉及三个基本要素:被评估资产的预期收益;折现率或资本化率;被评估资产取得预期收益的持续时间。因此,能否清晰地把握上述三要素就成为能否运用收益法的基本前提。从这个意义上来讲,应用收益法必须具备的前提条件如下:

（1）被评估资产的未来预期收益可以预测并可以用货币来衡量；

（2）资产拥有者获得预期收益所承担的风险可以预测并可以用货币来衡量；

（3）被评估资产预期获利年限可以预测。

上述前提条件表明：首先，评估对象的预期收益必须能被较为合理地估测。这就要求被评估资产与其经营收益之间存在着较为稳定的比例关系。同时，影响资产预期收益的主要因素，包括主观因素和客观因素也应是比较明确的，评估人员可以据此分析和测算出被评估资产的预期收益。其次，被评估对象所具有的行业风险、地区风险及企业风险是可以比较和测算的，这是测算折现率或资本化率的基本参数之一。评估对象所处的行业不同、地区不同和企业差别都会不同程度地体现在资产拥有者的获利风险上。对于投资者来说，风险大的投资要求的回报率就高；投资风险小，其回报率也可以相应降低。最后，评估对象获利期限的长短，即评估对象的寿命，也是影响其价值和评估值的重要因素之一。

（四）收益法的基本程序和基本参数

1. 收益法的基本程序

（1）收集并验证与评估对象未来预期收益有关的数据资料，包括经营前景、财务状况、市场形势以及经营风险等；

（2）分析测算被评估对象的未来预期收益；

（3）分析测算折现率或资本化率；

（4）分析测算被评估资产预期收益持续的时间；

（5）用折现率或资本化率将评估对象的未来预期收益折算成现值；

（6）分析确定评估结果。

2. 收益法的基本参数

（1）收益额

收益额是适用收益法评估资产价值的基本参数之一。在资产评估中，资产的收益额必须是归资产所有者所有的收益。如果某些收益并不归资产所有者所有，是不能算的。比如用利润赚了很多钱，利润的一部分要交所得税，所得税并不归所有者所有，而是作为税金流出企业，那么不能包含在收益当中。

资产评估中的收益额有两个比较明确的特点：

1）收益额是资产未来预期收益额，而不是资产的历史收益额或现实收益额；

2）用于资产评估的收益额通常是资产的客观收益，而不一定是资产的实际收益。

收益额的上述两个特点是非常重要的，评估人员在执业过程中应切实注意收益额的特点，以便合理运用收益法来估测资产的价值。因资产种类较多，不同种类资产的收益额表现形式亦不完全相同，如企业的收益额通常表现为净利润或净现金流量，而房地产则通常表现为纯收益等。关于收益额预测将在以后各章结合各类资产的具体情况分别介绍。

（2）折现率

1）从本质上讲

折现率是一种期望投资报酬率，是投资者在投资风险一定的情况下，对投资所期望的回报率。

2）从构成上看

① 折现率＝无风险报酬率＋风险报酬率

② 无风险报酬率亦称安全利率,指没有投资限制和障碍,任何投资者都可以投资并能够获得(事实上,就是没有风险)的投资报酬率。在具体实践中,无风险报酬率可以参照同期国库券利率或银行利率。

③ 风险报酬率是对风险投资的一种补偿,在数量上是指超过无风险报酬率的那部分投资回报率。其是根据所投资的行业所面临的行业增减、财务风险、市场风险、经营风险等各种风险测算这项交易所承担的风险。

3) 资本化率与折现率的关系

① 在本质上是没有区别的。

② 二者适用场合不同。习惯上,折现率是将未来有限期的预期收益折算成现值的比率(r),用于有限期预期收益折现;资本化率则是将未来永续性预期收益折算成现值的比率(r)。

③ 二者是否相等主要取决于同一资产在未来长短不同的时期所面临的风险是否相同。

(3) 收益期限

收益期限是指资产获利能力持续的时间,通常以年为时间单位。它由评估人员根据被评估资产自身效能及相关条件,以及有关法律、法规、契约、合同等加以测定。

四、评估方法的选择

1. 评估方法之间的关系

资产评估的市场法、成本法和收益法以及由以上三条基本评估思路衍生出来的其他评估思路共同构成了资产评估的方法体系。资产评估的专业性质决定了构成资产评估方法体系的各种评估方法之间存在着内在联系,而各种评估方法的独立存在又说明它各有特点。正确认识资产评估方法之间的内在联系以及各自的特点,对于恰当地选择评估方法,高效地进行资产评估是十分重要的。

(1) 资产评估方法之间的联系

评估方法是实现评估目的的手段,对于特定经济行为,在相同的市场条件、相同状态下的同一资产进行评估,其评估值应该是客观的。这个客观的评估值不会因评估人员所选用的评估方法的不同而出现截然不同的结果。可以认为正是评估基本目的决定了评估方法间的内在联系。而这种内在联系为评估人员运用多种评估方法评估同一条件下的同一资产,并作相互验证提供了理论根据。

(2) 资产评估方法之间的区别

各种评估方法独立存在本身就说明了其相互之间存在差异。各种评估方法是从不同的角度去表现资产的价值,不论是通过与市场参照物比较获得评估对象的价值,还是根据评估对象预期收益折现获得其评估价值,或是按照资产的再取得途径寻求评估对象的价值,都是对评估对象在一定条件下的价值的描述,它们之间是有内在联系并可相互替代的。但是,每一种评估方法都有其自成一体的运用过程,都要求具备相应的信息基础,评估结论也都是从某一角度反映资产的价值,因此各种评估方法又是有区别的。

2. 评估方法的选择

就评估方法选择本身,实际上包含了不同层面的选择过程,即三个层面的选择:其一,评估的技术思路的层面,即分析三种评估方法所依据的评估技术的路线的适用性;其二,是在各种评估思路已经确定的基础上,选择实现评估技术的具体技术方法;其三,是在确定技术方法的前提下,对运用各种技术评估方法所涉及的技术参数的选择。

为了高效、简洁、相对合理地估测资产的价值,在评估方法选择过程中应注意以下因素:

(1) 评估方法的选择要与评估目的、评估时的市场条件、被评对象在评估过程中所处的状态以及由此所决定的资产评估价值类型相适应。根据上述条件,当资产评估的价值类型为资产的市场价值时,可考虑按市场法、收益法和成本法的顺序进行选择。

(2) 评估方法的选择受评估对象的类型、理化状态等因素制约。例如,对于既无市场参照物,又无经营记录的资产,只能选择成本法进行评估;对于工艺比较特别且处在经营中的企业,可以优先考虑选择收益法。

(3) 评估方法的选择受能否收集到运用各种评估方法所需的数据资料及主要经济技术参数的制约。每种评估方法的运用都需要有充分的数据资料作为依据,在一个相对较短时间内收集某种评估方法所需要的数据资料可能会很困难,在这种情况下,评估人员应考虑采用替代的评估方法进行评估。

(4) 资产评估人员应当清楚,在选择和运用评估方法时,如果条件允许,应当考虑三种基本评估方法在具体评估项目中的适用性,如果可以采用多种评估方法,不仅要确保满足各种方法使用的条件要求和程序要求,还应当对各种评估方法取得的各种价值结论进行比较,分析可能存在的问题并做相应的调整,确定最终评估结果。

总之,在评估方法的选择过程中,应注意因地制宜和因事制宜,不可机械地按某种模式或某种顺序进行选择。但是不论选用哪种评估方法进行评估,都应保证评估目的、评估时所依据的各种假设和条件与评估所使用的各种参数数据,及其评估结果在性质上和逻辑上的一致性。尤其是在运用多种方法评估同一评估对象时,更要保证每种评估方法的运用中所依据的各种假设、前提条件、数据参数的可比性,以便能够确保运用不同评估方法所得到的评估结果的可比性和相互可验证性。

思 考 题

一、单项选择题

1. 采用收益法评估资产时,收益法中的各个经济参数之间存在的关系是(　　)。
　　A. 资本化率越高,收益现值越低
　　B. 资本化率越高,收益现值越高
　　C. 资产预期收益期不影响收益现值
　　D. 无风险报酬率不影响收益现值

2. 运用市场法时选择3个及3个以上参照物的目的是(　　)。
　　A. 为了符合资产评估的政策
　　B. 为了体现可比性的要求
　　C. 排除参照物个别交易的特殊性和偶然性
　　D. 便于计算

3. 被评估资产甲生产能力为60 000件/年,参照资产乙的重置成本为8 000元,生产能力为40 000件/年,设规模经济效益指数 X 取值0.6,被评估资产的重置成本最接近于(　　)元。

     A. 10 203　　　　　B. 18 423　　　　　C. 7 869　　　　　D. 22 333

4. 评估某企业,经专业评估人员测定,该企业评估基准日后未来 5 年的预期收益分别为 100 万元、100 万元、100 万元、100 万元、100 万元,并且在第六年之后该企业收益将保持在 120 万元不变,资本化率和折现率均为 10%,该企业的评估价值最接近于(　　)万元。

     A. 1 120　　　　　B. 1 160　　　　　C. 1 579　　　　　D. 1 610

5. 运用使用年限法估测设备的实体性贬值率或成新率,其假设前提是(　　)。

     A. 设备不存在功能性贬值

     B. 设备不存在经济性贬值

     C. 设备的实体性损耗与使用时间成指数关系

     D. 设备的实体性损耗与使用时间呈线性关系

6. 被评估对象为 2007 年购入的一台设备,评估基准日该设备与目前相同生产能力的新型设备相比,需多用操作工人 4 人,每年多耗电 40 万度。如果每名操作工人每年的工资及其他费用为 2 万元,每度电的价格为 0.6 元,设备尚可使用 4 年,折现率为 10%,所得税税率为 25%,不考虑其他因素,则该设备的功能性贬值最接近于(　　)万元。

     A. 54　　　　　B. 76　　　　　C. 87　　　　　D. 101

二、多项选择题

1. 成本法评估的基本前提条件主要是(　　)。

     A. 被估资产处于继续使用状态或被假定处于继续使用状态

     B. 被评估资产的预期收益能够支持其重置及其投入价值

     C. 被估资产已经不能继续使用

     D. 资产机会成本可预测

     E. 要有一个活跃的公开市场

2. 资产评估收益法中的收益额有哪两个特点(　　)。

     A. 资产的历史收益　　　　　　　　B. 资产的未来收益

     C. 资产的客观收益　　　　　　　　D. 资产的现实实际收益

     E. 收益额是资产在正常情况下所能够得到的归其产权主体的所得额

3. 下列关于折现率的说法正确的有(　　)。

     A. 一般来说,折现率应由无风险报酬率和风险报酬率构成

     B. 资本化率与折现率是否相等,主要取决于同一资产在未来长短不同的时期所面临的风险是否相同,二者可能是不相等的

     C. 资本化率与折现率在本质上没有区别,在收益额确定的情况下,折现率越高,收益现值越低

     D. 本质上讲,折现率是一个期望的投资报酬率

     E. 折现率是将未来有限期的预期收益折算成现值的比率,资本化率则是将未来永续性预期收益折算成现值的比率

4. 功能价值类比法主要包括(　　)。

     A. 生产能力比例法　　　　　　　　B. 物价指数法

     C. 规模经济效益指数法　　　　　　D. 对比法

     E. 使用年限法

5. 复原重置成本与更新重置成本的差异在于(　　)。
  A. 功能不同　　　　　　　　　B. 成本构成不同
  C. 价格标准不同　　　　　　　D. 材料、标准、技术等不同
  E. 评估基准日不同

三、讨论题

1. 各种估价方法相互之间有什么联系？价格评估结果的高低是否与估价方法有一定的联系？

2. 运用不同估价方法对同一资产进行评估,评估结果之间是否趋于一致？

第三章 机电设备评估

第一节 机电设备评估基础知识

(一)机电设备的定义

机电设备指将机械能或非机械能转换为便于人们利用的机械能,以及机械能转换为某种非机械能,或利用机械能来做一定工作的装备或器具。

资产评估中,机电设备不仅包括利用机械原理制造的装置,而且包括利用电子、电工、光学等各种科学原理制造的装置。

(二)机电设备的范围

机电设备类固定资产包括一般生产设备、车辆及电子设备。一般生产设备主要包括车床、钻床、铣床、回转头铣钻床、钻攻机、数控转塔式冲床、数控剪板机、数控液压折弯机、压力机等金属加工设备及母线校平机、铜铝线母排弯曲机、空压机、电动桥式起重机、叉车等组装及辅助用设备;电子设备主要包括计算机、打印机、绘图仪、复印机、传真机、投影仪、局域网、空调等办公用电子设备和开关机械特性测试仪、电阻测试仪、交流试验变压器等检验用仪器仪表。

(三)机电设备的分类

在资产评估中,为了设计制造、管理及工作方便,我们按不同的需要、不同的目的对设备进行分类。常用的分类方法有以下几种:

1. 按机电设备在生产中的作用分类

(1)生产工艺类设备

生产工艺类设备是生产加工类企业的主力设备,直接改变产品原材料的物理状况或化学性能,使其成为半成品或成品。例如,机械加工设备中的车、铣、锻、镗、刨、磨、拉床等;纺织机械中的梳棉、粗纺、细纺、织布等机床;化工设备中的各种换热器、蒸发器、结晶器、结晶罐、洗涤器等。

(2)辅助生产设备

辅助生产设备是保护生产工艺设备完成生产任务的二线设备。例如,空气压缩机、蒸汽锅炉、水泵、变压器等供风、供热、供水、供电设备;车辆、装卸机、吊车等交通运输装卸设备。

(3)服务设备

例如通信设备、计算机、测试用仪器、仪表等。

2. 按机电设备适用范围分类

(1)通用设备

通用设备是指没有专门用途,产品或加工对象不确定,具有综合加工能力的设备。例如普通车床、万能铣床、磨床等。

(2)专用设备

专用设备是指专门对一种或一类产品具有生产、加工能力的设备。例如纺织、造纸、焊接、通信设备等。

（3）非标准设备

非标准设备是指国家不予定型的自制设备。

3．按照机电设备的自动化程度分类

（1）自动化设备

例如数控机床、机器人等。

（2）半自动化设备

例如半自动锻锤。

（3）其他设备

例如手动吊车。

4．按机电设备适用状况分类

（1）在用设备

（2）封存设备

（3）库存设备

5．根据我国现行会计制度，机电设备按其使用性质分为六类

（1）生产用机器设备，是指直接为生产经营服务的机器设备，包括生产工艺设备、辅助生产设备、动力能源设备等。

（2）非生产用机器设备，是指在企业所属的福利部门、教育部门等非生产部门使用的设备。

（3）租出机器设备，是指企业出租给其他单位使用的机器设备。

（4）未使用机器设备，是指企业尚未投入使用的新设备、库存的正常周转用设备、正在修理改造尚未投入使用的机器设备等。

（5）不需用机器设备，是指已不适合本单位使用，待处理的机器设备。

（6）融资租入机器设备，是指企业以融资租赁方式租入使用的机器设备。

为了资产评估工作的顺利进行，作为一个过硬的资产评估人员，应该了解机器设备分类的有关知识，以便能够针对不同对象的所属类别，迅速搜集与产品有关资料和信息。

（四）机电设备的评估特点

（1）机电设备类资产一般是企业整体资产的一个组成部分，它通常与企业的其他资产，如房屋建筑物、土地、流动资产、无形资产等，共同完成某项特定的生产目的，一般不具备独立的获利能力。所以在进行机器设备评估时，收益法的使用受到很大限制，通常采用成本法和市场法。

（2）整体性的机电设备，是为了实现某种功能，由若干机电设备组成的有机整体。整体的价值不仅仅是单台设备的简单相加。

（3）在机电设备中，一部分机电设备属于动产，它们不需安装可以移动使用。一部分属于不动产或介于动产与不动产之间的固置物，它们需要永久地或在一段时间内以某种方式安装在土地或建筑物上，移动这些资产将可能导致机器价值部分损失或完全失效。

（4）影响机电设备磨损的因素很多，设备的磨损、失效规律不易确定，个体差异较大。确定贬值往往需要逐台地对设备的实体状态进行调查、鉴定。

（5）设备的贬值因素比较复杂，除实体性贬值外，往往还存在功能性贬值和经济性贬值。

第二节　成本法在机电设备评估中的运用

（一）基本方法

机电设备评估的基本方法是指通过估算全新设备的重置成本,减去机电设备的各种贬值（即实体性贬值、功能性贬值和经济性贬值）以后所确定的机电设备价值的一种方法。

成本法的计算公式如下:

$$P=RC-D_p-D_f-D_e \qquad (3-1)$$

式中:P——评估值;

$\quad\ RC$——重置成本;

$\quad\ D_p$——实体性贬值;

$\quad\ D_f$——功能性贬值;

$\quad\ D_e$——经济性贬值。

（二）机电设备重置成本类型

机电设备的重置成本有两种:

1. 复原重置成本

复制一个与被评估设备一模一样的全新设备所需现时成本,叫作设备的复原重置成本。

2. 更新重置成本

在效用上与被评估设备最接近的类似新设备的现行购置成本,就是设备的更新重置成本。

（三）机电设备重置成本的构成

机电设备的重置成本包括购置或购建设备所发生的必要的、合理的直接成本、间接成本和因资金占用所发生的资金成本、合理利润、相关税费等。

设备的直接成本一般包括:设备本体的重置成本,以及设备的运杂费、安装费、基础费及其他合理成本;间接成本一般包括管理费、设计费、工程监理费、保险费等。直接成本与每一台设备直接对应,间接成本和资金成本有时不能对应到每一台设备上,它们是为整个项目发生的,在计算每一台设备的重置成本时一般按比例摊入。

机电设备重置成本构成要素的具体内容与设备类型、安装方式等因素有关。例如,对于不需要安装的单台设备,其重置成本一般只包括购买设备的费用以及运杂费等;对于已安装在用的单台设备,它的重置成本除了购买设备的费用以及运杂费之外,还包括设备的安装费、基础费等;对于工厂、车间等整体资产,其重置成本还包括将单项资产组合成整体资产所发生的调试费、工厂设计费、管理费等;对于进口设备和车辆等特殊设备,根据国家的有关规定,在购买设备时还需要支付设备价以外的税金或费用,例如,进口设备的从属费用、车辆购置附加税等,这些费用也包括在设备的重置成本当中。机电设备重置成本构成要素与评估目的、评估假设前提有关,机电设备在原地继续使用或异地使用时,其重置成本构成要素是不同的,原地继续使用时,机电设备的重置成本一般包括设备运杂费、安装费、基础费等;异地使用时,重置成本一般不包括上述费用。构成重置成本的费用必须是为购置或购建被评估的机电设备所发生的,包括直接费用和间接费用,但是一些非必然的费用不应包括在内,如根据客户特殊的工期要求加班而发生的加班费,而这种工期要求并不是工程所必需的,这样的费用就不应当包括在设备重置成本当中。机电设备评估准则要求注册资产评估师应当根据评估对象的具体情况、评估目的等条件分析并合理确定重置成本的构成要素。

(四) 设备本体重置成本(净价)

设备本体重置成本不包括运输、安装等费用。对于通用设备一般按现行市场销售价格确定,或者通过其他方法计算设备本体的重置成本;对于自制设备一般是指按当前的价格标准计算的建造成本,包括直接材料费、燃料动力费、直接人工费、制造费用、期间费用分摊、利润、税金以及非标准设备的设计费。

1. 直接法

直接法是根据市场交易数据直接确定设备本体的重置成本的方法。使用这种方法的关键是获得市场价格资料,对于大部分通用设备,市场价格资料的取得是比较容易的,而非标准、专用设备的价格资料往往很难直接从市场上取得。获得市场价格的渠道包括:

(1) 市场询价

有公开市场价格的机电设备,大多数可以通过市场询价来确定设备的现行价格,即评估师直接从市场了解相同产品的现行市场销售价格。机电设备的市场价格,制造商与销售商,或者不同销售商之间的售价可能是不同的。根据替代性原则,在同等条件下,评估人员应该选择可能获得的最低售价。一些专用设备和特殊设备,由于只有少数厂家生产,市场交易也很少,一般没有公开的市场价格。确定这些设备的现行市场价格.需要向生产厂家直接询价。由于市场透明度较差,生产厂家的报价和实际成交价往往存在较大的差异,评估人员应谨慎使用报价,一般应该向近期购买该厂同类产品的其他客户了解实际成交价。

(2) 使用价格资料

价格资料是获得机电设备市场价格的重要渠道,包括生产厂家提供的产品目录或价格表、经销商提供的价格目录、报纸杂志上的广告、出版的机电产品价格目录、机电产品价格数据库等,在使用上述价格资料时,数据的有效性和可靠性是至关重要的。机电产品的价格是随时间而变化的,有些产品的价格相对比较稳定,其价格往往在几个月或者一年之内保持稳定;有些产品的价格变化比较快,如电子产品、计算机、汽车等,这些产品的价格每个月甚至每周都在变化。评估师要注意价格资料的时效性,所使用的价格资料应该反映评估基准日的价格水平。

2. 物价指数法

物价指数法是以设备的历史成本为基础,根据同类设备的价格上涨指数来确定机电设备本体的重置成本的方法。对于二手设备,历史成本是最初使用者的账面原值,而非当前设备使用者的购置成本。物价指数可分为定基物价指数和环比物价指数。

(1) 定基物价指数

定基物价指数是以固定时期为基期的指数,通常用百分比来表示。以100%为基础,当物价指数大于100%,表明物价上涨;物价指数在100%以下,表明物价下跌。表3-1为某类设备的定基物价指数。

表 3-1 某类设备的定基物价指数

年份	(定基)物价指数(%)	年份	(定基)物价指数(%)
2007	100	2011	110
2008	103	2012	112
2009	106	2013	115
2010	108		

采用定基物价指数计算当前设备本体重置成本的公式为：

设备本体重置成本＝历史成本×(当前年份价格指数/购置年份价格指数)   (3-2)

【例 3-1】 2010 年购置某设备,原始成本为 38 000 元,计算 2013 年该设备本体的重置成本。2010 年的定基价格指数为 108%,2013 年的定基物价指数为 115%,则:

2013 年该设备本体重置成本＝38 000×(108%/115%)＝35 687(元)

(2) 环比物价指数

环比物价指数是以上期为基期的指数。如果环比期以年为单位,则环比物价指数表示该类产品当年较上年的价格变动幅度(应该是本年相比上年物价的倍数)。该指数通常也用百分比表示。表 3-1 的定基物价指数用环比物价指数可表示为表 3-2。

用环比物价指数计算设备重置成本的公式为:

$$设备本体重置成本＝原始成本×(P_1^0×P_2^1×\cdots×P_n^{n-1})   (3-3)$$

式中:P_n^{n-1} 为 n 年对 $n-1$ 年的环比物价指数。

【例 3-2】 某设备 2010 年的历史成本为 30 000 元,环比物价指数见表 3-2,计算 2013 年该设备本体重置成本。

表 3-2 某类设备的环比物价指数

年份	(环比)物价指数(%)	年份	(环比)物价指数(%)
2007		2011	101.9
2008	103	2012	101.8
2009	102.9	2013	102.7
2010	101.9		

设备本体重置成本＝30 000×(101.9%×101.8%×102.7%)

＝31 961(元)

在机电设备评估中,对于一些难以获得市场价格的机电设备,经常采用物价指数法。使用时,评估人员应注意以下问题:

1) 选取的物价指数应与评估对象相配,一般采用某一类产品的分类物价指数,不可采用综合物价指数。

2) 应注意审查历史成本的真实性。因为在设备的使用过程中,其账面价值可能进行了调整,当前的账面价值已不能反映真实的历史成本。

3) 企业账面的设备历史成本一般还包括运杂费、安装费、基础费以及其他费用。上述费用的物价变化指数与一般设备价格变化指数往往是不同的,应分别计算。特别是对运杂费、安装费、基础费所占比例很大的锅炉、锻压机械等设备。

4）物价指数法只能用于确定设备的复原重置成本，不能用于确定更新重置成本。在使用时应注意考虑设备的功能性贬值。特别是对于已经使用了很长时间的设备，由于技术进步的原因，复原重置成本和更新重置成本的差异会较大。

5）单台设备的价格变动与这类产品的分类物价指数之间可能存在一定的差异。因此，被评估设备的样本数量会影响评估值的准确度。

6）对于进口设备，应使用设备出口国的分类物价指数。

3. 重置核算法

重置核算法是通过分别测算机电设备的各项成本费用来确定设备本体重置成本的方法。该方法常用于确定非标准、自制设备的重置成本。机电设备本体的重置成本由生产成本、销售费用、利润、税金组成。在常见的估价方法中，根据设备的性质特点，有依据设备材料费用来确定设备本体重置成本的估价方法，也有依据设备人工费用来确定设备本体重置成本的估价方法。

4. 综合估价法

综合估价法是根据设备的主材费和主要外购件费用与设备成本费用之间的比例关系，在不考虑税金的情况下，通过确定设备的主材费用和主要外购件费用，计算出设备的完全制造成本，并考虑企业利润和设计费用，确定设备的重置成本。

计算公式为：

$$RC=\left(\frac{M_{rm}}{K_m}+M_{pm}\right)\times(1+K_p)\times(1+K_t)\times\left(1+\frac{K_d}{n}\right) \qquad (3-4)$$

式中：RC——设备本体重置成本；

M_{rm}——主材费；

K_m——成本主材费率（不含外购件）；

M_{pm}——主要外购件费；

K_p——成本利润率；

K_t——销售税金率；

K_d——非标准设备设计费率；

n——非标准设备的生产数量。

公式分析：

M_{rm}——实际被消耗掉的主材费＝主材净用量÷主材费利用率（不含增值税）

$M_{rm}÷K_m$——本企业生产该设备的成本费用（不包含外购材料费）

$M_{rm}÷K_m+M_{pm}$——该设备使用的全部成本费用（包含外购材料费，不含增值税）

$(M_{rm}÷K_m+M_{pm})\times(1+K_p)$——生产该设备的正常价格（成本加利润）；

$(M_{rm}÷K_m+M_{pm})\times(1+K_p)\times(1+K_d/n)$——在上一步的基础上加上应该承担的专用设备的设计费。

① 主材费 M_{rm}（不含增值税成本）

主要材料是在设备中所占的重量和价值比例大的一种或几种材料。主材费可按图纸分别计算出各种主材的净消耗量，然后根据各种主材的利用率求它们的总消耗量，并按材料的市场价格计算每一种主材的材料费用。计算公式为：

$$M_{rm}=\sum\left(\frac{某主材净消耗量}{该主材利用率}\times\frac{含税市场价}{1+增值税税率}\right) \qquad (3-5)$$

【例 3-3】 运用综合估价法评估某企业自制设备,其中该设备的主材为不锈钢,共消耗 15 吨,评估基准日该种不锈钢的市场含税价格为 2.8 万元/吨,在制造过程中该钢材的利用率约为 95％,该设备的主材费率为 80％,适用的增值税税率为 17％,则该设备的主材费用最接近多少万元。

解: 主材费用＝2.8÷(1＋17％)×15＝35.897(万元)

② 主要外购件费 M_{pm}(不含增值税成本)

主要外购件如果价值比重很小,可以综合在成本主材费率 K_m 中考虑,不再单列为主要外购件。外购件的价格按不含税市场价格计算,计算公式为:

$$M_{pm}=\left(某主要外购件的数量×\frac{含税市场价}{1＋增值税税率}\right) \tag{3-6}$$

【例 3-4】 某悬链式水幕喷漆室为非标准自制设备,构建日期为 2005 年 12 月,评估基准日为 2013 年 9 月 30 日。计算该悬链式水幕喷漆室的含税重置成本。计算过程如下:根据设计图纸,该设备主材为钢材,主材的净消耗量为 25.5 吨,评估基准日钢材不含税市场价为 3 500 元/吨。另外,所需主要外购件(电机、泵、阀、风机等)不含税费用为 55 680 元。主材利用率为 90％,成本主材费率为 55％,成本利润率为 15％,销售税金率 18.7％,设计费率为 16％,产量为 1 台。

解: 首先确定设备的主材费用,该设备的主材利用率 90％

主材费:$M_{mn}=25.5÷90％×3 500＝99 167$(元)

成本主材费率:$K_m＝55％$

主要外购件费:$M_{pm}＝55 680$(元)

成本利润率:$K_p＝15％$

销售税金率:$K_t＝18.7％$

非标准设备设计费率:$K_d＝16％$

非标准设备的数量:$n＝1$(台)

含税设备重置成本:$RC＝(99 167÷55％＋55 680)×(1＋15％)×(1＋18.7％)×(1＋16％÷1)≈373 670$(元)

5. 重量估价法

该方法用设备的重量乘以综合费率,同时考虑利润来确定设备本体的重置成本(不考虑税金),并根据设备的复杂系数进行适当调整。综合费率根据相似设备的统计资料确定。其计算公式为:

$$RC＝W×R_w×K＋P＋T \tag{3-7}$$

或 $$RC＝W×R_w×K(1＋r_p)(1＋Vt) \tag{3-8}$$

式中:RC——设备重置成本;

W——设备的净重;

R_w——综合费率;

K——调整系数;

P——合理利润;

T——税费;

r_p——利润率;

Vt——综合费率。

该方法简单,估价速度快,适用于材料单一、制造简单、技术含量低的设备重置成本的估算,如结构件和比较简单的大型冲压模具等。

(五) 运杂费

1. 国内设备运杂费

国内设备的运杂费是从生产厂家到安装使用地点所发生的装卸、运输、采购、保管、保险及其他有关费用。设备运杂费的计算方法一种是根据设备的生产地点、使用地点以及重量、体积、运输方式,及铁路、公路、船运、航空等部门的运输计费标准计算。另一种是按设备的原价的一定比率作为设备的运杂费率,以此来计算设备的运杂费。计算公式为:

国内设备运费＝国产设备原价×国内设备运杂费率　　　　　　(3-9)

表3-3　机械行业国内设备运杂费率表

地区类别	建设单位所在地	运杂费率(%)	备注
一类	北京、江苏、天津、上海、河北、浙江、山西、安徽、山东、辽宁	5	费率包括建设单位仓库离车站或码头50 km以内的短途运输费。当超过50 km时按每超过50 km增加0.5%费率计算,不足50 km者,可按50 km计算。
二类	湖南、湖北、福建、江西、广东、河南、陕西、四川、甘肃、吉林、黑龙江、海南、重庆	7	
三类	广西、贵州、青海、宁夏、内蒙古	8	
四类	云南、新疆、西藏	10	

2. 进口设备的国内运杂费

进口设备的国内运杂费是指进口设备从出口国运抵我国后,从所到达的港口、车站、机场等地,将设备运至使用目的地现场所发生的港口费用、装卸费用、运输费用、保管费用、国内运输保险费用等各项运杂费,不包括在运输超限设备时发生的特殊措施费。其中,港口费用是指进口设备从卸货至运离港口所发生的各项费用,包括港口建设费、港务费、驳运费、倒垛费、堆放保管费、报关费、转单费、监卸费等。

进口设备国内运杂费的计算公式如下:

进口设备国内运杂费＝进口设备到岸价×进口设备国内运杂费率　　(3-10)

公式中的运杂费率分为海运方式和陆运方式两种。表3-4和表3-5分别为机械行业规定的进口设备海运方式和陆运方式运杂费率表。

表3-4　机械行业进口设备海运方式国内运杂费率表

地区类别	建设单位所在地	运杂费率(%)	备注
一类	北京、天津、河北、山东、江苏、上海、浙江、广东、辽宁、福建、安徽、广西、海南	1~1.5	进口设备国内运杂费率是以离港口距离划分上、下限:20 km以内为靠近港口取下限;20 km以上、50 km以内为邻近港口取中间值,50 km以上为远离港口取上限。
二类	山西、河南、陕西、湖南、湖北、江西、吉林、黑龙江	1.5~2.5	
三类	甘肃、内蒙古、宁夏、云南、贵州、四川、青海、新疆、西藏、重庆	2.5~3.5	

表 3-5　机械行业进口设备陆运方式国内运杂费率表

地区类别	建设单位所在地	运杂费率(%)	备注
一类	内蒙古、新疆、黑龙江	1~2	进口设备国内运杂费指标是以离港口距离划分指标上、下限：100 km 以内为靠近陆站取下限；100 km 以上、300 km 以内为邻近陆站取中间值；300 km 以上为远离港口取上限。
二类	青海、甘肃、宁夏、陕西、四川、山西、河北、河南、湖北、吉林、辽宁、天津、北京、山东、重庆	2~3	
三类	上海、江苏、浙江、广东、安徽、湖南、福建、江西、广西、云南、贵州、西藏、海南	3~4	

(六) 设备安装费

1. 国内设备安装费

设备的安装工程范围包括以下几部分：(1)所有机器设备、电子设备、电器设备的装配、安装工程；(2)锅炉及其他各种工业锅窑的砌筑工程；(3)设备附属设施的安装工程，如与设备相连的工作台、梯子的安装工程；(4)设备附属管线的敷设，如设备工作所需的电力线路、供水、供气管线等；(5)设备及附属设施、管线的绝缘、防腐、油漆、保温等工程；(6)为测定安装工作质量进行的单机试运转和系统联动无负荷试运转。设备的安装费包括上述工程所发生的所有人工费、材料费、机械费及全部取费，设备安装费可以用设备的安装费率计算。

国内设备的安装费计算公式如下：

$$国内设备安装费 = 设备原价 \times 设备安装费率 \qquad (3-11)$$

公式中，设备安装费率按所在行业概算指标中规定的费率计算。表 3-6 为机械行业规定的设备安装费率。

表 3-6　机械行业国内设备安装费概算指标

序号	车间或项目名称	设备安装费率(%)	备注
1	机械加工车间	1~2	
2	装配车间	2~4	
3	焊接、冷作车间(金属结构车间)	1.3~1.8	
4	铸铁车间	4~6	
5	铸钢车间	3~5	
6	精密铸造车间	2.5~5	
7	有色铸造车间	1.5~4	
8	锻造车间		
8.1	大件模锻	7~9	最大压力机 125M·N
8.2	小件模锻	4~6	最大压力机 25M·N
8.3	锻锤≤1 t	2.5~3.5	
8.4	锻锤≥1 t	5~2.5	
9	热处理车间	1.5~2.5	

（续表）

序号	车间或项目名称	设备安装费率（%）	备注
10	冲压车间	2.2～3.2	
11	电镀车间	7～9	
12	油漆车间	8～10	
13	TNT 生产车间		
13.1	硝化工房	34～36	设备安装包括工艺管道
13.2	硝烟吸收工房	52～54	设备安装包括工艺管道
13.3	安全放料池酸性废水池及地下槽棚	64～67	设备安装包括工艺管道
13.4	精制工房及红水池沉淀槽	50～52	设备安装包括工艺管道
13.5	制片包装工房	32～34	设备安装包括工艺管道
13.6	酸综合工房及废酸贮槽	24～26	设备安装包括工艺管道
13.7	甲苯转手库、甲苯泵房	43～45	设备安装包括工艺管道
14	硝铵炸药生产车间		
14.1	硝铵粉碎干燥工房	25～27	气流干燥工艺
14.2	TNT 粉碎工房	8～9	
14.3	混药工房	13～14	
14.4	装药包装工房	13～14	
14.5	油相配制工房	11～13	
14.6	卷纸管工房	16～18	
14.7	卷纸管输送带	17～19	
15	工具车间	2	
16	机修车间	2	
17	材料库	2～2.5	不包括立体仓库
18	汽车库	4～5	
19	木工车间	1.5～3	
20	中央实验室、计量室	0.5～1	
21	变配电所	30～35	
22	锅炉房		
22.1	75T/H 燃油锅炉房	70～80	计算基数为锅炉及辅机、热控设备价
		75～85	计算基数为锅炉及辅助设备原价
	其中：		

序号	车间或项目名称	设备安装费率(%)	备注
	锅炉本体及辅助	45～50	计算基数和锅炉及辅助设备原价,其中炉砌筑占设备原价15%
	动力管道	25～30	计算基数为锅炉及辅助设备原价
	热工控制	80～90	计算基数为热控设备原价
22.2	35T/H 热水锅炉房	60～65	计算基数为锅炉房全部设备原价
		90～100	计算基数为锅炉及辅助设备原价
	其中:		
	锅炉本体及辅助设备	50～55	计算基数为锅炉及辅助设备原价,其中炉砌筑占设备原价18%
	动力管道	15～20	计算基数为锅炉及辅助设备原价
	输煤	18～20	计算基数为输煤设备原价
	除灰	80～90	计算基数为除灰处理设备原价
	水处理	65～70	计算基数为水处理设备原价
	热工控制	74～80	计算基数为热工控制设备原价
22.3	20T/H 热水锅炉房	48～58	计算基数为锅炉房全部设备原价
		65～70	计算基数为锅炉及辅助设备原价
	其中:		
	锅炉本体及辅助设备	44～48	计算基数为锅炉及辅助设备原价,其中炉砌筑占设备原价18%
	动力管道	13～18	计算基数为锅炉及辅助设备原价
	输煤	25～30	计算基数为输煤设备原价
	热工控制	72～78	计算基数为热工控制设备原价
22.4	6.5T/H,蒸汽锅炉房	45～55	计算基数为锅炉房全部设备原价
		60～64	计算基数为锅炉及辅助设备原价
	其中:		
	锅炉本体及辅助设备	40～45	计算基数为锅炉及辅助设备原价,其中炉砌筑占设备原价19%
	动力管道	12～14	计算基数为锅炉及辅助设备原价
	输煤	35～40	计算基数为输煤设备原价
	水处理	50～56	计算基数为水处理设备原价
	热工控制	70～75	计算基数为热工控制设备原价
22.5	4T/H 快装锅炉房	30～32	计算基数为锅炉房全部设备原价
22.6	2T/H 快装锅炉房	32～34	计算基数为锅炉房全部设备原价

（续表）

序号	车间或项目名称	设备安装费率(%)	备注
22.7	1T/H 快装锅炉房	28～30	计算基数为锅炉房全部设备原价
23	空压站	12～15	
24	乙炔站	26～30	
25	热煤气站	31～35	
26	氧气站		
	氧气站	7～8	设备原价不包括氧气瓶价
	氧气汇流排间	25～27	设备原价不包括氧气瓶价

2. 进口设备安装费

计算公式：

$$进口设备安装费＝相似国内设备原价×国内设备安装费率 \quad (3-12)$$

或
$$进口设备安装费＝进口设备到岸价×进口设备安装费率 \quad (3-13)$$

由于进口设备原价较高,进口设备的安装费率一般低于国内设备的安装费率。机械行业建设项目概算指标中规定:进口设备的安装费率可按相同类型国产设备的30%～70%选取,进口设备的机械化、自动化程度越高,取值越低;反之越高。特殊情况,如设备的价格很高,而安装很简单,应低于该指标;设备的价格很低,而安装较复杂,应高于该指标。

（七）基础费

设备的基础是为安装设备而建造的特殊构筑物。设备基础费,是指建造设备基础所发生的人工费、材料费、机械费及全部取费。有些特殊设备的基础列入构筑物范围,不按设备基础计算。国内设备基础费计算公式为:

$$国内设备基础费＝国内设备原价×国内设备基础费率 \quad (3-14)$$

式中,设备的基础费率按所在行业颁布的概算指标中规定的标准取值,行业标准中没有包括的特殊设备的基础费率,应自行测算。表3-7为机械工业企业设备基础费率指标。

表3-7　国内设备基础费率

序号	车间或项目名称	设备安装费率(%)	备注
1	机械加工车间	1.4～3.4	重、大型设备较多的取上限
2	装配车间		
	(a) 固定式装配	0.8～1.4	
	(b) 流水线装配		
	地坑(沟)<1 m(包括无地沟装配线)	3.0～5.0	
	地坑(沟)>1 m	5.0～7.0	
3	焊接、冷作车间(金属结构车间)	1.5～2.8	重、大型设备较多的取上限

(续表)

序号	车间或项目名称	设备安装费率(%)	备注
4	冲压车间	·	带形基础的取上限
	小型设备为主	0.8~1.3	
	大型设备为主	1.3~3.0	
5	油漆车间		产品等级高,有喷抛丸设备的车间取上限
	大型车间	8.0~12.0	
	小型车间	2.0~4.0	
6	热处理车间	0.7~1.1	产品等级高车间规模大的车间取上限
7	电镀车间	0.8~1.2	
8	锻造车间		
	以热模锻为主	4.0~6.0	大批量、流水线的取下限
	以锻锤为主	12.0~17.0	空气锤为主的取上限
9	铸钢车间	2.8~4.3	机械化程度低的取上限
10	铸铁车间	2.0~3.5	机械化程度低的取上限
11	精密铸造车间	2.5~3.5	车间规模较大的,有一定机械化程度的取上限
12	有色铸造车间	1.5~2.5	压铸车间取下限
13	机修车间	1.5~2.0	
14	工模具车间	0.8~1.4	模具车间取上限
15	中央试验室	0.4~0.6	
16	中央计量室	0.1~0.3	

进口设备基础费的计算公式为:

$$进口设备基础费＝相似国产设备原价×国内设备基础费率 \qquad (3-15)$$

或

$$进口设备基础费＝进口设备到岸价×进口设备基础费率 \qquad (3-16)$$

进口设备基础费率一般低于国内设备的基础费率,机械行业建设项目概算指标中规定:进口设备的基础费率可按国内设备基础费率的30%～70%选取,进口设备机械化、自动化程度越高,取值越低;反之越高。特殊情况,如进口设备的价格高而基础简单的,应低于标准;设备价格低而基础复杂的,应高于标准。

(八)进口设备从属费用

进口设备的从属费用包括国外运费、国外运输保险费、关税、消费税、增值税、银行手续费、公司代理手续费,对车辆还包括车辆购置附加费等(简言之,就是设备在国外支付了价款后,从国外运输到我国的海关交完了所有进口的有关费用后可以从海关运走前的全部费用)。

1. 国外运费

国外运费可按设备的重量、体积及海运公司的收费标准计算,也可按一定比例计取,取费

基数为设备离岸价:其计算公式为:

$$海运费＝FOB(离岸价)×海运费率 \qquad (3-17)$$

费率:远洋一般取 $5\%\sim8\%$,近洋一般取 $3\%\sim4\%$。

2. 国外运输保险费

国外运输保险费的取费基数为设备离岸价＋海运费。其计算公式为:

$$国外运输保险费＝(FOB＋海运费)×保险费率 \qquad (3-18)$$

费率:可根据保险公司费率表确定,一般在 0.4% 左右。

3. 关税的取费基数为设备到岸价(CIF)

其计算公式为:

$$关税＝设备到岸价×关税税率 \qquad (3-19)$$

$$CIF＝FOB＋海运费＋保险费 \qquad (3-20)$$

4. 消费税的计税基数为关税完税价＋关税

其计算公式为:

$$消费税＝\frac{(关税完税价＋关税)×消费税税率}{1-消费税税率} \qquad (3-21)$$

消费税的税率按国家发布的消费税税率表计算。

5. 增值税的取费基数为关税完税价＋关税＋消费税

其计算公式为:

$$增值税＝(关税完税价＋关税＋消费税)×增值税税率 \qquad (3-22)$$

注:减免关税,同时减免增值税

6. 银行财务费的取费基数为货价人民币数(设备离岸价的人民币数)

其计算公式为

$$银行财务费＝设备离岸价(FOB)×费率 \qquad (3-23)$$

我国现行银行财务费率一般为 $4‰\sim5‰$。

7. 外贸手续费或公司手续费

$$外贸手续费＝设备到岸价×外贸手续费率 \qquad (3-24)$$

目前,我国进出口公司的进口费率一般在 $1\%\sim1.5\%$。

8. 车辆购置附加费

$$车辆购置附加费＝(到岸价人民币数＋关税＋消费税)×费率 \qquad (3-25)$$

为了方便大家的计算和理解,我们可以将以上的 8 项税费外加设备的离岸价(FOB)之和分以下几步计算:

(1) 计算到岸价[离岸价加上以上的第1、2项(即国外运费和国外运输保险费)]

$$CIF＝FOB×(1＋海运费率)×(1＋保险费率) \qquad (3-26)$$

(2) 到岸价、关税、消费税、车辆购置费之和＝[CIF(1＋关税税率)]×[1＋(消费税税率＋车辆购置费率)÷(1-消费税税率)]

$$\qquad (3-27)$$

(3) 第 6 项

$$银行财务费＝FOB×银行财务费费率 \qquad (3-28)$$

(4) 第 7 项

$$外贸手续费＝CIF×外贸手续费率 \qquad (3-29)$$

注意:

① FOB 价以外币表示,CIF 价以人民币表示,按照以上的计算,一直没将 CIF 价折算为人民币,所以各个步骤得到的最后答案是外币计价。

② 将以上的(2)+(3)+(4),就得到类似于国内设备的"设备本体的重置成本",再接着需要考虑的是国内运杂费、安装费和基础费,对于进口设备,这三项费用都是按照 CIF 价为基础计算的。

③ 通过以上的计算得到了设备的必要的、合理的直接成本费用,还需要根据题目的已知条件得到设备的间接成本和资金成本,全部合计才能够得到设备的重置成本。

【例 3-5】 某进口设备离岸价为 12 000 000 美元,关税税率为 16%,银行财务费率为 0.4%,公司代理费率为 1%,国内运杂费率为 1%,安装费率为 0.6%,基础费率为 1.7%。设备从订货到安装完毕投入使用需要 2 年时间,第一年投入的资金比例为 30%,第二年投入的资本比例为 70%。假设每年的资金投入是均匀的,银行贷款利率为 5%,美元兑人民币的汇率为 1∶6.8,试计算该设备的重置成本。

该设备的重置成本包括:(1) 设备的货价;(2) 海外运输费;(3) 海运保险;(4) 关税;(5) 银行财务费用;(6) 公司代理手续费;(7) 国内运费;(8) 安装费;(9) 基础费;(10) 资金成本。计算过程见表 3-8。

表 3-8　设备重置成本的计算过程

序号	项目	计费基数	费率	计算公式	金额
1	设备离岸价				12 000 000 USD
2	国外海运费	设备离岸价	5%	计费基数×海运费率	600 000 USD
3	国外运输保险费	设备离岸价+海运费	0.4%	计费基数×保险费率	50 400 USD
	到岸(CIF 价)外币合计				12 650 400 USD
	CIF 价人民币合计	外币额	6.8	计算基数×汇率	86 022 720 RMB
4	关税	CIF 价	16%	CIF 价×16%	13 763 635.2 RMB
5	增值税	CIF 价+关税	17%	(CIF 价+关税)×17%	16 963 680.38 RMB
6	银行手续费	设备离岸价(人民币)	0.4%	设备离岸价×0.4%	326 400 RMB
7	公司手续费	CIF 价	1%	CIF 价×1%	860 227.2 RMB
8	国内运杂费	CIF 价	1%	CIF 价×1%	860 227.2 RMB
9	安装费	CIF 价	0.6%	CIF 价×0.6%	516 136.32 RMB
10	基础费	CIF 价	1.7%	CIF 价×1.7%	1 462 386.24 RMB
	合计				120 775 412.54 RMB
11	资金成本		5%	资金合计×30%×5%×1.5+资金合计×70%×5%×0.5	4 831 016.5 RMB
	重置成本总计(含税)				125 606 429.04 RMB

（九）机电设备实体性贬值的估算

机电设备的实体性贬值也就是有形损耗，是由于使用磨损或受自然力侵蚀而产生的损耗。有形损耗属一般意义上的损耗，用有形损耗率来表示，可以理解为机电设备实体损耗状况与全新状态的比率。

机电设备实体性贬值率的估测通常采用三种方法：使用年限法、观察法、修复费用法。

1. 运用观察法估测设备的实体性贬值率

观察法是评估人员到评估现场对被评估机电设备进行现场观察和现场技术检测，并结合设备的实际使用情况，如使用时间、使用强度、技术状况、制造质量等经济技术参数，经综合分析估测设备的实体性贬值率的一种方法。

运用观测法观测分析的主要指标包括：设备的现时技术状态；设备的实际已使用时间；设备的正常负荷率及原始制造质量；设备的维修保养及技改情况；设备重大故障（事故）经历；设备的工作环境和条件；设备的外观和完整性等。如表3-9所示：

表 3-9　机电设备实体性贬值率参考表

类别	新旧情况	实体性贬值率（%）	技术参数标准参考说明
1	新设备及使用不久的设备	1～10	全新或刚使用不久的设备；在用状态良好，能按设计要求正常使用，无异常现象。
2	较新设备	11～35	已使用一年以上或经过第一次大修恢复原设计性能使用不久的设备，在用状态良好，能满足设计要求，未出现过较大故障。
3	半新设备	36～60	已使用两年以上或大修后已使用一段时间的设备，在用状态良好，基本上能达到设备设计要求，满足工艺要求，需经常维修以保证正常使用。
4	旧设备	61～85	使用较长时间或几经大修，目前仍能维持使用的设备，在用状态一般，性能明显下降，使用中故障较多，经维护仍能满足工艺要求，可以安全使用。
5	报废待处理设备		已超过规定使用年限或性能严重劣化，目前已不能正常使用或停用，即将报废待更新。

上述机电设备实体性贬值率评估参考表中所给定的标准实为经验数据，在实际评估活动中只能作为参考，不可作为唯一的标准生搬硬套。评估人员进行评估时，还应广泛听取各专家组及一线人员的介绍和评判，并进行综合分析后判断设备的实体性贬值率。

2. 运用使用年限法估测设备的实体性贬值率

该方法假设机电设备在整个使用寿命期间，实体性损耗是随时间线性递增的，设备价值的降低与其损耗大小成正比。其计算公式如下：

$$实体性贬值率 = \frac{设备的已使用年限}{(设备的已使用年限+设备的尚可使用年限)} \times 100\%$$

$$= \frac{(设备的总使用年限-设备的尚可使用年限)}{设备的总使用年限} \times 100\% \qquad (3-30)$$

公式中涉及三个基本参数：设备的总使用年限、设备的尚可使用年限和设备的已使用年限。正确理解和确定这三个参数是运用使用年限法估测设备的实体性贬值率的关键。

（1）机电设备的总使用年限

机电设备的总使用年限也就是机电设备的使用寿命。一般来说，机电设备的使用寿命可分为物理寿命、技术寿命和经济寿命。设备的物理寿命是指机器设备从开始使用到报废为止所经历的时间，其长短取决于机电设备本身的质量、使用状况、保养和正常维修情况。设备的技术寿命是指机电设备从开始使用到技术过时所经历的时间。其长短取决于社会技术进步及更新的速度和周期。设备的经济寿命是指机电设备从开始使用到因经济上不合算而停止使用所经历的时间。评估中使用最多的是资产的经济寿命，它取决于维持机电设备继续使用所需费用与机电设备继续使用所带来的收益间的关系。

（2）机电设备的已使用年限

机电设备的已使用年限是指机电设备从开始使用到评估基准日所经历的时间。考虑机电设备在使用中负荷程度的影响，可以分为名义已使用年限和实际已使用年限。在运用使用年限法估测设备的实体性贬值率时，应特别注意机电设备的使用班次、使用强度和维修保养水平等因素的影响，据实估测其实际已使用年限。

（3）机电设备的尚可使用年限

机电设备的尚可使用年限，也可称为机电设备的剩余使用寿命，是根据机电设备的有形损耗和可预见的各项无形损耗因素，预计机电设备继续使用的年限。机电设备的尚可使用年限是通过技术检测和专业技术鉴定来确定的。事实上，实际评估中难以对每一台机电设备进行技术检测和专业技术鉴定，故一般采用替代法计算，即尚可使用年限等于总使用年限减去实际已使用年限，但必须注意的是上述替代法有一定的局限性，它只适用于较新的机电设备的估算，对于使用时间过长或超期服役的老设备，应根据设备的实际状态和评估人员的专业经验，直接估算其尚可使用年限。对于国家明文规定限期淘汰、禁止超期使用的设备，不论设备的现时技术状态如何，其尚可使用年限不能超过国家规定禁止使用的日期。对于经过大修理、技术更新改造或追加投资的机器设备，应考虑计算其加权投资年限来确定其实体性贬值率。

其计算公式如下：

$$实体性贬值率 = \frac{加权投资年限}{加权投资年限 + 尚可使用年限} \times 100\% \qquad (3-31)$$

其中： 　　加权投资年限 $= \sum(已投资年限 \times 权重)$

$$= \sum(已投资年限 \times 原始投资的更新成本)/\sum 更新成本$$

【例 3-6】 某企业 2005 年购入一台设备，账面原值为 30 000 元，2010 年和 2012 年进行两次更新改造，当年投资分别为 3 000 元和 2 000 元，2015 年对该设备进行评估，假定：从 2005 年至 2015 年年通货膨胀率为 10%，该设备的尚可使用年限经检测鉴定为 7 年。试估算设备的成新率。

第一步，调整计算更新成本。如表 3-10 所示。

表 3-10　原始投资的更新成本

投资日期	原始投资额(元)	已投资年限	价格变动系数	原始投资的更新成本(元)
2005	30 000	10	$(1+10\%)^{10}=2.60$	78 000
2010	3 000	5	$(1+10\%)^5=1.61$	4 830
2012	2 000	3	$(1+10\%)^3=1.33$	2 660
$\sum$ 更新成本				85 490

第二步:计算加权投资年限。

$$加权投资年限=10\times\frac{78\,000}{85\,490}+5\times\frac{4\,830}{85\,490}+3\times\frac{2\,660}{85\,490}\approx9.5(年)$$

第三步:计算实体性贬值率。

$$实体性贬值率=\frac{9.5}{(9.5+7)}\times100\%=57.8\%$$

第四步:计算成新率。

$$设备的成新率=1-57.8\%=42.2\%$$

3. 运用修复费用法估算设备的实体性贬值率

修复费用法是指按修复磨损部件所需的开支,来确定机器设备有形损耗的一种方法,资产的有形磨损可分为可修复磨损和不可修复磨损。修复费用法只适用于可修复的有形损耗的确定。这是因为可修复的有形损耗不仅在技术上具有修复的可行性,并且这种修复在经济上也是合算的。运用修复费用法确定实体性贬值率的计算公式如下:

$$实体性贬值率=\frac{设备修复费用}{设备重置成本}\times100\% \tag{3-32}$$

【例 3-7】　某机器的原始价值为 10 000 元,当修理后才能正常使用,这种修理在经济上是合算的。假设其修理费用为 3 000 元,设备的重置成本为 7 000 元。试计算实体性贬值率。

解:实体性贬值率=(3 000÷7 000)×100%=43%

在运用修复费用法估测机器设备的实体性贬值率时,必须注意该修复费用是否包括被评估机器设备的技术更新或改造支出,以便在考虑设备功能性贬值时,避免重复计算或漏计。

(十) 功能性贬值

由于无形磨损而引起资产价值的损失称为机器设备的功能性贬值。设备的功能性贬值主要体现在超额投资成本和超额运营成本两方面。

1. 第Ⅰ种功能性贬值(超额投资成本)

第Ⅰ种功能性贬值反映在超额投资成本上,由于技术进步,新技术、新材料、新工艺不断出现,使得相同功能的新设备的制造成本比过去降低,它主要反映为更新重置成本低于复原重置成本。复原重置成本与更新重置成本之差即为第Ⅰ种功能性贬值,也称为超额投资成本。

【例 3-8】　某化工设备,2008 年建造,建筑成本项目及原始造价成本如表 3-11。

表 3-11 原始成本表

序号	成本项目	原始成本(元)	备注
1	主材	50 160	钢材 22.8 吨
2	辅材	11 200	铝、橡胶、聚乙烯、铜等
3	外购件	13 800	电机、阀
4	人工费	29 900	598 工时×50 元
5	机械费	13 650	136.5 小时×100 元
	成本小计	118 710	
6	利润	17 807＝118 710×15％	15％
7	税金	25 529＝118 710×(1＋15％)×18.7％	18.7％
	含税完全成本价	162 046	

评估基准日是 2015 年 12 月 5 日。

(1) 钢材价格上涨了 23％,人工费上涨了 39％,机械费上涨了 17％,辅材现行市场合计为 13 328 元,电机、阀等外购件现行市场价为 16 698 元,假设利润、税金水平不变。

(2) 由于制造工艺的进步,主材利用率提高,钢材的用量比过去节约了 20％,人工工时和机械工时也分别节约 15％和 8％。试计算该设备超额投资成本引起的功能性贬值。

解:① 该化工设备的完全复原重置成本计算如表 3-12。

表 3-12 完全复原重置成本

序号	成本项目	原始成本(元)	复原重置成本(元)
1	主材	50 160	61 697＝50 160×(1＋23％)
2	辅材	11 200	13 328
3	外购件	13 800	16 698
4	人工费	29 900	41 561＝29 900×(1＋39％)
5	机械费	13 650	15 971＝13 650×(1＋17％)
	成本小计	118 710	149 255
6	利润	17 807	22 388＝149 255×15％
7	税金	25 529	32 097＝149 255×(1＋15％)×18.7％
	含税完全成本价	162 046	203 740

② 该设备的更新重置成本计算如表 3-13。

表 3-13 更新重置成本

序号	成本项目	计算过程	更新重置成本(元)
1	主材	22.8×0.8×2 200×1.23	49 357
2	辅材	13 328	13 328
3	外购件	13 800	16 698
4	人工费	598×0.85×50×1.39	35 327
5	机械费	136.5×0.92×100×1.17	14 693
	成本小计	118 710	129 403
6	利润	17 807	19 410=129 403×15%
7	税金	25 529	27 828=129 403×(1+15%)×18.7%
	含税完全成本价	162 046	176 641

（3）超额投资成本引起的功能性贬值

超额投资成本引起的功能性贬值=复原重置成本－更新重置成本

$$=203\ 740-176\ 641=27\ 099(元)$$

在评估中，如果可以直接确定设备的更新重置成本，则不需要再计算复原重置成本，超额投资成本引起的功能性贬值也不需要计算。

2. 第Ⅱ种功能性贬值（运营性功能性贬值）

超额运营成本是由于新技术的发展，使得新设备在运营费用上低于老设备。超额运营成本引起的功能性贬值也就是设备未来超额运营成本的折现值，称为第Ⅱ种功能性贬值。

分析研究设备的超额运营成本，应考虑下列因素：新设备与老设备相比，生产效率是否提高，维修保养费用是否降低，材料消耗是否降低，能源消耗是否降低，操作工人数量是否降低，等等。

计算超额运营成本引起的功能性贬值的步骤如下：

（1）分析比较被评估机电设备的超额运营成本因素；

（2）确定被评估设备的尚可使用寿命，计算每年的超额运营成本；

（3）计算净超额运营成本；

（4）确定折现率，计算超额运营成本的折现值。

【例 3-9】 某电焊机，每天工作 8 小时，每年按 300 个工作日计算，每台老设备比新设备多耗电 6 000 度，每度电 0.5 元，根据设备的现状，该电焊机尚可使用 10 年，所得税税率为 25%，折现率为 10%，计算某电焊机超额运营成本引起的功能性贬值。

解：（1）分析比较被评估机电设备的超额运营成本因素：经分析比较，被评估的电焊机与新型电焊机相比，引起超额运营成本的因素主要为老产品的能耗比新产品高。每年每台老电焊机比新电焊机多耗电 6 000 度，每度电 0.5 元。

$$每年的超额运营成本=6\ 000×0.5=3\ 000(元)$$

（2）计算净超额运营成本：

$$税后净超额运营成本=税前超额运营成本×(1-所得税)$$
$$=3\ 000×(1-25\%)=2\ 250(元)$$

（3）计算净超额运营成本的折现值

净超额运营成本的折现值＝净超额运营成本×年金折现系数

$$＝2\,250×6.145≈13\,826（元）$$

该电焊机由于超额运营成本引起的功能性贬值为 13 826 元。

（十一）经济性贬值

机电设备引起的经济性贬值是由于外部因素引起的贬值。这些因素包括：由于市场竞争加剧，产品需求减少，设备开工不足，生产能力相对过剩，原材料、能源等提价，造成生产成本提高，而生产的产品售价没有相应提高；国家能源、环保等法律、法规使产品生产成本提高或者使设备强制报废，缩短了设备的正常使用寿命。

1. 经济性贬值的计算

（1）使用寿命缩短产生的经济性贬值

【例 3-10】 某汽车已使用 10 年，按目前的技术状态还可以正常使用 10 年，按年限法，该汽车的贬值率为：

$$贬值率＝\frac{10}{(10+10)}×100\%＝50\%$$

但由于环保、能源的要求，国家新出台的汽车报废政策规定该类汽车的最长年限为 15 年，因此该汽车 5 年后必须强制报废。在这种情况下，该汽车的贬值率为：

$$贬值率＝\frac{10}{(10+5)}×100\%＝66.7\%$$

由此引起的经济性贬值率为 16.7%。如果该汽车的重置成本为 20 万元，经济性贬值为：$20×16.7\%＝3.34（万元）$

（2）运营费用的提高

引起机电设备运营成本增加的外部因素包括能源成本增加等。其中，国家对超过排放标准排污的企业要征收高额的排污费，设备能耗超过限额的，按超限额浪费的能源量加价收费，导致高污染、高能耗设备运营费用的提高。

【例 3-11】 某台车式电阻炉，政府规定的可比单耗指标为 650 千瓦·小时/吨，该炉的实际可比单耗为 730 千瓦·小时/吨。试计算因政府对超限额耗能加价收费而增加的运营成本。

解：该电阻炉年产量为 1 500 吨，电单价为 1.2 元/千瓦·小时。

超限额的百分比＝（实测单耗－限额单耗）/限额单耗×100%

$$＝\frac{(730-650)}{650}×100\%＝12\%$$

根据政府规定超限额 10%～20%（含 20%）的加价 2 倍。

$$Y＝Y_1×（实测单耗－限额单耗）×G×C \tag{3-33}$$

式中：Y——年加价收费总金额（单位：元）；

　　　Y_1——电单价（元/千瓦·小时）；

　　　G——年产量（吨/年）；

　　　C——加价倍数。

实测单耗和限额单耗的单位为千瓦·小时/吨。

每年因政府对超限额耗能加价收费而增加运营成本为：

$$Y=1.2\times(730-650)\times1\,500\times2=288\,000(元)$$

由此计算该电阻炉未来 5 年的使用寿命期内,要多支出的运营成本为 109 万元[按折现率 10%考虑资金的时间价值,$288\,000\times(P/A,10\%,5)=109(万元)$],即为电阻炉因超限额加价收费引起的经济性贬值。

提示:

这里没有考虑增加的运营成本的所得税影响,原因主要是题目没有告诉所得税税率,视作忽略此因素。

（3）市场竞争的加剧

由于市场竞争的加剧、产品销售数量的减少,从而引起设备开工不足,生产能力相对过剩,也是引起经济性贬值的主要原因。贬值的计算可使用前面所介绍的指数估价法计算,这种方法也称为规模经济效益指数法。

【例 3-12】　某产品生产线,根据购建时的市场需求,设计生产能力为年产 1 000 万件,建成后由于市场发生不可逆转的变化,每年的产量只有 400 万件,60%的生产能力闲置。该生产线的重置成本为 160 万元,规模经济效益指数为 0.8,如不考虑实体性磨损,试计算生产线的经济性贬值。

解:由于不可逆转的市场发生变化,该生产线的有效生产能力只有 400 万件/年。该 400 万件/年生产线的重置成本如下:

400 万件/年生产线的重置成本=$(400/1\,000)^{0.8}\times160\approx77(万元)$

该生产线的经济性贬值=$160-77=83(万元)$

第三节　市场法在机电设备评估中的运用

（一）机电设备评估的市场法思路

机电设备评估的市场法,也称为市场比较法,这种方法是根据市场上类似设备交易的价格资料,通过对评估对象和市场参照物各种因素的分析比较,确定评估对象价值的方法。

使用市场法的条件是必须存在具有可比性的市场参照物。

（二）市场法评估的基本步骤

1. 鉴定被评估对象

通过对待评估设备的性能结构、现时技术状况、预估尚可使用年限、新旧程度等进行必要的技术鉴定,并收集有关待评估设备的规格型号、生产厂家、出厂日期、安装情况等资料,为市场数据资料的收集及参照物的选择提供依据。

2. 选择参照物

在市场中选择参照物,最重要的是要具有可比性。机电设备的可比性因素具体包括:设备的规格型号,设备的生产厂家,设备的制造质量,设备的附件、配件情况,设备的实际使用年限,设备的实际技术状况,设备的出售目的和出售方式,设备的成交数量和成交时间,设备交易时的市场状况,设备的存放和使用地点。要认真分析上述可比因素,确认其成交价具有代表性和合理性,才可以将其作为参照物。

3. 对可比因素进行比较分析

通过对待评估设备与参照物之间各种可比因素的差异分析,判断其对价值的影响程度,确定价值差异的调整量。它们之间的差异调整因素主要表现在销售时间、结构及性能、新旧程度、付款方式等方面。

4. 计算确定评估结果

在分析比较的基础上,对参照物的市场交易价格进行调整,确定评估值。评估时所选择的参照物一般不止一个,因而会出现若干个评估价值。这就需要评估师结合每个比准价值及其参照物的情况,分析给出最终评估结论。

（三）比较因素

一般来讲,设备的比较因素可分为四大类,即个别因素、交易因素、时间因素、地域因素。

1. 个别因素

设备的个别因素一般指反映设备结构、形状、尺寸、性能、生产能力、安装、质量、经济性等方面差异的因素。不同的设备,差异因素也不同。在评估中,常用于描述机器设备的指标包括:(1) 名称;(2) 型号规格;(3) 生产能力;(4) 制造厂家;(5) 技术指标;(6) 附件;(7) 设备的出厂日期;(8) 役龄;(9) 安装方式;(10) 实体状态。

2. 交易因素

设备的交易因素是指交易的动机、背景对价格的影响,不同的交易动机和交易背景都会对设备的出售价格产生影响。交易数量也是影响设备售价的一个重要因素,大批量的购买价格一般要低于单台购买。

3. 时间因素

不同交易时间的市场供求关系、物价水平等都会不同,评估人员应选择与评估基准日最接近的交易案例,并对参照物的时间影响因素做出调整。

4. 地域因素

由于不同地区市场供求条件等因素的不同,设备的交易价格也会受到影响,评估参照物应尽可能与评估对象在同一地区。如评估对象与参照物存在地区差异,则需要做出调整。

（四）市场法评估机电设备的具体方法

1. 直接匹配法

使用前提:

评估对象与市场参照物基本相同,需要调整项目相对较少,差异不大,且差异对价值的影响可以直接确定。

公式:

$$V = V' \pm \Delta i \qquad (3-34)$$

式中:V——评估值;

V'——参照物的市场价值;

Δi——差异调整。

【例 3-13】 在评估一辆轿车时,评估师从市场上获得的市场参照物在型号、购置年月、行驶里程、发动机、底盘及各主要系统的状况基本相同。区别之处在于:

(1) 参照物的右前大灯破损需要更换,更换费用约 200 元;

(2) 被评估车辆后加装 CD 音响一套,价值 1 200 元。

若该参照物的市场售价为 72 000 元,则:

$$V=V'\pm\Delta i=72\ 000+200+1\ 200=73\ 400(元)$$

使用直接比较法的前提是评估对象与市场参照物基本相同,需要调整的项目较大,差异不大,并且差异对价值的影响可以直接确定。

2. 因素调整法

【例 3 - 14】 使用市场比较法对某车床进行评估。

(1)评估人员首先对被评估对象进行鉴定,基本情况如下:

设备名称:普通车床

规格型号:CA6140×1500

制造厂家:A 机床厂

出厂日期:1996 年 2 月

投入使用时间:1996 年 2 月

安装方式:未安装

附件:齐全(包括仿形车削装置、后刀架、快速换刀架、快速移动机构)

实体状态:评估人员通过对车床的传动系统、导轨、进给箱、溜板箱、刀架、尾座等部位进行检查、打分,确定其综合分值为 6.1 分。

(2)评估人员对二手设备市场进行调研,确定与被评估对象较接近的三个市场参照物,如表 3 - 14。

表 3 - 14　评估对象与三个市场参照物的因素对比

	评估对象	参照物 A	参照物 B	参照物 C
名称	普通车床	普通车床	普通车床	普通车床
规格型号	CA6140×1500	CA6140×1500	CA6140×1500	CA6140×1500
制造厂家	A 机床厂	A 机床厂	B 机床厂	B 机床厂
出厂日期/役龄	1996 年/8 年	1996 年/8 年	1996 年/8 年	1996 年/8 年
安装方式	未安装	未安装	未安装	未安装
附件	仿形车削装置、后刀架、快速换刀架、快速移动机构	仿形车削装置、后刀架、快速换刀架、快速移动机构	仿形车削装置、后刀架、快速换刀架、快速移动机构	仿形车削装置、后刀架、快速刀架、快速移动机构
状况	良好	良好	良好	良好
实体状态描述	传动系统、导轨、进给箱、溜板箱、刀架、尾座等各部位工作正常,无过度磨损现象,状态综合分值为 6.1 分	传动系统、导轨、进给箱、溜板箱、刀架、尾座等各部位工作正常,无过度磨损现象,状态综合分值为 5.7 分	传动系统、导轨、进给箱、溜板箱、刀架、尾座等各部位工作正常,无过度磨损现象,状态综合分值为 6.0 分	传动系统、导轨、进给箱、溜板箱、刀架、尾座等各部位工作正常,无过度磨损现象,状态综合分值为 6.6 分
交易市场		评估对象所在地	评估对象所在地	评估对象所在地
市场状况		二手设备市场	二手设备市场	二手设备市场
交易背景及动机	正常交易	正常交易	正常交易	正常交易
交易数量	单台交易	单台交易	单台交易	单台交易

(续表)

	评估对象	参照物 A	参照物 B	参照物 C
交易日期	2004/3/31	2004/2/10	2004/1/25	2004/3/10
转让价格		23 000	27 100	32 300

(3) 确定调整因素,进行差异调整。

① 制造厂家调整。所选择的 3 个参照物中,1 个与评估对象的生产厂家相同,另外 2 个为 B 厂家生产。在新设备交易市场 A、B 两个制造商生产某相同产品的价格分别为 4.0 万元和 4.44 万元。

$$\frac{被评估资产价值}{参照物 B} = \frac{4}{4.44} = 0.9$$

② 出厂年限调整。被评估对象出厂年限是 8 年,参照物 A、B、C 的出厂年限均为 8 年,故不需调整。

③ 实体状态调整。实体状态调整见表 3-15。

表 3-15 实体状态调整表

参照物	实体状态描述	调整比率
A	传动系统、导轨、进给箱、刀架、尾座等各部位工作正常,无过度磨损现象,状态综合值为 5.7 分	+7%
B	传动系统、导轨、进给箱、刀架、尾座等各部位工作正常,无过度磨损现象,状态综合值为 6.0 分	+2%
C	传动系统、导轨、进给箱、刀架、尾座等各部位工作正常,无过度磨损现象,状态综合值为 6.6 分	-8%

调整比率计算过程见表 3-16。

表 3-16 调整比率计算过程表

参照物	调整比率
A	(6.1-5.7)/5.7×100% = 7%
B	(6.1-6.0)/6.0×100% = 2%
C	(6.1-6.6)/6.6×100% = -8%

(4) 计算评估值。计算评估值见表 3-17。

表 3-17 计算评估值表

	参照物 A	参照物 B	参照物 C
交易价格	23 000	27 100	32 300
制造厂家因素调整	1.0	0.90	0.90
出厂年限因素调整	1.0	1.0	1.0
实体状态因素调整	1.07	1.02	0.92
调整后结果	24 610.00	24 878.80	26 744.40

被评估对象的评估值 = (24 610+24 878.8+26 744.4)/3 ≈ 25 411(元)

第四节 收益法在机电设备评估中的运用

利用收益法评估机电设备是通过预测设备的获利能力,对未来资产带来的净利润或净现金流按一定的折现率折为现值,作为被评估机电设备的价值。

使用这种方法的前提条件,一是要能够确定被评估机电设备的获利能力,如净利润或净现金流量;二是能够确定资产合理的折现率。大部分单项机电设备,一般不具有独立获利能力。因此,单项设备通常不采用收益法评估。对于生产线、成套设备等具有独立获利能力的机电设备可以使用收益法评估。另外,在使用成本法评估整体企业价值时,收益法也经常作为一种补充方法,用来判断机电设备是否存在功能性贬值和经济性贬值。本节主要介绍收益法在评估租赁机电设备中的应用。

对于租赁的设备,其租金收入就是收益,如果租金收入和资本化率是不变的,则设备的评估值为:

$$P = A/(1+r)^1 + A/(1+r)^2 + A/(1+r)^3 + \cdots + A/(1+r)^n$$
$$= \frac{A}{r}[1-1/(1+r)^n] \tag{3-35}$$

式中:P——评估值;

A——收益年金;

n——收益年限;

r——资本化率。

式中,$r/[1-1/(1+r)^n]$称为投资回收系数,用r_A表示。因此,公式(3-35)可以表示为:

$$P = A/r_A \tag{3-36}$$
$$r_A = A/P \tag{3-37}$$

用收益法评估租赁设备的价值,首先要对租赁市场上类似设备的租金水平进行市场调查,分析市场参照物设备的租金收入,经过比较调整后确定被评估机电设备的预期收益,调整的因素可能包括时间、地点、规格和役龄等;其次,根据被评估机器的设备状况,估计其剩余使用寿命,作为确定收益年限的依据;最后,根据类似设备的租金及市场售价确定折现率,并根据被评估设备的收益年限,用公式(3-35)计算评估值,或查表得到相应年限的投资回收系数,用公式(3-36)计算评估值。

【例3-15】 用收益法评估某租赁机电设备。

(1)评估师根据市场调查,被评估机电设备的年租金净收入为19 200元。

(2)评估师根据被评估机电设备的现状,确定该租赁设备的收益期为9年。

(3)评估师通过对类似设备交易市场和租赁市场的调查,得到市场数据见表3-18。

表3-18 市场数据

市场参照物	设备的使用寿命(年)	市场售价(元)	年收入(元)	投资回收系数(%)	资本化率(%)
1	10	44 000	10 500	23.86	20.01
2	10	63 700	16 700	26.22	22.85
3	8	67 500	20 000	29.63	24.48

根据公式(3-37)计算上述三个市场参照物的投资回收系数,分别为23.86%、26.22%和29.63%。

由于上述三个市场参照物的使用寿命(即收益期)与被评估对象是不同的,因此,不可以将三个市场参照物的投资回收系数简单算术平均后作为评估对象的投资回收系数。

查复利系数表可以得到:

10年期:

资本化率	投资回收系数
0.200 0	0.238 5
0.250 0	0.280 1
0.300 0	0.323 5

8年期:

资本化率	投资回收系数
0.200 0	0.260 6
0.250 0	0.300 4

通过插值计算可以得到上述三个市场参照物的资本化率分别为20.01%、22.85%和24.48%,平均值为22.45%,我们用该数值作为被评估机电设备的资本化率。则该设备的评估值为:

$$P = \frac{A}{r}[1-1/(1+r)^n] = \frac{19\,200}{22.45\%}[1-1/(1+r)^n] \approx 71\,700(元)$$

思 考 题

一、单项选择题

1. 运用综合估价法评估某企业自制设备,其中该设备的主材为不锈钢,共消耗15吨,评估基准日该种不锈钢的市场含税价格为2.8万元/吨,在制造过程中该钢材的利用率约为95%,该设备的主材费率为80%,适用的增值税税率为17%,则该设备的主材费用最接近于( )万元。

　　A. 35.90　　　　　B. 37.79　　　　　C. 39.90　　　　　D. 42.00

2. 某进口设备的离岸价为30万美元,到岸价为32万美元,关税税率为16%,银行财务费率为0.4%,外贸手续费率为1%,如果不再考虑其他因素,该设备重置成本最接近于( )万美元。

　　A. 42.86　　　　　B. 37.56　　　　　C. 43.87　　　　　D. 45.07

3. A设备系2006年9月1日购进,购进价格为200 000元,评估基准日为2009年9月1日。该设备2006年和2009年的定基价格指数分别是120%和110%。该设备的重置成本最接近于( )元。

　　A. 183 333　　　　B. 218 182　　　　C. 220 000　　　　D. 240 000

4. 一台数控机床,重置成本为 200 万元,已使用 2 年,其经济寿命为 20 年,现在该机床的数控系统损坏,估计修复费用为 20 万元,其他部分工作正常。该机床的实体性贬值额为（　　）。

    A. 38 万元　　　　　B. 18 万元　　　　　C. 20 万元　　　　　D. 30 万元

5. 被评估甲设备为 3 年前购置,预计评估基准日后甲设备与同类新型设备相比每年运营成本增加 20 万元,甲设备尚可使用 8 年,若折现率为 10%,企业适用所得税税率为 25%,不考虑其他因素,则甲设备的功能性贬值额最接近于（　　）万元。

    A. 150.34　　　　　B. 75.38　　　　　C. 80.02　　　　　D. 53.35

6. 评估对象为一套设备,该设备与同新型设备相比,在每年产量相同的条件下,多耗费材料 10 万元。同时由于市场竞争原因,导致在评估基准日后该设备生产的产品销售价格将下降,经分析,由此导致企业每年销售收入减少 20 万元。若该设备尚可使用 5 年,折现率为10%,所得税税率为 25%,不考虑其他因素,则该设备的经济性贬值最接近于（　　）万元。

    A. 56.9　　　　　B. 75.8　　　　　C. 76.2　　　　　D. 113.7

二、多项选择题

1. 设备本体重置成本的估算方法的有（　　）。

    A. 直接法　　B. 间接法　　C. 重置核算法　　D. 综合估价法　　E. 物价指数法

2. 机电设备的经济性贬值通常与（　　）相关。

    A. 市场竞争　　B. 产品需求　　C. 技术进步　　D. 设备保养　　E. 工作负荷

3. 进口设备进口环节的从属费用包括（　　）。

    A. 国外运费　　B. 关税　　C. 外贸手续费　　D. 国内运输费　　E. 安装费

4. 在用市场法评估机电设备时,需要进行比较调整的个别因素包括（　　）。

    A. 技术指标　　B. 役龄　　C. 设备生产能力　　D. 交易时间　　E. 交易数量

5. 评估机电设备实体性贬值通常采用的方法包括（　　）。

    A. 市场比较法　　B. 使用年限法　　C. 观察法　　D. 可变现净值法　　E. 修复费用法

三、计算题

被评估成套设备购建于 2002 年 12 月,账面价值 100 万元,2007 年 12 月对设备进行技术改造,追加投资 20 万元,2012 年 12 月对该设备进行评估。经评估人员调查分析得到如下数据:(1) 从 2002 年到 2007 年,每年该类设备价格上升率为 10%,而从 2007 年至 2012 年设备价格维持不变;(2) 该设备的月人工成本比其替代设备超支 2000 元;(3) 被估设备所在企业的正常投资报酬率为 10%,规模经济效益指数为 0.7,所得税率为 33%;(4) 该设备在评估前使用期间的实际利用率仅为正常利用率的 80%,经技术检测该设备尚可使用 5 年,在未来 5 年中设备利用率能达到设计要求。

要求:(1) 计算被估设备的重置成本及各项损耗;(2) 计算该设备的评估值(以万元为单位,计算结果保留两位小数)。

第四章　房地产价格评估

第一节　房地产价格评估基础知识

一、认识房地产

所谓房地产是指土地、固定在土地上的房屋建筑物或其他构筑物的结合体及其衍生的各种权利关系的总和。具体来说，房地产有三种存在形态，即单纯的土地、单纯的建筑物、土地与建筑物合成一体的房地产。因而在评估中，我们既可以对土地使用权进行评估，也可以对建筑物的价值进行评估。房地产由于其位置固定和不可移动，也被称为不动产。它是实物、权益和区位三者的结合。

在欧美国家土地是私有财产，土地与地上物的产权是一体的，而在我国大陆地区，实行的是土地所有权与使用权分离的制度，土地所有权只有两种情况，一是城市土地的所有权属于国家，二是农村、城市郊区的土地所有权归农民集体所有。土地的使用者不具有土地的所有权，只拥有土地使用权。

房地产是人类社会政治、经济、文化生活的重要物质基础和承载物，它不仅是人们最基本的生活资料（如住宅）；也是最基本的生产要素（如厂房、办公楼等）。在市场经济中，房地产还是一种商品，是人们投资置业的主要对象。房地产构成社会经济生活中的巨大财富，也是关系到国计民生的重要财产和资源，在一国的总财富中，房地产往往占有较大比重；在家庭财产中房地产也是最主要的部分。所以，房地产是人们最重视、最珍惜、最具体的财产形式，房地产业是一个国家最重要的产业之一。

与其他类型资产相比较，房地产具有不同的特征，主要表现在以下几个方面：

（1）不可移动；

（2）独一无二；

（3）供给有限；

（4）用途多样；

（5）相互影响；

（6）易受限制；

（7）价值量大；

（8）流动性差；

（9）寿命长久；

（10）保值增值。

二、房地产价格的定义及类型

1. 什么是房地产价格

价格是人们和平地获得某种商品或劳务所必须付出的代价,是商品的经济价值(交换价值)的货币表现。在市场经济条件下,房地产也是商品,房地产价格可定义为:人们和平地获得他人房地产所必须付出的代价,是房地产的经济价值(交换价值)的货币表示。

2. 房地产价格的类型

从事房地产价格评估,必须弄清房地产价格的类型和每一种房地产价格的确切含义,以正确理解和把握待估房地产价值或价格的内涵。

(1) 按房地产价格的形成基础划分

① 市场价格　市场价格是指某区域的房地产在市场上的一般的、平均水平的价格,是该类房地产大量成交价格的一种概括。因为它是客观存在的,所以是统计学中常采用的原始数据之一。

② 理论价格　理论价格是指经济学理论中所认为的房地产的"公开市场价值",即在房地产市场中,当需求与供给相等时所形成的价格。因为价格是围绕价值上下波动的,所以正常市场条件下,市场价格基本上符合理论价格,并围绕其上下波动。

③ 评估价格　评估价格又称评估价,是估价专业人员按照一定的估价程序,选取合理的估价方法对房地产价格客观合理作出估计、判断的结果。它往往发生在交易之前,是从未发生的价格,是市场价格形成的依据。

(2) 按房地产实体的存在形成划分

① 土地价格　土地价格简称地价,是单纯的土地的价格,或者附有建筑物的土地的价格。同一片土地,由于其开发条件的不同会形成不同的地价,或者由于其周边环境的不同,也会形成不同的地价。

② 建筑物价格　建筑物价格指纯建筑物部分的价格,不包含其占用的土地的价格。

③ 房地价格　房地价格即建筑物的价格和占用土地的价格之和,也就是通常所说的房价。

(3) 按房地产价格表示单位划分

① 总价格　指一宗房地产或一定区域内房地产的整体价格。

② 单位价格　指分摊到单位面积的价格,通常有三种形式:对土地而言,是单位地价,即单位面积的土地价格;对建筑物而言,是单位建筑物价格,即单位建筑面积上的建筑物价格;对房地产整体而言,是单位房地价格,即单位建筑面积上的房地产价格。以建筑面积、套内建筑面积、使用面积等面积方式来计算房地产单位价格均可,不论以何方式,单位价格都能反映房地产价格水平的高低。

③ 楼面地价　指平均到每单位建筑面积上的土地价格,是一种特殊的土地单价。

$$楼面地价＝土地总价/总建筑面积 \tag{4-1}$$
$$楼面地价＝土地单价/容积率 \tag{4-2}$$

三、影响房地产价格的因素

房地产价格受到多种因素的影响,这些因素从不同的角度,以不同的程度影响着房地产价格评估工作,我们需要了解、分析和掌握这些因素。

影响房地产价格的因素一般可以分为一般因素、区域因素、个别因素。

一般因素是影响一定区域内所有房地产价格的一般的、普遍的、共同的因素,这些因素会对较广泛地区范围内的各宗房地产的价格产生全局性的影响,包括经济因素、社会因素、行政因素、心理因素等。

区域因素是某一特定区域内的自然条件与社会、经济、行政、技术因素等产生的区域性特征,是影响房地产市场价格的直接因素,包括商服繁华因素、交通便捷因素、城市设施状况因素、环境因素等。

个别因素分为土地个别因素与建筑物个别因素,是宗地或具体房产的特征对价格产生影响的因素,这类因素对房地产市场价格影响范围和程度最小,但对具体房地产价格的影响则是最直接最具体的,包括面积因素、形状因素、土地使用年限因素、地形地质因素、外观因素等。

四、房地产价格评估原则与程序

1. 评估原则

房地产价格受诸多复杂因素的影响,因此,评估师在估价时,要做到客观合理,不能将自己的主观愿望随意强加于估价对象,必须遵循客观规律,运用科学的原理与方法将房地产价格或价值反映出来。人们在对房地产价格评估的反复实践和理论探索中,逐渐认识了房地产价格形成和运用的客观规律,在此基础上总结出了一些简明扼要、应当遵循的法则或标准,这些法则或标准就是房地产价格评估原则。

房地产价格评估应遵循下列原则:合法原则;最高最佳使用原则;替代原则;估价时点原则。

(1) 遵循合法原则,应以估价对象的合法使用、合法处分为前提估价。

1) 在合法产权方面,应以房地产权属证书和有关合法证件为依据;

2) 在合法使用方面,应以城市规划、土地用途管制等为依据;

3) 在合法处分方面,应以法律、法规或合同(如土地使用权出让合同)等允许的处分方式为依据。

(2) 遵循最高最佳使用原则,应以估价对象的最高最佳使用为前提估价。当估价对象已做了某种使用,估价时应根据最高最佳使用原则对估价前提作出下列之一的判断和选择,并应在估价报告中予以说明:

1) 保持现状前提 认为保持现状继续使用最为有利时,应以保持现状继续使用为前提估价;

2) 转换用途前提 认为转换用途再予以使用最为有利时,应以转换用途后再予以使用为前提估价;

3) 装修改造前提 认为装修改造但不转换用途再予以使用最为有利时,应以装修改造但不转换用途再予以使用为前提估价;

4) 重新利用前提 认为拆除现有建筑物再予以利用最为有利时,应以拆除建筑物后再予以利用为前提估价;

5) 上述情形的某种组合。

(3) 遵循替代原则,要求估价结果不得明显偏离类似房地产在同等条件下的正常价格。

换言之,某宗房地产价格必然会受到具有替代关系的类似房地产价格的影响,并产生竞争,使其价格相互牵制而趋于一致,因而替代原则要求房地产估价结果不得明显偏离类似房地产在同等条件下的正常价格。由于房地产的独一无二性,使得完全相同的房地产几乎没有,但具有相近效用和使用条件的房地产还是存在的,所以这里的类似房地产是指在用途、规模、档次、建筑结构、权利性质等方面与估价对象相同或相当,并与估价对象处在同一供求范围内的房地产。

(4) 遵循估价时点原则,要求估价结果应是估价对象在估价时点的客观合理价格或价值。在不同的时间,同一宗房地产往往会有不同的价格,因此,房地产价格具有很强的时间性,每一个价格都对应着一个时间,估价通常求取的是估价对象在某个特定时间上的价格,而且这个特定时间并不是估价人员随意假定的,它必须依据估价目的来确定,这个特定时间就是估价时点,即估价时点是估价结果对应的日期。估价时点原则就是要求房地产估价结果应是估价对象在估价时点的客观合理价格或价值。

表4-1 估价时点、估价对象状况和房地产市场状况的关系

估价时点	估价对象状况	房地产市场状况
过去(回顾性估价)	过去	过去
现在	过去	现在
	现在	
	未来	
未来(预测性估价)	未来	未来

2. 估价程序

房地产估价是一项工作量大、涉及内容复杂,直接关系当事人切身利益的活动。因此,只有事先制定一套严谨、科学的估价程序,并遵循估价程序开展估价工作,才能提高工作效率,保证估价工作的质量。

房地产估价程序是指一个房地产估价项目的估价全过程中的各项具体工作,按照其内在的联系性排列出的先后进行次序。透过房地产估价程序,人们也可以看到房地产估价的全过程,了解到各项评估活动之间的内在逻辑联系。这种内在的逻辑联系,反映的是房地产估价的客观过程。

自接受估价委托至完成估价报告期间,房地产估价应按下列程序进行:

(1) 明确估价基本项;
(2) 拟定估价作业方案;
(3) 搜集估价所需资料;
(4) 实地查勘估价对象;
(5) 选定估价方法计算;
(6) 确定估价结果;
(7) 撰写估价报告;
(8) 估价资料归档。

五、估价方法的选用

我们应根据不同估价对象的房地产类型、估价方法的适用条件及所搜集的资料,采用市场法、成本法、收益法、路线价法等方法来进行评估。在评估过程中,对同一估价对象宜选用两种以上的估价方法进行估价。根据已明确的估价目的,若估价对象适宜采用多种估价方法进行估价,应同时采用多种估价方法进行估价,不得随意取舍;若必须取舍,应在估价报告中予以说明并陈述理由。有条件选用市场比较法进行估价的,应以市场比较法为主要的估价方法。收益性房地产的估价,应选用收益法作为其中的一种估价方法。具有投资开发或再开发潜力的房地产的估价,应选用假设开发法作为其中的一种估价方法。在无市场依据或市场依据不充分而不宜采用市场比较法、收益法、假设开发法进行估价的情况下,可采用成本法作为主要的估价方法。

六、资料搜集与整理

估价过程是以基础数据资料为依据,应用估价理论、方法进行分析、对比、计算的过程。资料的收集包括政府的土地、房地产开发、房地产市场管理、价格管理、税收征管部门颁布的相关政策性文件;统计部门的统计资料;报纸、电视等媒介的信息;房地产开发单位提供的信息;造价管理部门颁布的文件;施工单位提供的信息;材料、设备市场信息;房地产中介、咨询部门提供的信息;银行等金融机构提供的信息。

不同的评估方法,搜集资料的侧重点是不一样的。

1. 市场法

市场法的应用需要有公开、活跃的市场作为基础,且类似房地产市场交易案例较多,可比较的参数、指标容易取得。其搜集的资料主要为类似房地产市场交易案例,各案例的主要指标参数为:交易双方情况及交易目的、交易实例房地产状况、成交价格、成交日期、付款方式等。

2. 成本法

成本法是基于房地产的再建造或投资的角度来考虑,通过估算出房地产形成目前状态所投入的成本和因使用而造成的贬值来确定房地产价值。搜集资料时,主要是根据各类房地产取得或开发过程中的费用项目,搜集相关的标准,包括:城市规划限制条件;土地取得过程中的相关费用标准;房屋开发过程中的相关费用标准;各时期国家存、贷款利率标准及与融资相关的费用(抵押估价、登记、中介等费用)标准;房地产行业利润水平;各类房地产平均开发周期;各类房屋完损等级评定标准及使用年限标准等。

3. 收益法

收益法是通过估算被评估房地产未来预期收益并折算成现值,借以确定房地产价值的一种方法,它适用于具有明显收益特征、收益变化平稳且收益较易确定和预测的房地产,目前在评估商业、办公类房地产价格时应用较多,针对收益法应搜集的资料为:可出租类房地产的租赁方式、各租赁方式的租金水平及变化趋势、业主应负担的费用项目及费用水平、当地租赁税费征管制度、税费标准和管理办法、平均收益水平等;经营类房地产的收益水平(如餐饮上座率,消费水平,不同档次客房在不同季节的价格标准、空置率等),经营成本,经营费用资料(如不同级别餐饮业的毛利率、人员工资标准、装修、设备更新时间、修缮费用等),当地经营有关税费征管制度,税费标准和管理办法,行业收益水平等。

原始资料一般是零散的、不规则的、具有一定的离散性和不确定性,有的可以直接利用,有的需要进行分析转化后才可以利用,为了便于应用和管理,必须对资料进行系统化的归类、分析和整理,将原始资料数据转化为估价实际操作中可应用的指标或数据,并建立资料档案。如市场交易案例资料,必须按照交易房地产的类型进行详细归类,实际操作中应按照房地产的区域、用途、结构、层次进行归类整理,各类房地产的市场价格资料必须按照时间序列进行排序,采用一定的数学方法分析确定其价格变化趋势;各类工程的造价资料必须按照工程类别归类,按时间序列排序,采用数学方法进行分析整理,确定各期平均造价、价格变化趋势、价格构成等;政策、法规资料应按照部门进行归类。

评估机构应尽可能在内部建立职能部门,配备专业人员开展数据、资料的搜集、归类、分析和整理工作。

第二节　市场法在房地产评估中的运用

一、市场法基本原理

市场法又称为比较法、市场比较法,是将评估对象与估价时点近期有过交易的类似房地产进行比较,对这些类似房地产的已知价格作适当的修正,以此估算评估对象的客观合理价格或价值的方法。

由于在房地产价格形成中有替代原则的作用,因而评估对象的未知价格可通过类似房地产的已知成交价格来求取。

市场法主要适用于具有交易性的房地产,如房地产开发用地、普通商品住宅、高档公寓、别墅、写字楼、商场等,而那些很少发生交易的房地产,如古建筑、教堂、寺庙等,则难以采用比较法估价。

二、可比实例成交价格的处理

1. 搜集交易实例

在确定了采用市场法来评估项目后,就可以针对该方法的需要来搜集资料,搜集交易实例的主要途径包括:查阅政府有关部门的房地产交易资料;向房地产交易当事人、四邻、促使交易协议达成的经纪人、律师、财务人员、银行有关人员、金融机构等了解有关房地产交易的情况;从房地产出售者处获得其房地产的价格资料;查阅报刊、网络上的有关房地产出售、出租的广告、信息等资料;参加房地产交易展示会,了解房地产价格行情,搜集有关信息,索取相关资料;同行之间相互提供。

搜集交易实例应包括的内容:

(1) 交易双方情况及交易目的。交易双方情况不仅包括交易者的名称、性质、法人代表、住址等情况,还包括双方有无利害关系等,以便进一步判断交易是否属于正常交易。交易目的是指交易双方为什么而交易,一般包括买卖、入股、抵押等交易目的。

(2) 交易实例房地产状况。一般应包括:坐落位置、形状与面积;地质条件;土地利用现状与规划用途;购物、交通等环境条件;有关地上建筑物的基本情况等。

（3）成交价格。包括房地产总价、房屋总价、土地总价及相应的单价和房屋租金等内容，同时应说明价格类型、价格水平及货币种类和货币单位等情况。

（4）付款方式。包括一次付清、分期付款及比例、抵押贷款比例、租金支付方式等内容。

（5）成交日期。以确定交易实例的可比性。

（6）交易情况。如交易税费负担方式等交易情况。

为使搜集内容条理分明、清晰易懂、避免遗漏重要内容，最好事先针对不同类型的房地产，将要搜集的内容制作成统一交易实例调查的表格，即"交易实例调查表"（见表4－2）

表4－2　房地产交易实例调查表

名称			
坐落			
卖方			
买方			
成交日期			
成交价格		货币种类	
付款方式			
房地产状况说明	实物状况说明	使用状况	
		现状用途	
		内部装修	
		客餐厅	
		卧室	
		卫生间	
		厨房	
		阳台	
		其他	
	权益状况说明		
	区位状况说明		
交易情况说明			
位置图		建筑平面图	

2. 选取可比实例

估价人员在搜集交易实例时,通常数量会比较多,但并不是所有的交易实例都可以拿来进行参照比较的,合适的实例与估价对象之间必须要存在一定的可比性。这些用于参照比较的交易实例,称为可比实例。

可比实例选择的适当与否,会直接影响估价结果的准确性,因此在选取可比实例时要符合下列要求:

（1）是估价对象的类似房地产。由于比较法是以替代原则为理论依据,故用作比较参照的交易案例,应与待估房地产具有替代关系。一般要求可比实例应与估价对象处在同一区域内,应与估价对象房地产的用途相同,其建筑结构应与估价对象的相同,它的权益性质也应与估价对象的权益性质相同,此外,可比实例的交易类型与估价对象的应相同。

（2）成交日期与估价时点相近,不宜超过一年。在选取交易实例时,要考虑到如果交易实例的成交日期相隔太远,可能难以对其进行交易日期调整,或会产生较大偏差,所以在选取可比实例时,一般会选取成交日期与估价时点间隔较短的交易实例,这样在进行交易日期修正时的准确性会比较高。因此,可比实例的成交日期与估价对象房地产的估价时点相隔不宜超过一年。但如果房地产市场比较平稳,则较早之前发生的交易实例仍具有一定参考价值。

（3）成交价格为正常价格或可修正为正常价格。正常价格是指在公开的房地产市场上,交易双方均充分了解市场信息,以平等自愿的方式达成的交易价格。在选取可比实例时,成交价格为正常价格的交易实例应作为首选,不得不选择非正常交易实例作为可比实例时,应选择可修正的实例作为可比实例。

3. 建立价格可比基础

选取了合适的可比实例后,在进行修正之前,应先对这些可比实例的成交价格进行换算处理,建立价格可比基础,统一其表达方式和内涵。换算处理应包括:统一付款方式、统一采用单价、统一币种和货币单位、统一面积内涵和面积单位。

（1）统一付款方式

由于房地产的成交总价高,因而付款方式多样,如:一次性付款、分期付款等。由于付款期限长短不同、付款数额在付款期限内的分布不同,实际价格也会有所不同。为方便比较,通常以成交日期一次付清的金额为基础,也就是说,要将分期付款的可比实例成交价格调整为在其成交日期一次付清的金额。

【例4-1】　某宗房地产交易总价为30万元,其中首期付款20%,余款于半年后支付。假设月利率为0.5%,试计算该宗房地产在成交日期一次付清的价格。

　　解:$30 \times 20\% + [30 \times (1-20\%)]/(1+0.5\%)^6 = 29.29$（万元）

在进行计算时,要注意利率与计息周期相一致。例4-1中如果已知的不是月利率,而是年利率,则计算中的$(1+0.5\%)^6$就变为$(1+0.5\%)^{0.5}$,如是半年利率,则变为$(1+0.5\%)$。

（2）统一采用单价

在统一采用单价方面,通常是采用单位面积上的价格。如,建筑物通常是单位建筑面积上的价格。由于近些年来,在销售商品房时,不再仅仅销售建筑面积了,还可以是套内建筑面积、使用面积,所以也可以是单位套内建筑面积或单位使用面积上的价格。另外,对于土地来说,除了单位土地面积上的价格外,还可以表示为楼面地价。而像停车场则以每个车位为比较单位,旅馆以每个床位为比较单位。

（3）统一币种和货币单位

不同币种间价格的换算，应采用该价格所对应的日期时的市场汇率。在通常情况下，是采用成交日期时的汇率。但如果先按原币种的价格进行交易日期调整，则应对进行了交易日期调整后的价格采用估价时点时的汇率进行换算。在统一货币单位方面，人民币、美元、港元等，通常都换算成人民币"元"。

【例4-2】 有A、B两宗可比实例，A实例为一宗60 000平方米的地块，交易价格为1 000万美元，成交当时美元与人民币的汇率是1美元=8.50元人民币；B实例为一宗55 000平方米的地块，成交价为1 200万元人民币，请比较两块土地单价。

解： A土地：交易价格=1 000×8.50=8 500（万元）

土地单价=85 000 000/60 000=1 417（元/平方米）

B土地：土地单价=12 000 000/55 000=218（元/平方米）

（4）统一面积内涵和面积单位

由于在现实房地产交易中，有按建筑面积计价，有按套内面积计价，也有按使用面积计价的，因而要注意它们之间的换算：

$$建筑面积下的价格=套内建筑面积下的价格×\frac{套内建筑面积}{建筑面积} \qquad (4-3)$$

$$建筑面积下的价格=使用面积下的价格×\frac{使用面积}{建筑面积} \qquad (4-4)$$

$$套内建筑面积下的价格=使用面积下的价格×\frac{使用面积}{套内建筑面积} \qquad (4-5)$$

在面积单位方面，中国大陆通常采用平方米，中国香港地区和美国、英国等习惯采用平方英尺，中国台湾地区和日本等一般采用坪。它们之间的换算如下：

平方米下的价格=亩下的价格/666.67

平方米下的价格=公顷下的价格/10 000

平方米下的价格=平方英尺下的价格×10.764

平方米下的价格=坪下的价格×0.303

【例4-3】 有甲、乙两个比较实例，甲实例使用面积4 800平方米，成交价300万元；乙实例建筑面积400平方米，成交价18万元。经实地测算，甲实例的建筑面积与使用面积的比为1：0.8。试计算哪个单价较高。

解： 甲实例单价=3 000 000/4 800×0.8=500（元/平方米）

乙实例单价=180 000/400=450（元/平方米）

4. 交易情况修正

由于房地产的诸多特性，会使房地产价格受到交易中一些因素的影响，从而导致房地产的成交价格偏离正常的市场价格，如：有利害关系人之间的交易；急于出售或购买情况下的交易；受债权债务关系影响的交易；交易双方或一方对市场行情缺乏了解的交易；交易双方或一方有特别动机或特别偏好的交易；交易税费非正常负担的交易等。

交易情况修正，就是将可比实例价格修正为正常交易情况下的价格。其计算公式为：

$$可比实例成交价格×\frac{1}{1±S\%}=正常价格 \qquad (4-6)$$

或

$$可比实例成交价格 \times \frac{100}{100 \pm S} = 正常价格 \qquad (4-7)$$

上式中,$1/(1 \pm S\%)$ 或 $100/(100 \pm S)$ 是交易情况修正系数。

当出现交易税费非正常负担的情况时,要将成交价格调整为依照政府有关规定,无规定的依照当地习惯,交易双方负担各自应负担的税费。关键把握以下两点:

$$正常成交价格 - 应由卖方负担的税费 = 卖方实际得到的价格 \qquad (4-8)$$
$$正常成交价格 + 应由买方负担的税费 = 买方实际付出的价格 \qquad (4-9)$$
$$其中:应由买方负担的税费 = 正常成交价格 \times 应由买方缴纳的税费比率 \qquad (4-10)$$
$$应由卖方负担的税费 = 正常成交价格 \times 应由卖方缴纳的税费比率 \qquad (4-11)$$

5. 交易日期修正

可比实例的成交价格是其成交日期时的价格,而要评估的对象则是在估价时点时的价格,如果可比实例的成交日期与估价对象房地产的估价日期不同,房地产状况可能发生了改变。由于房地产价格受到房地产市场诸多因素的影响,可能会出现价格上涨或下跌的现象,这时就需要对可比实例在其成交日期下的价格进行调整。

进行交易日期修正,就是要将可比实例在其成交日期时的价格调整为估价时点的价格。

随着时间的推移,房地产价格要么平稳、要么上涨、要么下跌。当房地产价格平稳时,可不进行交易日期调整;而当房地产价格上涨或下跌,就必须对可比实例成交日期时的价格进行调整。

采用百分率法进行交易日期调整的一般公式为:

$$可比实例在成交日期时的价格 \times 交易日期调整系数 = 在估价时点时的价格 \qquad (4-12)$$

$$可比实例在成交日期时的价格 \times \frac{100 \pm T}{100} = 在估价时点时的价格 \qquad (4-13)$$

交易日期修正的关键,是要把握估价对象及这类房地产的价格随时间的变动规律,据此再对可比实例成交价格进行交易日期调整。交易日期修正宜采用类似房地产的价格变动率或价格指数进行调整。

(1) 采用价格指数修正

价格指数有定基价格指数和环比价格指数。在价格指数编制中,需要选择某个时期作为基期。如果是以某个固定时期作为基期的,称为定基价格指数;如果是以上一时期作为基期的,称为环比价格指数。

采用定基价格指数进行交易日期调整的公式为:

$$可比实例在成交日期时的价格 \times \frac{估价时点时的价格指数}{成交日期时的价格指数} = 估价时点的价格 \qquad (4-14)$$

【例4-4】 某宗房地产 2015 年 6 月的价格为 1 800 元/m²,现需将其调整到 2015 年 10 月。假设该宗房地产所在地区的同类房地产 2015 年 4 月至 10 月的价格指数分别为 79.6,74.7,76.7,85.0,89.2,92.5,98.1(以 2015 年 1 月为 100)。试计算该宗房地产 2015 年 10 月的价格。

解:该宗房地产 2015 年 10 月的价格计算如下:

$$1\,800 \times 98.1 \div 76.7 = 2\,302.2 (元/m^2)$$

采用环比价格指数进行交易日期调整的公式为:

可比实例在成交日期时的价格×成交日期的下一时期的价格指数×再下一时期的价格指数×…×估价时点时的价格指数＝估价时点时的价格　　　　　　　(4－15)

【例4－5】 某宗房地产2015年6月的价格为2 000元/m²，现需将其调整到2015年10月。假设该宗房地产所在地区的同类房地产2015年4月至10月的价格指数分别为99.6，94.7，96.7，105.0，109.2，112.5，118.1（均以上个月为100）。试计算该宗房地产2015年10月的价格。

解： 该宗房地产2015年10月的价格计算如下：

$$2\,000×1.05×1.092×1.125×1.181＝3\,046.8(元/m^2)$$

（2）采用房地产价格变动率修正

房地产价格变动率，有逐期递增或递减的价格变动率和期内平均上升或下降的价格变动率两种。

采用逐期递增或递减的价格变动率进行交易日期修正的公式为：

　　可比实例在成交日期时的价格×(1±价格变动率)^{期数}＝估价时点时的价格　(4－16)

采用期内平均上升或下降的价格变动率进行交易日期调整的公式为：

　　可比实例在成交日期时的价格×(1±价格变动率×期数)＝估价时点时的价格

(4－17)

【例4－6】 现需评估某宗房地产2015年9月末的价格，选取了下列可比实例：成交价格3 000元/m²，成交日期2014年10月末。另调查获2014年6月末至2015年2月末该类房地产的价格平均每月比上月上涨1.5%，2015年2月末至2015年9月末平均每月比上月上涨2%。试对该可比实例的价格进行交易日期调整。

解： 对该可比实例的价格进行交易日期调整，是将该价格调整到2015年9月末。

$$3\,000×(1+1.5\%)^4×(1+2\%)^7＝3\,658(元/m^2)$$

6. 房地产状况修正

房地产本身的状况是影响房地产价格的一个重要因素，如果可比实例房地产与估价对象房地产本身存在着差异，那么，在对可比实例进行交易情况和交易日期修正后，还要对可比实例成交价格进行房地产状况调整。房地产状况修正，是将可比实例在其房地产状况下的价格调整为在估价对象房地产状况下的价格。因此，经过房地产状况调整后，就将可比实例在其房地产状况下的价格变成了在估价对象房地产状况下的价格。

进行房地产状况修正，首先分析估价对象房地产状况有哪些因素对房地产的价格造成影响，将其逐一列出，包括区位方面的、权益方面的和实物方面的；其次判定估价对象和可比实例的房地产在这些因素方面的状况，并将估价对象与每一可比实例在这些因素方面的状况进行逐项比较，找出它们之间的差异所造成的价格差异程度；最后根据价格差异程度对可比实例价格进行调整。总的来说，如果可比实例房地产优于估价对象房地产，则应对可比实例价格做减价调整；反之，则做增价调整。

在实际估价中，常采用百分率法进行房地产状况修正，公式为：

　　$\dfrac{可比实例在其房地产}{状况下的价格}×\dfrac{房地产状况}{修正系数}＝\dfrac{在估价对象}{房地产状况下的价格}$　(4－18)

值得注意的是，房地产状况调整系数应以估价对象房地产状况为基准来确定。假设可比实例在其房地产状况下的价格比在估价对象房地产状况下的价格高低的百分率为±R%（当可比实例在其房地产状况下的价格比在估价对象房地产状况下的价格高时为＋$R\%$，低时为－$R\%$），则：

$$可比实例在其房地产状况下的价格 \times \frac{1}{1\pm R\%} = 在估价对象房地产状况下的价格$$

$$(4-19)$$

或

$$可比实例在其房地产状况下的价格 \times \frac{100}{100\pm R\%} = 在估价对象房地产状况下的价格$$

$$(4-20)$$

上式中，$1/(1\pm R\%)$ 或 $100/(100\pm R\%)$ 是房地产状况修正系数。

随着时间推移，房地产状况在不同时期可能有所不同，因而可比实例的房地产状况应是可比实例的成交价格相对应的房地产状况，而不是在估价时点或其他可能已发生了变化那个时候的状况。

不同使用性质的房地产，影响其价格的区位和实物因素不同，即使某些因素相同，其对价格的影响程度也不一定相同。因此，在进行区位和实物状况修正时，具体比较修正的内容及权重应有所不同。例如，居住房地产讲求宁静、安全、舒适；商业房地产看重繁华程度、交通条件；工业房地产强调对外交通运输等。

三、比准价格的估算与求取

市场法就是通过与近期交易的类似房地产进行比较，并对一系列因素进行修正，而得到被估房地产在评估基准日的市场状况下的价值水平。通过交易情况因素修正，将可比交易实例修正为正常交易情况下的价格；通过交易日期因素修正，将可比交易实例价格修正为评估基准日下的价格；通过房地产状况因素修正，将可比交易实例价格修正为被估对象房地产状况下的价格。

市场法的基本计算公式是：

$$P = P' \times 交易情况修正系数 \times 交易日期修正系数 \times 房地产状况修正系数 \quad (4-21)$$

在实际评估中，其计算公式为：

$$估价对象价格 = 可比实例价格 \times \frac{交易情况修正}{100} \times \frac{交易日期修正}{100} \times \frac{房地产状况修正}{100}$$

$$= 可比实例价格 \times \frac{正常市场价格}{实际成交价格} \times \frac{估价时点价格}{成交日期价格} \times \frac{对象状况价格}{实例状况价格}$$

$$(4-22)$$

上式中，交易情况修正以正常价格为基准；交易日期修正以成交日期时的价格为基准；房地产状况修正以估价对象的房地产状况为基准。

若干个可比实例价格进行修正后，会得到若干个比准价格，这些比准价格可能是不同的，那么还需将它们综合成一个比准价格，以此作为比较法的测算结果。有如下几种方法：

1. 简单算术平均法

将修正出的各个价格直接相加，再除以这些价格的个数，所得的数即为综合出的一个价格。例如：可比实例 A、B、C 经修正后得出的价格分别为 1 000 元/㎡、2 000 元/㎡、1 500 元/㎡，运用简单算术平均法可得出综合结果＝(1 000＋2 000＋1 500)/3＝1 500(元/m²)。

2. 加权算术平均法

在把修正出的各个价格综合成一个价格时,考虑到每个价格的重要程度不同,先赋予每个价格不同的权数,再求出综合价格的方法。通常对于与估价对象房地产最类似的可比实例房地产所修正出的价格,赋予最大的权数;反之,赋予最小的权数。例如:可比实例 A、B、C 经修正后得出的价格分别为 1 000 元/m²、2 000 元/m²、1 500 元/m²,假设 C 与估价对象房地产的情况最为接近,A 次之,B 最差,则可相应赋予 A、B、C 权数分别为 30%、20%、50%,则综合结果＝(1 000×30%＋2 000×20%＋1 500×50%)/(50%＋20%＋30%)＝1 450(元/m²)

3. 中位数法

把修正出的各个价格按从低到高或从高到低的顺序排列,当项数为奇数时,取位于中间位置的那个价格为综合结果;当项数为偶数时,取位于中间位置的那两个价格的简单算数平均数为综合价格。

4. 众数法

取一组数值中出现次数最多的数值即为综合结果。

【例 4-7(综合案例)】 需要评估某商品住宅在 2014 年 10 月 1 日的正常市场价格,在该住宅附近地区调查选取了 A、B、C 三宗已成交的类似商品住宅作为可比实例,已知 2014 年 3 月 1 日人民币与美元汇价为 1 美元＝8.4 元人民币,2014 年 10 月 1 日人民币与美元的市场汇价为 1 美元＝8.3 元人民币,该类住宅以人民币为基准的价格在 2014 年 1 月 1 日至 2014 年 2 月 1 日基本保持不变,2014 年 2 月 1 日至 2014 年 5 月 1 日平均每月比上月下降 1%,以后平均每月比上月上升 0.5%,试利用上述资料测算该商品住宅在 2014 年 10 月 1 日的正常市场价格。可比实例有关资料分析表:

	可比实例 A	可比实例 B	可比实例 C
成交价格	5 000 元人民币/m²	650 美元/m²	5 500 元人民币/m²
成交日期	2014 年 1 月 1 日	2014 年 3 月 1 日	2014 年 7 月 1 日
交易情况	＋2%	＋5%	－3%
房地产状况	－8%	－4%	＋6%

解: 测算该商品住宅 2014 年 10 月 1 日的正常市场价格如下:

(1) 计算公式:

比准价格＝可比实例价格×交易情况修正系数×交易日期修正系数×房地产状况修正系数

(2) 求取比准价格 A:

比准价格 A ＝5 000×100/(100＋2)×(1－1%)³×(1＋0.5%)⁵×100/(100－8)
＝5 300.51(元人民币/m²)

(3) 求取比准价格 B:

比准价格 B＝650×8.4×100/(100＋5)×(1－1%)²×(1＋0.5%)⁵×100/(100－4)
＝5 442.93(元人民币/m²)

(4) 求取比准价格 C:

比准价格 C ＝5 500×100/(100－3)×(1＋0.5％)³×100/(100＋6)

＝5 429.79(元人民币/m²)

(5) 将上述三个比准价格的简单算术平均数作为比较法的测算结果,则:

估价对象价格(单价)＝(5 300.51＋5 442.93＋5 429.79)/3

＝5 391.08(元人民币/m²)

第三节　成本法在房地产评估中的运用

一、成本法基本原理

1. 成本法定义

成本法是求取估价对象房地产在估价时点的重新购建价格(重置价格或重建价格),扣除折旧,以此估算估价对象房地产的客观合理价格或价值的方法,它也可以说是以房地产价格构成部分的累加来估算房地产价格的方法。

2. 成本法的理论依据

成本法的理论依据可以从卖方的角度或买方的角度来考虑。

从卖方的角度考虑,成本法的理论依据是生产费用价值论,是基于房地产的"生产费用",重在过去的投入,即卖方愿意接受的最低价格——卖价,不能低于卖方为开发或建造该房地产已花费的代价,如果低于该代价,卖方就要亏本。

从买方的角度考虑,成本法的理论依据是替代原则,即买方愿意支付的最高价格,不能高于买方所预计的重新开发建造该房地产所需花费的代价,如果高于该代价,买方还不如自己开发建造(或者委托另外的人开发建造)。

由此可见,一个是不低于开发建造已花费的代价,一个是不高于预计重新开发建造所需花费的代价,买卖双方可接受的共同点必然是等于正常的代价(包含正常的费用、税金和利润)。因此,我们就可以根据开发或建造估价对象所需的正常费用、税金和利润之和来估算其价格。采用成本法估算求得的价格,称为积算价格。

3. 成本法的适用范围

一般而言,只要是可以估算出其成本的房地产,都可以采用成本法估价。但成本法一般用于既无收益又很少发生交易的房地产的评估,如住宅、学校、图书馆、医院、政府办公楼、军队营房、公园等。

二、房地产价格构成

运用成本法估价的一项基础工作,是搞清楚房地产价格的构成。现实中的房地产价格构成极其复杂,不同地区、不同时期、不同类型的房地产,其价格构成可能不同。另外,对房地产价格构成项目的划分标准或角度不同,房地产价格的构成也会有所不同。但在实际运用成本法估价时,不论当地房地产价格的构成如何,首先最为关键的是要调查、了解当地从取得土地一直到建筑物竣工乃至完成销售的全过程,以及该过程中涉及的费、税种类及其支付标准、支付时间,要做到既不能重复,也不能漏项。然后在此基础上针对估价对象的实际情况,确定估价对象的价格构成并测算各构成项目的金额。

房地产价格通常由七大项构成：

1. 土地取得成本

土地取得成本是指取得房地产开发用地所必需的费用、税金等。在完善、成熟的房地产市场下,土地取得成本一般是由购置土地的价款和在购置时应由房地产开发商缴纳的税费构成。在目前情况下,根据房地产开发用地取得的途径,土地取得成本的构成可以分为下列三种：

(1) 通过征收农地取得。土地取得成本包括农地征收中发生的费用和土地使用权出让金等。

(2) 通过城市房屋拆迁取得。土地取得成本包括城市房屋拆迁中发生的费用和土地使用权出让金等。

(3) 通过市场购买取得。如购买政府招标、拍卖、挂牌出让或者房地产开发商转让的已完成征收或拆迁补偿安置的熟地,土地取得成本包括购买土地的价款和在购买时应由买方缴纳的税费等。

2. 开发成本

开发成本是指在取得的房地产开发用地上进行基础设施和房屋建设所必需的直接费用、税金等。开发成本主要包括下列五项：

(1) 勘察设计和前期工程费,包括可行性研究、工程勘察、规划设计等开发项目前期工作所发生的费用。

(2) 基础设施建设费,包括所需要的道路、供水、排水、供电、通信、燃气、热力等设施的建设费用。

(3) 房屋建筑安装工程费,包括建造房屋及附属工程所发生的土建工程费用和安装工程费用。

(4) 公共配套设施建设费,包括所需要的非营业性的公共配套设施的建设费用。

(5) 开发建设过程中的税费。

3. 管理费用

管理费用是指为组织和管理房地产开发经营活动所必需的费用,包括房地产开发商的人员工资及福利费、办公费、差旅费等。

4. 投资利息

无论土地取得成本、开发成本和管理费用的利息来源于借贷资金还是自有资金都应计算利息。

5. 销售费用

销售费用包括广告宣传费、销售代理费等。

6. 销售税费

销售税费是指销售开发完成后的房地产时,应由房地产开发商缴纳的税费,可分为两类：

(1) 销售税金及附加,包括营业税、城市维护建设税、教育费附加。

(2) 其他销售税费,包括应由卖方负担的交易手续费等。

7. 开发利润

在成本法中,由于"售价"是未知的,是需要求取的,开发利润则是需要事先测算的,因此,运用成本法估价需要先测算出开发利润。利润率可根据开发类似房地产的平均利润率来确定。

三、房屋重新购建价格估算

重新购建价格是假设在估价时点重新取得或重新开发、重新建造全新状况的估价对象所需的一切合理、必要的费用、税金和应得的利润之和。尤其要注意：重新购建价格是估价时点时的价格；重新购建价格是客观的价格；建筑物的重新购建价格是全新状况下的价格。

建筑物的重新购建价格有重置价格和重建价格两种：

重置价格，又称重置成本，是采用估价时点时的建筑材料、建筑构配件、设备和建筑技术等，按照估价时点时的价格水平，重新建造与估价对象建筑物具有同等效用的新建筑物的正常价格。

重建价格，又称重建成本，是采用与估价对象建筑物相同的建筑材料、建筑构配件、设备和建筑技术等，按照估价时点的价格水平，重新建造与估价对象建筑物完全相同的新建筑物的正常价格。

求取建筑物重新购建价格的具体方法主要有单位比较法、分部分项法、工料测量法和指数调整法。

1. 单位比较法

单位面积法是根据近期建成的类似建筑物的单位面积成本（造价）来估算，即用近期建成的类似建筑物的单位面积成本乘以估价对象建筑物的总面积。这是一种最常用、简便迅速的方法，但比较粗略。

单位体积法与单位面积法相似，是根据近期建成的类似建筑物的单位体积成本来估算，即用近期建成的类似建筑物的单位体积成本乘以估价对象建筑物的总体积。这种方法适用于成本与体积关系较大的建筑物。

在现实房地产估价中，往往将建筑物划分为不同的用途、建筑结构或等级，制作不同时期的基准重置价格表，以供求取某个具体建筑物的重置价格时使用。

2. 分部分项法

分部分项法是基于建筑物的各个独立构件或工程的单位成本来估算，即先估算各个独立构件或工程的单位成本，再乘以相应数量，然后相加。值得注意的是，要结合各构件或工程的特点使用计量单位，有的要用面积，有的要用体积，有的要用容量（如千瓦、千伏安）。

采用分部分项法测算建筑物重新购建价格的一个简化例子见表 4 - 3。

表 4 - 3　分部分项法

项目	数量	单位成本	成本（元）
基础工程	150 m³	200 元/m³	30 000
墙体工程	160 m²	400 元/m²	64 000
楼地面工程	150 m²	200 元/m²	30 000
屋面工程	150 m²	300 元/m²	45 000
给排水工程			25 000
供暖工程			15 000
电气工程			20 000
合计			229 000
税费、利息和管理费		20%	45 800
重新购建价格			274 800

3. 工料测量法

工料测量法是先估算建筑物所需各种材料、设备的数量和人工时数,然后逐一乘以估价时点时同样材料、设备的单价和人工费标准,再将其加总。这种方法与编制建筑概算或预算的方法相似,即先估算工程量,再配上概(预)算定额的单价和取费标准来估算。工料测量法的优点是翔实,缺点是费时费力并需委托专家参与办理,主要用于具有历史价值的建筑物的估价。

表 4-4 工料测量法

项目	数量	单价	成本(元)
现场准备			3 000
水泥			6 500
沙石			5 000
砖块			12 000
木材			7 000
瓦面			3 000
铁钉			200
人工			15 000
税费			1 000
其他			5 000
重新购建价格			57 700

4. 指数调整法

指数调整法是运用建筑成本(造价)指数或变动率将估价对象建筑物的原始成本调整到估价时点上的现行成本的方法。主要用于检验其他方法的估算结果。

四、房屋建筑折旧估算

1. 建筑物折旧的概念和原因

建筑物折旧,是指建筑物的价值减损。建筑物的价值减损是由物质因素、功能因素和经济因素共同造成的,因此,在实际估价中,考虑建筑物的折旧时必须同时考虑以下几个方面:

(1)物质折旧

物质折旧又称物质磨损、有形损耗,是建筑物在实体方面的损耗所造成的价值损失。进一步可以归纳为下列 4 个方面:自然经过的老朽;正常使用的磨损;意外的破坏损毁;延迟维修的损坏残存。

(2)功能折旧

功能折旧又称精神磨损、无形损耗,是指由于消费观念变更、规划设计更新、技术进步等原因导致建筑物在功能方面的相对残缺、落后或不适用所造成的价值损失。

(3)经济折旧

经济折旧是指建筑物以外的各种不利因素所造成的建筑物价值的损失。如一个高级住宅区的附近建设了一个工厂,该建筑物价值会降低。

2. 建筑物折旧的求取方法

建筑物折旧的求取方法很多,主要分为耐用年限法、实际观察法、成新折扣法。

(1) 耐用年限法

耐用年限法是把建筑物的折旧建立在建筑物的寿命、经过年数或剩余寿命之间关系的基础上。

运用耐用年限法求取建筑物折旧的方法有直线折旧法、余额递减折旧法、年金法、年数合计法、偿清基金法等,这里主要介绍直线折旧法。

直线折旧法是最简单的和应用得最普遍的一种折旧方法,简称为直线法,它以建筑物的经济寿命期间每年的折旧额相等为基础。直线折旧法的年折旧额的计算公式为:

$$D_i = D = \frac{C-S}{N} = \frac{C(1-R)}{N} \qquad (4-23)$$

式中:D_i——第 i 年的折旧额,或称做第 i 年的折旧,在直线法的情况下,每年的折旧额 D_i 是一个常数 D;

C——建筑物的重新购建价格;

S——预计的建筑物的净残值,简称残值,是预计的建筑物达到经济寿命,不宜继续使用,经拆除后可以收回的残余价值减去拆除清理费用后的数额;

N——建筑物的经济寿命;

R——预计的建筑物的残值率,是净残值与重新购建价格的比率。

即:
$$R = \frac{S}{C} \times 100\% \qquad (4-24)$$

采用直线法折旧的建筑物现值的计算公式为:

$$V = C - E_t$$
$$= C - (C-S)\frac{t}{N}$$
$$= C\left[1 - (1-R)\frac{t}{N}\right] \qquad (4-25)$$

式中:V——建筑物的现值;

E_t——建筑物折旧总额;

$C-S$——称为折旧基数;

t——经过年数。

【例 4-8】 有一建筑物,建筑总面积为 500 m²,已使用 10 年,重置价为 600 元/m²,耐用年限为 40 年,残值率为 5%。试用直线折旧法计算其年折旧额、折旧总额,并估计其现值。

解:已知 $t=10$ 年,$N=40$ 年,则 $n=40-10=30$ 年,$R=5\%$,$C=600 \times 500 = 300\,000$(元)

$$S = C \times R$$

则:(1) 年折旧额 $D = \dfrac{C-S}{N} = \dfrac{300\,000 - 30\,000 \times 5\%}{40} = 7\,125$(元)

(2) 折旧总额 $E_{10} = D \times t = 7\,125 \times 10 = 71\,250$(元)

(3) 现值 $V = C - E_{10} = 300\,000 - 71\,250 = 228\,750$(元)

(2) 实际观察法

实际观察法不是直接以建筑物的有关年限(特别是实际经过年数)来求取建筑物的折旧,而是注重建筑物的实际损耗程度。因为早建成的建筑物未必损坏严重,价值未必低;而新近建造的建筑物未必维护良好,特别是施工质量、设计等方面存在缺陷,从而价值未必高。这样,实际观察法是由估价人员亲临现场,直接观察、估算建筑物在物质、功能及经济等方面的折旧因素所造成的折旧总额。

利用实际观察法也可判定建筑物的成新率,或推测其有效经过年数、剩余经济寿命,在此基础上再利用其他方法计算建筑物的折旧或直接计算建筑物的现值。

（3）成新折扣法

成新折扣法是根据建筑物的建成年代、新旧程度等,确定建筑物的成新率,直接求取建筑物的现值。其计算公式为:

$$V=C\times q \tag{4-26}$$

式中:q——建筑物的成新率(%)。

成新折扣法适用于同时需要对大量建筑物进行估价的场合,尤其是进行建筑物现值调查统计,但比较粗略。

五、求取积算价格

成本法基本的公式为:

$$积算价格＝重新购建价格－建筑物的折旧 \tag{4-27}$$

新开发的土地和新建的房地产采用成本法估价一般不扣除折旧,但应考虑其工程质量、规划设计、周围环境、房地产市场状况等方面对价格的影响而给予适当的增减修正。

【例 4-9】 某宗房地产的土地总面积为 1 000 平方米,是 10 年前通过征收农地取得的,当时取得的费用为 18 万元/亩,现时重新取得该类土地需要的费用为每平方米 620 元;地上建筑物总建筑面积 2 000 平方米,是 8 年前建成交付使用的,当时的建筑造价为每平方米建筑面积 600 元,现时类似建筑物的造价为每平方米建筑面积 1 200 元,估计该建筑物有八成新,试根据所给资料测算该宗房地产的现时总价和单价。

解:该题主要需注意重新购建价格应为估价时点的。在弄清了此问题的基础上,该宗房地产的价格测算如下:

$$土地现值＝620\times1\,000＝620\,000(元)$$
$$建筑物现值＝1\,200\times2\,000\times80\%＝1\,920\,000(元)$$
$$估价对象的现时总价＝620\,000＋1\,920\,000$$
$$＝2\,540\,000(元)$$
$$估价对象的现时单价＝2\,540\,000\div2\,000$$
$$＝1\,270(元/m^2)$$

第四节　收益法在房地产评估中的运用

一、收益法的基本原理

收益法又称收益资本化法、收益还原法,是预测估价对象的未来收益,然后将其转换为价值,以此求取估价对象的客观合理价格或价值的方法。收益法的本质是以房地产的预期收益能力为导向求取估价对象的价值。

收益法是以预期原理为基础的。预期原理说明,决定房地产当前价值的,重要的不是过去的因素而是未来的因素。

收益法适用的对象是有收益或有潜在收益的房地产,如写字楼、住宅(公寓)、商店、旅馆、餐馆、游乐场、影剧院、停车场、加油站、标准厂房(用于出租的)、仓库(用于出租的)、农地等。它不限于估价对象本身现在是否有收益,只要估价对象所属的这类房地产有获取收益的能力即可。

二、净收益及其估算

1. 净收益的测算方法

运用收益法估价(无论是报酬资本化法还是直接资本化法),需要预测估价对象的未来收益。可用于收益法中转换为价值的未来收益主要有:潜在毛收入;有效毛收入;运营费用净运营收益等。

(1)潜在毛收入

潜在毛收入是指假定房地产在充分利用、无空置(即100%出租)情况下的收入。写字楼等出租型房地产的潜在毛收入,一般是潜在毛租金收入加上其他收入。

(2)有效毛收入

有效毛收入是由潜在毛收入扣除空置等造成的收入损失后的收入。空置等造成的收入损失是因空置、拖欠租金(延迟支付租金、少付租金或不付租金)以及其他原因造成的收入损失。

(3)运营费用

运营费用是维持房地产正常生产、经营或使用必须支出的费用及归属于其他资本或经营的收益。运营费用是从估价角度出发的,与会计上的成本费用有所不同,如不包含所得税、房地产抵押贷款偿还额、建筑物折旧费、土地摊提费、房地产改扩建费用等,而包含其他资本或经营的收益,如商业、餐饮、工业、农业等经营者的正常利润。运营费用与有效毛收入之比称为运营费用率。

(4)净运营收益

净运营收益是由有效毛收入扣除运营费用后得到的归属于房地产的收入。

收益性房地产获取收益的方式,主要有出租和营业两种。据此,净收益的测算途径可分为两种:

一是基于租赁收入测算净收益,例如存在大量租赁实例的普通住宅、公寓、写字楼、商铺、标准工业厂房、仓库等类房地产,其净收益是根据租赁资料来求取,通常为租赁收入扣除维修费、管理费、保险费、房地产税和租赁代理费等后的余额。

基于租赁收入测算净收益的基本公式为:

净收益=潜在毛租金收入-空置和收租损失+其他收入-运营费用

=有效毛收入-运营费用   (4-28)

二是基于营业收入测算净收益,有些收益性房地产,不是以租赁方式而是以营业方式获取收益,其业主与经营者是合二为一的,例如旅馆、疗养院、影剧院、娱乐场所、加油站等类型的房地产。

2. 求取净收益时对有关收益的取舍

（1）有形收益和无形收益

有形收益是由房地产带来的直接货币收益。

无形收益是指房地产带来的间接利益。如安全感、自豪感、提高个人的声誉和信用、增强企业的融资能力和获得一定的避税能力。

（2）实际收益和客观收益

实际收益是在现状下实际取得的收益。一般来说它不能直接用于估价。

客观收益是排除了实际收益中属于特殊的、偶然的因素之后所能得到的一般正常收益，一般来说只有这种收益才可以作为估价的依据。

【例 4 - 10】 某商店的土地使用年限为 40 年，从 2013 年 10 月 1 日起计。该商店共有两层，每层可出租面积各为 200 m²。一层于 2014 年 10 月 1 日租出，租赁期限为 5 年，可出租面积的月租金为 180 元/m²，且每年不变；二层现暂空置。附近类似商场一、二层可出租面积的正常月租金分别为 200 元/m² 和 120 元/m²，运营费用率为 25%。该类房地产的报酬率为 9%。试测算该商场 2017 年 10 月 1 日带租约出售时的正常价格。

解： 该商场 2017 年 10 月 1 日带租约出售时的正常价格测算如下：

（1）商店一层价格的测算：

$$\text{租赁期限内年净收益} = 200 \times 180 \times (1 - 25\%) \times 12 = 32.40(\text{万元})$$

$$\text{租赁期限外年净收益} = 200 \times 200 \times (1 - 25\%) \times 12 = 36.00(\text{万元})$$

$$V = \frac{32.40}{1+9\%} + \frac{32.40}{(1+9\%)^2} + \frac{36.00}{9\%(1+9\%)^2}\left[1 - \frac{1}{(1+9\%)^{40-4-2}}\right] = 375.69(\text{万元})$$

（2）商店二层价格的测算：

$$\text{年净收益} = 200 \times 120 \times (1 - 25\%) \times 12 = 21.60(\text{万元})$$

$$V = \frac{21.60}{9\%}\left[1 - \frac{1}{(1+9\%)^{40-4}}\right] = 229.21(\text{万元})$$

该商店的正常价格 = 商店一层的价格 + 商店二层的价格 = 375.69 + 229.21 = 604.90(万元)

三、报酬率的确定

1. 报酬率的实质

为进一步弄清报酬率的内涵，需要弄清一笔投资中投资回收与投资回报的概念及其之间的区别。投资回收是指所投入的资本的回收，即保本；投资回报是指所投入的资本全部回收之后所获得的额外资金，即报酬。以向银行存款为例，投资回收就是向银行存入的本金的回收，投资回报就是从银行那里得到的利息。所以，投资回报中是不包含投资回收的，报酬率为投资回报与所投入的资本的比率。因此，从全社会来看，报酬率与投资风险正相关，风险大的投资，其报酬率也高，反之则低。显然，所应选用的报酬率，应等同于与获取估价对象产生的净收益具有同等风险投资的报酬率。

2. 报酬率的求取方法

（1）累加法

累加法是将报酬率视为包含无风险报酬率和风险补偿率两大部分，然后分别求出每一部分，再将它们相加。累加法的基本公式为：

报酬率＝无风险报酬率＋投资风险补偿＋管理负担补偿＋缺乏流动性补偿－投资带来的优惠

$$(4-29)$$

（2）市场提取法

市场提取法是搜集同一市场上三宗以上类似房地产的价格、净收益等资料，选用相应的报酬资本化的公式，反求出报酬率。

（3）投资报酬率排序插入法

报酬率是典型投资者在房地产投资中所要求的报酬率。具有同等风险的任何投资的报酬率应该是相似的，所以，可通过同等风险投资的报酬率来求取估价对象的报酬率。

四、收益价格的估算

收益法的基本公式：

$$V = \sum_{i=1}^{n} \frac{a_i}{(1+r)^i} \qquad (4-30)$$

式中：V——房地产在估价时点的收益价格；

a_i——未来第 i 年的预期收益；

r——报酬率（折现率）；

i——房地产的收益年限或收益期限。

1. 净收益每年不变，收益年限为有限年的公式：

$$V = \frac{a}{r}\left[1 - \frac{1}{(1+r)^n}\right] \qquad (4-31)$$

2. 净收益每年不变，收益年限为无限年的公式：

$$V = \frac{a}{r} \qquad (4-32)$$

3. 净收益在若干年后不变，收益年限为有限年的公式：

$$V = \sum_{i=1}^{t} \frac{a_t}{(1+r)^i} + \frac{a}{r}\left[1 - \frac{1}{(1+r)^{n-t}}\right] - \frac{1}{(1+r)^i} \qquad (4-33)$$

4. 净收益在若干年后不变，收益年限为无限年的公式：

$$V = \sum_{i=1}^{t} \frac{a_i}{(1+r)^i} + \frac{a}{r(1+r)^i} \qquad (4-34)$$

【例 4-11（综合题）】　某公寓占地面积为 200 m²，建筑总面积为 6 000 m²，层数为地上 28 层，地下 2 层，建筑结构为钢筋混凝土框架结构，土地使用年限为 50 年，从 2006 年 9 月 1 日起计算。该公寓其他有关资料如下：

（1）租金按净面积计，可供出租的净面积占建筑总面积的 60%，其余部分为公共过道、公寓管理人员用房、设备用房及其他占用的面积。

（2）租金平均每月每平方米 200 元。

（3）空置率年平均为 20%。

（4）建筑物原值 2 000 万元。

（5）家具设备原值 300 万元。

（6）经常费平均每月 8 万元起，包括工资、水电、维修、清洁、保安等费用。

（7）房产税按建筑物原值减扣 30% 后的余值的 1.2% 缴纳（每年）。

（8）其他税费约为月总收入的 5%（每月）。

评估出该公寓在 2007 年 9 月 1 日的出售价格。

解：估价对象房地产为出租公寓大楼，是有经济收益的，故选用收益法进行估价，同时考虑该房地产的收益为有限期，因此选用公式为：

$$V=\frac{a}{r}\left[1-\frac{1}{(1+r)^n}\right]$$

（1）计算该公寓的年总收益：

$$6\,000\times60\%\times200\times12\times(1-20\%)=691.2(万元)$$

（2）计算该公寓与家具设备的折旧费用：

1）建筑物与家具设备的折旧费：采用直线折旧法计算每年的折旧费。根据国家有关规定，钢筋混凝土结构的非生产用房的耐用年限为 60 年，残值率为 0，但由于本土地使用权年限为 50 年，因此，享有建筑物的年限也只能为 50 年，故建筑物折旧的耐用年限按 50 年计算。

$$建筑物折旧费为 2\,000/50=40(万元)$$

家具设备的耐用年限一般为 12 年，残值率为 4%，则折旧费为

$$300/12\times(1-4\%)=24(万元)$$

建筑物与家具设备折旧费共计为 40+24=64（万元）

2）经常费：每年经常费=8×12=96（万元）

3）房地税：每年房产税=2 000×（1-30%）×1.2%=16.8（万元）

4）其他税费：每年其他税费=6 000×60%×200×（1-20%）×12×5%=34.56（万元）

5）年总支出费用=211.36（万元）

（3）计算年纯收益=691.20-211.36=479.84（万元）

（4）确定报酬率：根据有关资料和市场行情，确定为 10%

（5）计算该公寓的出售价格：

其中 n 为 50-1=49 年；a 为 479.84 万元；r 为 10%，则

$$V=4\,753.44(万元)$$

该公寓出售单价约为 7 922 元/m²，根据实际情况分析，该公寓价格是较为合理的。

第五节　土地价格评估

一、基准地价评估

（一）基准地价法的基本原理

基准地价法是我国土地估价中重要的应用估价方法之一，是利用城镇基准地价和基准地价修正系数等评估成果，按照替代原则，将待估宗地的区域条件和个别条件等与其所处区域的平均条件相比较，并对照修正系数表选取相应的修正系数对基准地价进行修正，从而求取待估宗地在估价基准日价格的一种估价方法。

基准地价是指在宗地估价的基础上，评估出的各个级别或各个区域土地的平均价格。它包括城镇用地基准地价和农用地基准地价。

　　基准地价修正法,是利用城镇基准地价和基准地价修正系数表等评估成果,按照替代原则,将被估宗地的区域条件和个别条件等与其所处区域的平均条件相比较,并对照修正系数表选取相应的修正系数对基准地价进行修正,从而再求取被估宗地在评估基准日价值的方法。

　　基准地价修正法主要适用于完成基准地价评估的城镇的土地评估,该方法可在短时间内大批量进行宗地地价评估,基准地价修正法估价的精度取决于基准地价及其修正系数的精度,因此,该方法一般可在宗地地价评估中作为辅助方法。

(二)城市基准地价评估

1. 确定基准地价评估的区域范围

　　基准地价评估的区域范围是指,以一个具体的城市为对象,确定其基准地价评估的区域范围,例如是该城市的整个行政区域,还是规划区、建成区或市区等。评估的区域范围的大小,主要是根据实际需要和可投入评估的人力、财力、物力等情况来确定。

2. 明确基准地价的内涵

　　明确基准地价的内涵包括明确基准地价所对应的因素:

　　(1)土地的基础设施完备程度和平整程度;

　　(2)土地用途;

　　(3)土地权利性质;

　　(4)土地使用年限;

　　(5)容积率;

　　(6)基准日期。

3. 划分地价区段

　　所谓地价区段,是指将用途相似、地块相连、地价相近的土地加以聚类而形成的一个个区域。一个地价区段就是一个地价"均质"区域。通常将土地按商业用地、居住用地和工业用地三类来分别划分地价区段。划分地价区段的方法通常是就土地的位置、交通、使用现状、城市规划、房地产价格水平及收益状况等做实地调查研究,将情况相同或相似的相连土地划为同一个地价区段。

4. 抽查评估标准宗地价格

　　抽查评估标准宗地价格是在划分出的各地价区段内,选择多宗具有代表性的地块,再由估价人员调查搜集这些地块的相关经营收益资料、市场交易资料或开发费用资料等,运用收益法、市场法、成本法、假设开发法等适宜的估价方法评估出这些地块在合理市场下可能形成的正常市场价格,通常应求出单价或楼面地价。

5. 计算区段地价

　　区段地价是某个特定的地价区段的单价或楼面地价。它代表或反映着该地价区段内土地价格的正常和总体水平。区段地价的计算,是分别以一个地价区段为范围,求该地价区段内所抽查评估出的地块单价或楼面地价的平均数、中位数或众数。计算出的区段地价,对于商业路线价区段来说是路线价,对于住宅片区段或工业片区段来说是区片价。

6. 确定基准地价

　　在区段地价计算的基础上做适当的调整后即为基准地价。在确定基准地价时,应先把握各地价区段之间的好坏层次,再把握它们之间的地价高低层次,以避免出现条件较差区段的基准地价高于条件较好区段的基准地价。

7. 提出基准地价应用的建议和技术

提出基准地价应用的建议和技术,包括将该基准地价调整为各宗地价格的方法和系数,例如具体位置、土地使用年限、容积率、土地形状、临街状况等的调整方法和调整系数。

(三)基准地价修正法的应用

1. 搜集、整理土地定级估价成果资料

定级估价资料是采用基准地价修正法评估宗地地价必不可少的基础性资料。因此在评估前必须搜集当地土地定级估价的成果资料,主要包括土地级别图、基准地价图、样点分布图、基准地价表、基准地价修正系数表和相应的因素条件说明表等,并归纳、整理和分析,作为宗地评估的基础资料。

2. 确定修正系数表

根据被估宗地的位置、用途、所处的土地级别、所对应的基准地价,确定相应的因素条件说明表和因素修正系数表,以确定地价修正的基础和需要调查的影响因素项目。

3. 调查宗地地价影响因素的指标条件

按照与被估宗地所处级别和用途相对应的基准地价修正系数表和因素条件说明表中所要求的因素条件,确定宗地条件的调查项目,调查项目应与修正系数表中的因素一致。

宗地因素指标的调查,应充分利用已搜集的资料和土地登记资料及有关图件,不能满足需要的,应进行实地调查采样,在调查基础上,整理归纳宗地地价因素指标数据。

4. 制定被估宗地因素修正系数

根据每个因素的指标值,查对相应用途土地的基准地价影响因素指标说明表,确定因素指标对应的优劣状况;按优劣状况再查对基准地价修正系数表,得到该因素的修正系数。对所有影响宗地地价的因素都同样处理,即得到宗地的全部因素修正系数。

5. 确定被估宗地使用年期修正系数

基准地价对应的使用年期,是各用途土地使用权的最高出让年期,而具体宗地的使用年期可能各不相同,因此必须进行年期修正。

6. 确定期日修正系数

基准地价对应的是基准地价评估基准日的地价水平,随着时间的迁移,土地市场的地价水平会有所变化,因此必须进行期日修正,把基准地价对应的地价水平修正到宗地地价评估基准日时的地价水平。

7. 确定容积率修正系数

基准地价对应的是该用途土地在该级别或均质地域内的平均容积率,宗地的容积率各不相同,由于容积率对地价的影响非常大,同一个级别区域内,各宗地的容积率差异甚至很大,因此,一定要重视容积率的修正。也就是说,必须将区域平均容积率下的地价水平修正到宗地实际容积率水平下的地价。

8. 评估宗地地价

依据前面的分析和计算得到的修正系数,按下式求算被估宗地的地价水平。

被估宗地地价＝被估宗地所处地段的基准地价×年期修正系数×期日修正系数×容积率修正系数×其他因素修正系数

(4-35)

二、路线价法

(一) 路线价法的基本原理

城镇街道两侧的商业用地,即使形状相同、面积相等、位置相邻,但由于临街状况不同,价格会有所不同,而且差异可能很大。

路线价法是在特定的街道上设定标准临街深度,从中选取若干标准临街宗地求其平均价格,将此平均价格称为路线价,然后利用临街深度价格修正率或其他价格修正率来测算街道其他临街土地价格的一种估价方法。与市场法、收益法等对个别宗地地价的评估方法相比,这种方法能对大量土地迅速进行评估,是评估大量土地的一种常用方法。

路线价法认为,市区内各宗土地的价值与其临街深度大小关系很大,土地价值随临街深度而递减,一宗土地越接近道路部分价值越高,离开街道愈远价值愈低。同一街道的宗地根据其地价的相似性,可划分为不同的地价区段。在同一路线价区段内的宗地,虽然地价基本接近,但由于宗地的深度、宽度、形状、面积、位置等有差异,地价也会出现差异,所以需制定各种修正率,对路线价进行调整。因此,路线价法的理论基础也是替代原则。

(二) 路线价法的应用

1. 路线价区段的划分

地价相近、地段相连的地段一般划分为同一路线价区段,路线价区段为带状地段。街道两侧接近性基本相等的地段长度称为路线价区段长度。路线价区段一般以路线价显著增减的地点为界。原则上街道不同的路段,路线价也不相同,如果街道一侧的繁华状况与对侧有显著差异,同一路段也可划分为两种不同的路线价。繁华街道有时需要附设不同的路线价,住宅区用地区位差异较小,所以住宅区的路线价区段较长,甚至几个街道路线价区段都相同。

路线价区段划分完毕,对每一路线价区段求取该路线价区段内标准宗地的平均地价,附设于该路线价区段上。

2. 标准宗地的确定

路线价是标准宗地的单位价格,路线价的设定必须先确定标准宗地面积。

标准宗地,指从城市一定区域的沿主要街道的宗地中选定的深度、宽度和形状标准的宗地。

标准深度,指标准宗地的临街深度。

临街深度,指宗地离开街道的垂直距离。

标准宗地的面积大小随各国而异。美国为使城市土地的面积计算容易,把位于街区中间宽1英尺、深100英尺(30.48米)的细长形地块作为标准宗地。日本的标准宗地为宽3.63米、深16.36米的长方形土地。实际评估中的标准深度,通常是路线价区段内临街各宗土地深度的众数。

3. 路线价的评估

路线价的决定,可以由熟练的评估员依买卖实例用市场法等基本评估方法确定。根据选定的标准宗地的形状、大小,评估标准宗地价格,再根据标准宗地价格水平及街道状况、公共设施的接近情况、土地利用状况划分地价区段,附设路线价。标准宗地价格的计算适用宗地地价计算方法,如收益法、市场法等。在应用市场法评估标准宗地价格时,应对评价区域调查的买卖实例宗地进行地价影响因素分析,实例宗地条件如果与标准宗地条件不同,应对不同条件部分进行因素修正,由此求得标准宗地的正常买卖价格。不同地段的标准宗地价格应能反映区位差异,互相均衡。

4. 深度百分率表的制作

深度百分率又称深度指数,是地价随临街深度长短变化的比率。深度百分率表又称深度指数表,是基于深度价格递减率制作出来的。临街深度价格递减率又是基于临街土地中各部分的价格,随着远离街道而有递减现象。深度百分率表的制作是路线价法的难点和关键所在。

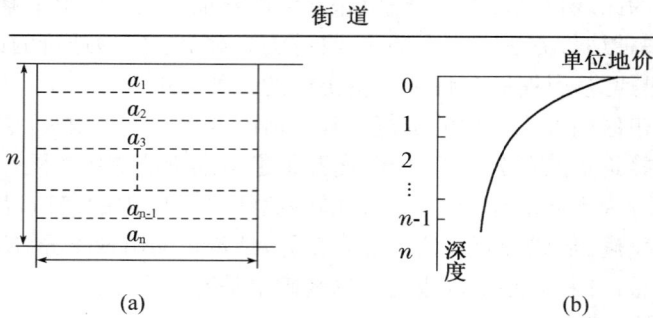

图 4-1

最简单且最容易理解的临街深度价格递减率是"四三二一"法则。该法则是将临街深度100英尺的临街土地,划分为与街道平等的四等份,各等份由于距离街道的远近不同,价格有所不同。从街道方向算起,第一个25英尺深度矩形地块的价格占整块土地价格的40%,第二个25英尺深度矩形地块的价格占整块土地价格的30%,第三个25英尺深度矩形地块的价格占整块土地价格的20%,第四个25英尺深度矩形地块的价格占整块土地价格的10%。

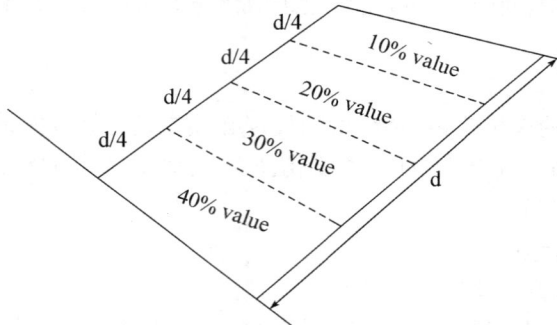

图 4-2

如果超过100英尺,则以"九八七六"法则来补充,即超过100英尺的第一个25英尺深度矩形地块的价格为临街深度100英尺土地价格的9%,第二个25英尺深度矩形地块的价格为临街深度100英尺的土地价格的8%,第三个25英尺深度矩形地块的价格为临街深度100英尺的土地价格的7%,第四个25英尺深度矩形地块的价格为临街深度100英尺的土地价格的6%。

【例4-12】 某块临街深度30.48米,临街宽度20米的矩形土地,总价为121.92万元,试根据四三二一法则,计算其相邻的临街深度15.24米,临街宽度20米的矩形土地的总价。

解:该相邻街土地的总价计算如下:

$$121.92 \times (40\% + 30\%) = 85.34(万元)$$

临街深度价格修正率表的制作形式有:单独深度价格修正率、累计深度价格修正率和平均深度价格修正率三种。

单独深度价格修正率表现为:$a_1 > a_2 > a_3 \cdots > a_{n-1} > a_n$

累计深度价格修正率表现为:$a_1 < (a_1 + a_2) < (a_1 + a_2 + a_3) < \cdots < (a_1 + a_2 + \cdots + a_n)$

平均深度价格修正率表现为:$a_1 > (a_1 + a_2)/2 > (a_1 + a_2 + a_3)/3 \cdots > (a_1 + a_2 + \cdots + a_n)/n$

表 4-5　临街深度价格修正率的形式

临街深度(英尺)	25	50	75	100	125	150	175	200
四三二一法则(%)	40	30	20	10	9	8	7	6
单独深度价格修正率(%)	40	30	20	10	9	8	7	6
累计深度价格修正率(%)	40	70	90	100	109	117	124	130
平均深度价格修正率(%)	40	35	30	25	21.8	19.5	17.7	15.25
转换后的平均深度价格修正率(%)	160	140	120	100	87.2	78.0	70.8	65.0

制作深度价格修正率表要考虑:设定标准临街深度;将标准临街深度分为若干等份;制定单独深度价格修正率、累计深度价格修正率或平均深度价格修正率。

5. 宗地价值的计算

依据路线价和深度价格修正率及其他条件修正率表,运用路线价法计算公式,则可以计算得到宗地价值。

宗地价值一般计算公式:

$$宗地总价 = 路线价 \times 深度价格修正率 \times 临街宽度 \tag{4-36}$$

如果宗地条件特殊,如宗地属街角地、两面临街地、三角形地、袋地等,则需依下列公式计算:

$$宗地总价 = 路线价 \times 深度价格修正率 \times 临街宽度 \times 其他条件修正率 \tag{4-37}$$

或

$$宗地总价 = 路线价 \times 深度价格修正率 \times 临街宽度 \pm 其他条件修正额 \tag{4-38}$$

思　考　题

一、单项选择题

1. 下列影响房地产价格因素中,不属于区域因素的是(　　)。
   A. 商服繁华因素　　B. 道路通达因素　　C. 环境状况因素　　D. 产业结构因素
2. 运用成本法评估所得价格,通常称为(　　)。
   A. 成本价格　　　　B. 积算价格　　　　C. 购买价格　　　　D. 收益价格
3. 建筑物内部布局过时、设备落后引起的折旧属于(　　)。
   A. 物质折旧　　　　B. 经济折旧　　　　C. 功能折旧　　　　D. 有形折旧
4. 某房屋拆除后的旧料价值为 10 万元,清理费用为 30 万元,该房屋造价为 500 万元,则残值率为（　　　）。

    A. 2%　　　　　　　B. 0　　　　　　　C. 4%　　　　　　D. -4%

5. 某宗房地产预计未来第一年的总收益和总费用分别为 12 万元和 7 万元,此后分别逐年递增 2% 和 1%,该类房地产的报酬率为 8%,该房地产的价格为（　　　）万元。

    A. 100　　　　　　B. 42　　　　　　C. 63　　　　　　D. 77

6. 评估房地产时需要考虑的主要风险是（　　　）。

    A. 使用时间长　　B. 不可位移　　　C. 不易变现　　　D. 规划限制严

7. 从评估原理的角度划分,基准地价修正系数法可归属于（　　　）。

    A. 收益法　　　　B. 成本扣除法　　C. 市场发　　　　D. 清算价格法

8. （　　　）是评估大量土地的一种常用方法。

    A. 成本法　　　　B. 市场法　　　　C. 路线价法　　　D. 收益法

9. （　　　）是由潜在毛收入扣除空置等造成的收入损失后的收入。

    A. 潜在毛收入　　B. 运营费用　　　C. 有效毛收入　　D. 净运营费用

10. 作为房地产评估依据的纯收益是指（　　　）。

    A. 实际纯收益　　　　　　　　　　B. 客观纯收益

    C. 实际纯收益与客观纯收益的加权平均

    D. 实际纯收益与客观纯收益两者比较取高者

二、多项选择题

1. 影响房地产价格的一般因素包括（　　　）。

    A. 房地产价格政策　　　　　　　　B. 城市发展战略

    C. 城市基础设施状况　　　　　　　D. 国民经济发展速度

    E. 社会发展状况

2. 李某于 1998 年花 7 万元购得"一大三小"住宅一套,此后不久在住宅小区上风位建了一座化工厂,致使空气中时常有一股酸臭味,于是李某在 2002 年底将该住房以 5 万元低价出售,则引起减价的折旧因素有（　　　）。

    A. 物质折旧　　　　B. 经济折旧　　　C. 功能折旧　　　D. 区位折旧

3. 有了货币的时间价值观念之后,收益性房地产的价值就是该房地产的未来净收益的现值之和,其高低取决于下列 3 个因素:（　　　）。

    A. 可获净收益的大小

    B. 可获净收益期限的长短

    C. 获得该净收益的可靠性

    D. 货币具有时间价值的观念,现在的钱比将来的钱更值钱

4. 收益法适用的对象,是有收益或有潜在收益的房地产,如（　　　）等房地产。

    A. 农地和商业　　B. 旅馆和餐饮　　C. 写字楼　　　　D. 公寓

5. 评估建筑物需考虑的因素包括（　　　）。

    A. 产权性质　　　　　　　　　　　B. 用途

    C. 建筑结构　　　　　　　　　　　D. 建设单位

    E. 装修质量和水平

6. 房地产评估的原则包括（　　　）。

A. 可比原则　　　　　　　　B. 替代原则

C. 最有效使用原则　　　　　D. 贡献原则

E. 合法原则

7. 关于楼面地价与土地单价之间的关系,下列说法中正确的是(　　)。

A. 楼面地价一定大于土地单价　　B. 楼面地价一定小于土地单价

C. 楼面地价可以等于土地单价　　D. 楼面地价可以小于土地单价

E. 楼面地价与土地单价无关

8. 新建房地产的公共配套设施建设费包括(　　)等建设费用。

A. 临时用电　　　　　　　　B. 附属锅炉房

C. 自行车棚　　　　　　　　D. 大型游乐场

E. 幼儿园

三、计算题

为评估某住宅楼的价格,估价人员在附近地区调查得到了 A、B、C、D、E 五宗类似交易实例。

(1) 收集有关具体资料如下表:

	实例 A	实例 B	实例 C	实例 D	实例 E
成交价格(元/m²)	5 100	5 800	5 200	5 300	5 000
成交日期	2012 年 11 月 30 日	2013 年 6 月 30 日	2013 年 1 月 30 日	2011 年 7 月 31 日	2013 年 5 月 31 日
交易情况	+2%	+21%	0	0	−3%

(2) 房地产状况的比较判断结果,如下表所示:

房地产状况	实例 A	实例 B	实例 C	实例 D	实例 E
区位状况	0	−3%	+3%	+1%	0
权益状况	−2%	0	+2%	−1%	−1%
实物状况	−4%	−5%	−2%	+2%	+1%

上面两表中,交易情况、房地产状况中的各正、负值都是按直接比较所得结果,其中,房地产状况中的三方面因素产生的作用程度相同。另据调查得知:从 2011 年 7 月 1 日至 2012 年 1 月 1 日该类似住宅楼市场价格每月递增 1.5%,其后至 2012 年 11 月 1 日则每月递减 0.5%,而从 2012 年 11 月 1 日至 2013 年 4 月 30 日的市场价格基本不变,以后每月递增 1%。试运用上述资料选取最合适的 3 个交易实例作为可比实例,并估算该住宅楼 2013 年 8 月 31 日的正常单价(如需计算平均值,请采用简单算术平均法)。

第五章　资源资产评估

第一节　资源资产评估基础知识

一、自然资源及其分类

(一) 根据自然资源在开发过程中能否再生,可划分为耗竭性资源和非耗竭性资源

耗竭性资源的主体是矿产资源,是经过漫长的地质过程形成的,随着人类的开发利用,其绝对数量和质量有明显的减少和下降现象的不可再生资源。

非耗竭性资源可分为三种:

(1) 恒定的非耗竭性资源

不受或基本不受人为因素的影响,具有恒定特性,如气候资源和海洋动力资源。

(2) 可再生的非耗竭性资源

在人为因素在干预下发生增减变化,虽然数量减少,但可以恢复,如生物资源。

(3) 不可再生的非耗竭性资源

土地资源只要合理利用,就可永续使用,如果不合理开发,就会造成沙化、盐碱化、荒漠化。

(二) 按照资源的性质,从自然资源与人类的经济关系角度,可划分为环境资源、生物资源、土地资源、矿产资源和景观资源等

1. 环境资源

包括阳光、地热、空气和天然水等,这类资源比较稳定,一般不会因人类的开发利用而明显减少,为非耗竭性资源。

2. 景观资源

主要是指自然景物、风景名胜等,能为人们提供游览、观光、知识、乐趣、度假、探险、考察研究等作用,一般是附着在其他资源之上而存在。

3. 土地资源

是由地形、土壤、植被、岩石、水文和气候等因素组成一个独立的自然综合体。

4. 矿产资源

是经过一定的地质过程形成的,存于地壳或地壳上的固态、液态或气态物质,包括各种能源和各种矿物质等。一般不可再生。

5. 生物资源

包括森林资源、牧草资源、动物资源和海洋生物资源等。生物资源可以再生。

二、资源资产的特征

资源资产是一部分自然资源资产化的表现形式。资源资产与自然资源相比,其物质内涵是一致的,除了具有自然资源的基本特征外,根据资产的含义,其还具有经济属性和法律属性。

(一)自然属性

1. 天然性

自然资源是天然形成的,由自然物质组成,最初完全是由自然因素形成的,处于自然状态。随着人类对自然干预能力的加强,部分资源资产表现出人工投入与天然生长的共生性。

2. 有限性和稀缺性

资源资产的有限性和稀缺性主要表现在三个方面:(1)资源资产的数量是有限的,人类活动使某些自然资源数量减少、枯竭或耗尽;(2)自然资源和自然条件的贫化、退化和质变;(3)自然资源的自然结构、生态平衡被破坏。例如,矿产资源随着开发利用,消耗一点少一点。再如土地资源,其自然总量是一定的,不会有所增加。

3. 生态性

各种资源如太阳、大气、地质、水文、生物等构成了一个复杂的体系,形成特定的生态结构,构成不同的生态系统。不同的资源间相互依存,具有一定的生态平衡规律。如果毫无顾忌地开采和获取资源,使消耗超过补偿的速度,会导致这些资源毁灭;向陆地圈、水圈、大气圈以超过自然净化能力的速度排放废物,就会破坏生态系统的平衡,从而导致某些自然资源难以持续利用。

4. 区域性

资源资产在地球上分布不均衡,存在显著的数量或质量上的地域差异。在我国,金属矿产资源基本上分布在由西部高原到东部山地丘陵的过渡地带;森林资源也呈集中分布的状态,长白山林地面积和木材蓄积分别占全国的 11% 和 13.8%。

(二)经济属性

1. 资源资产具有使用价值

自然资源由于具有使用价值,因此能够转化为经济资源,成为人类的生活资料和生产资料。经济增长与经济发展必然要耗费一定的资源,所以自然资源是人类发展的物质基础,也是经济发展的基础。全部物质财富都必须以自然资源为物质基础,其相对丰度影响着经济的发展速度。

2. 资源资产价值能够以货币计量

资源资产除了能够用实物单位计量以外,还可以用价值量来表示,这是资源资产评估的基础。无法用货币计量的自然资源,如空气、太阳光等就不能成为资产。

3. 资源资产具有可收益性

只有具有经济价值的自然资源才能成为资产,没有经济价值或在当今知识与技术条件下尚不能确定其有经济价值的资源不能成为资产。

(三)法律属性

(1)资源资产必须能够为特定的产权主体所拥有和控制,资源资产产权在法律上具有独立性。

(2)资源资产的使用权可以依法交易。我国实行资源资产的所有权和使用权相分离的制度,资源资产的使用权可以依法进行交易。

第二节　森林资源资产评估

一、森林资源资产评估概述

（一）森林资源定义及评估方法

森林资源是一种可再生的自然资源，包括森林、林木、林地以及依托森林、林木、林地生存的野生动物、植物和微生物。森林资源资产是以森林资源为物质财富内涵的资产，是在现有认识和科学技术水平条件下进行经营利用，能够为产权主体带来一定经济利益的自然资源。森林资源资产是一种特殊资产，除具有一般资产的属性外，还具有可再生性，生长周期长，受自然因素影响大，兼具生态、社会和经济效益于一体的特性。森林资源资产培育过程风险大、管护难度大、投资回收期长。现阶段，森林资源资产评估主要指林木资产、林地资产和森林景观资产的评估。

森林资源资产评估的基本方法主要是市场法、收益法和成本法。由于森林资源资产的特殊性，在采用市场法时，主要适用于各种有交易的森林资源资产的评估，应至少选取三个以上参照物进行测算。但由于市场条件限制，在有些情况下，如防护林的评估，市场法就并不适用。收益法适用于有经常性收益的林木资产的评估，如经济林资产、竹林资产、实际林资产等。幼龄林常用成本法进行评估。

（二）森林资源评估资料的收集

在资产评估过程中，评估人员应当完整、客观地收集信息和数据，保证评估结论信息的完整性、充分性、客观性、有效性、合法性。资料搜集工作是资产评估业务质量的重要保证，不同的项目、不同的评估目的、不同的资产类型对评估资料有着不同的需求，由于评估对象及其所在行业的市场状况、信息化和公开化程度差别较大，相关资料的可获取程度也不同。

森林资源资产评估收集资料通常包括以下几方面：

（1）产权主体的基本概况及相关经营基础资料；

（2）森林经营方案、森林采伐限额指标及说明，营林技术规程，不同培育目的下，各树种的营林标准及营林工序。

（3）营林生产成本：营林工价、苗木及肥料价格，各营林工序生产定额及难度系数，各营林段的平均生产成本，护林、防火、病虫害防治成本等。

（4）森林采伐成本资料：采伐工价，采伐段各生产工序（包括伐区设计、清杂、采伐、打枝、造材、剥皮、集材、运输等）的定额及难度系数，采伐段各生产工序平均生产成本，集材、运输及林道修筑情况及成本等。

（5）木材销售及价格资料：各树种各材种木材价格表，近3年木材分树种分材种的单位面积产量，近3年木材销售总额及各树种、各材种平均价格等。

（6）各树种、各材种不同胸径、树高的实际出材率及主要材种的实际平均出材率资料。

（7）销售成本及税金费：仓储及销售段费用，各种税金费及计算方法等。

（8）营林段和生产段的管理费用分摊情况。

（9）当地通用测树及经营数表：立木材积表，材种出材率表，森林经营类型生长过程及措施设计表等。

（10）其他相关资料。

二、林木资产评估的应用

（一）林木资产的核查

林木是森林资源资产的主体部分，林种不同，林木的作用就不同。例如防护林的功能主要是由林木、灌木乃至地被物形成的环境和释放出来的物质而形成的，而林木本身材积的多少反倒不是主要的价值所在。而用材林则不然，主要的经济价值是林木本身材积的多少、材质的好坏、材种及材种出材量的多少，特别是有无特殊经济价值的树种、材种等情况。所以在林木资源资产核查时，应当视具体情况来确定核查内容。不同林木资源资产核查的重点项目是：

1. 用材林

（1）幼龄林。权属、树种组成、林龄、平均树高、单位面积株数。

（2）中龄林。权属、树种组成、林龄、平均胸径、平均树高、单位面积活立木蓄积量。

（3）近、成、过熟林。权属、树种组成、林龄、平均胸径、平均树高、立木蓄积量、材种出材率。

2. 经济林

权属、种类及品种、年龄、单位面积产量。

3. 薪炭林

权属、林龄、树种组成、单位面积立木蓄积量。

4. 竹林

权属、平均胸径、立竹度、均匀度、整齐度、年龄结构、产笋量。

5. 防护林

除核查与用材林相应的项目外，还要增加与评估目的有关的项目。

6. 特种用途林

除核查与其他林种相应的项目外，还要增加与评估目的有关的项目。

7. 未成林造林地上的幼树

权属、树种组成、造林时间、平均高、造林成活率、造林保存率。

（二）林木资产评估流程

第一步，确定该林木资产属于哪一类型的林木。

第二步，确定该林木资产评估相关资料是否搜集齐全。

第三步，确定该林木资产评估方法。

第四步，确定林木资产评估值。

（三）林木资产评估方法

林木资产评估要根据不同的林种，选择适用的评估方法和林分质量调整系数进行评定估算，评估方法主要有以下几种：市价法（包括市场价倒算法、现行市价法）、收益现值法（收益净现值法、收获现值法、年金资本化法）、成本法（序列需工数法、重置成本法）、清算价格法等。

1. 市场倒算法

市场价倒算法是用被评估林木采伐后所得木材的市场销售总收入，扣除木材经营所消耗的成本（含有关税费）及应得的利润后，剩余的部分作为林木资产评估价值。其计算公式为：

$$E_n = W - C - F + S \tag{5-1}$$

式中：E_n——林木资产评估值

      W——销售总收入

      C——木材经营成本（包括采运成本、销售费用、管理费用、财务费用及有关税费）

      F——木材经营合理利润

      S——林木资源的再生价值

【资评真题】 （2004年）假设某片森林的林木被采伐后市场销售总收入为1 000万元，木材经营成本总计为300万元，木材经营合理利润为100万元，该森林资源的再生价值为150万元，则该森林资源的技术资产评估价值最接近于（　　　　）。

  A. 450   B. 600   C. 750   D. 850

【正确答案】 C

【答案解析】 1 000－300－100＋150＝750（万元）

2. 现行市价法

现行市价法是以相同或类似林木资产的现行市价作为比较基础，估算被评估林木资产评估价值的方法。其计算公式为：

$$E_n = K \times K_b \times G \times M \tag{5-2}$$

式中：E_n——林木资产评估值

      K——林分质量调整系数

      K_b——物价指数调整系数

      G——参照物单位蓄积的交易价格（元/立方米）

      M——被评估林木资产的蓄积量

3. 收益净现值法

收益净现值法是将被评估林木资产在未来经营期内各年的净收益按一定的折现率折为现值，然后累计求和得出林木资产评估价值的方法。其计算公式为：

$$E_n = \sum_{i=n}^{u} \frac{A_i - C_i}{(1+P)^{i-n+1}} \tag{5-3}$$

式中：E_n——林木资产评估值

      A_i——第i年的收入

      C_i——第i年的年成本支出

      u——经营期

      P——折现率（根据当地营林平均投资收益状况具体确定）

      n——林分年龄

4. 收获现值法

收获现值法是利用收获表预测被评估林木资产在主伐时纯收益的折现值，扣除评估后到主伐期间所支出的营林生产成本折现值的差额，作为林木资产评估价值的方法。其计算公式为：

$$E_n = K \times \frac{A_u + D_a(1+p)^{u-a} + D_b(1+p)^{u-b} + \cdots}{(1+P)^{u-n}} - \sum_{i=n}^{u-1} \frac{C_i}{(1+P)^{i-n+1}} \tag{5-4}$$

式中：E_n——林木资产评估值

$\quad K$——林分质量调整系数

$\quad A_n$——标准林分 n 年主伐时的纯收入（指木材销售收入扣除采运成本、销售费用、管理费用、财务费用、有关税费、木材经营的合理利润后的部分）

$\quad D_a、D_b$——标准林分第 $a、b$ 年的间伐纯收入

$\quad C_i$——第 i 年的营林生产成本

$\quad u$——经营期

$\quad n$——林分年龄

$\quad P$——投资收益率

5. 年金资本化法

年金资本化法是将被评估的林木资产每年的稳定收益作为资本投资的效益，按适当的投资收益率估算林木资产评估价值的方法。其计算公式为：

$$E_n = \frac{A}{P} \tag{5-5}$$

式中：E_n——林木资产的评估值

$\quad A$——年平均纯收益（扣除地租）

$\quad P$——投资收益率（根据当地营林平均投资收益状况具体确定）

6. 序列需工数法

序列需工数法是以现时工日生产费用和林木资产经营中各工序的平均需工数估算林木资产重置价值的方法。其计算公式为：

$$E_n = K \times \sum_{i=1}^{n} N_i \times B \times (1+P)^{n-i+1} + \frac{R[(1+P)^n - 1]}{P} \tag{5-6}$$

式中：E_n——林木资产评估值

$\quad K$——林分质量调整系数

$\quad N_i$——第 i 年的需工数

$\quad B$——评估时以工日为单位计算的生产费用

$\quad P$——投资收益率

$\quad R$——地租

$\quad n$——林分年龄

7. 重置成本法

重置成本法是按现时工价及生产水平，重新营造一块与被评估林木资产相类似的林分所需的成本费用，作为被评估林木资产评估价值的方法。其计算公式为：

$$E_n = K \times \sum_{i=1}^{n} C_i \times (1+P)^{n-i+1} \tag{5-7}$$

式中：E_n——林木资产评估值

$\quad K$——林分质量调整系数

$\quad C_i$——第 i 年以现时工价及生产水平为标准计算的生产成本，主要包括各年投入的工资、物质消耗、地租等

$\quad n$——林分年龄

P——投资收益率

如会计核算基础较好,账面资料比较齐全,可用账面历史成本调整法。

历史成本调整法是以投入时的成本为基础,根据投入时与评估时的物价指数变化情况确定被评估林木资产评估价值的方法。其计算公式为:

$$E_n = K \times \sum_{i=1}^{n} C_i \times \frac{B}{B_i}(1+P)^{n-i+1}$$ (5-8)

式中:E_n——林木资产评估值

K——林分质量调整系数

C_i——第 i 年投入的实际成本

B——评估时的物价指数

B_i——投入时的物价指数

P——投资收益率

n——林分年龄

8. 清算价格法

清算价格法先按现行市价法或其他评估方法进行估算,再按快速变现的原则,根据市场的供需情况确定一个折扣系数,然后确定被评估林木资产的清算价格。该方法适用于企事业单位破产、抵押、停业清理的林木资产评估。其计算公式为:

$$E_o = D_o \times E_w$$ (5-9)

式中:E_o——林木资产清算价格

D_o——折扣系数

E_w——林木资产评估价值

9. 用材林(含薪炭林)林木资产评估

用材林林木资产评估一般按森林经营类型分龄组进行;幼龄林一般选用现行市价法、重置成本法和序列需工数法;中龄林一般选用现行市价法、收获现值法。在使用收获现值法时必须要有能反映当地生产过程的生长过程表或收获表。在没有这些数表时,也可利用当地的调查材料,拟合当地的林木平均生长过程,以取得预测值。

近、成、过熟林主要选用现行市价法中的市场价倒算法。

用材林林木资产评估时,要充分注意各龄组评估值之间的衔接。

10. 经济林林木资产评估

经济林林木资产评估一般选用现行市价法、收益现值法和重置成本法。在选用收益现值法时应考虑经济林经营的经济寿命期、各生长发育阶段的经济林产品的产量和成本的差异、经济寿命期末的林木残值。在选用重置成本法时应以盛产期前为重置期确定重置成本。进入盛产期后,还应根据收获年数确定调整系数(折耗系数)。

11. 防护林林木资产评估

防护林是以国土保安、防风固沙、改善农业生产条件等防护功能为主要目的的森林。

防护林资产评估包括林木的价值和生态防护效益的评定估算,林木价值评估一般选用市价法、收益现值法和重置成本法。在选用收益现值法进行评估时必须以按防护林经营时所能获得的实际经济收益为基础。生态防护效益要通过实际调查确定标准和参数。

12. 竹林林木资产评估

竹林是由各类竹子构成的森林。竹林林木资产由地上立竹和地下竹鞭构成。

竹林林木资产评估一般选用现行市价法、年金资本化法，新造未成熟的竹林可采用重置成本法。在采用年金资本化法时必须考虑大小年对竹材和竹笋产量及经济收入的影响。

三、林地资产评估的应用

林地资源资产是森林资源资产的主要构成之一，也是森林资源资产中的基础性成分。根据 1996 年发布的《森林资源资产评估技术规范（试行）》中规定："林地是指国家法律确认的用于林业用途的土地，包括有林地、疏林地、未成林造林地、灌木林地、采伐迹地、火烧迹地、苗圃地和国家规划的宜林地。"

（一）林地资产的特点

世界的天然林区主要分布在热带雨林带和亚寒带针叶林带，以及中、低纬度的山区。据1992 年统计，世界森林面积为 38.6 亿公顷，森林覆盖率约为 30%。我国宜林地面积约占全国土地面积的 25% 以上。1994 年底我国森林覆盖率为 13.9%。林地虽然是自然的产物，却经常受到人类活动的影响，不但具有林地资源的一般性质，还具有土地资源资产的特点。

1. 有限性

林地资源与土地资源一样，具有不可再生的特点，尤其在不合理使用下，会导致林地面积的减少。随着经济的不断发展、环境的改变，人们对生活质量的要求越来越高，林地有限性的矛盾日益突出，因此，应合理利用有限资源，改善环境，提高生活质量，以使有限资源创造更多财富。

2. 固定性

林地资产和土地资产一样，它的位置是固定不可移动的，因而附属于该位置的光照、温度、湿度、降雨等均有一定状态，它们构成了土地的自然地理位置，也在影响土地的生产潜力。

3. 差异性

林地的差异性极大，除了其本身内在的生产潜力差异外，由于位置的固定性，使其在地利等即生产运输成本上存在差异。

4. 易变性

林地范围的界定是人们根据土地的植被用途，参照有关政策和法规界定的，因而是人为规定的。随着林地上植被的变化，林地很容易变为其他地产。如毁林开荒，把林地变为农用地，修建房屋变为房地产。另外，随着交通的日益便利，生产力技术水平的不断提高，林地经济效益不断提升，会导致一些非资产的林地转化为林地资源资产。因此在林地资源资产的评估中，首先必须确定林地资源资产的范围。

5. 依附性

林地资源资产的评估脱离不开林地上的林木，因而，其价值受到林地上生长的植被价值与数量的影响。

（二）林地资产的核查

林地资源资产是森林资源资产的重要组成部分，林地按林木的变化可以分为有林地、疏林地、灌木林地、未成林造林地、苗圃地、无立木林地等。

林地资产的核查项目主要包括林地的所有权、使用权、地类、面积、立地质量等级、地利等级等。

1. 所有权和使用权

明确林地资产的所有权和经营权。

2. 地类

不同的地类,其价值差异极大。要求按照地类划分的标准,填写土地利用现状。

3. 面积

要求资产清单上所载的面积与现有面积、图件上量算的面积、注记的面积一致。

4. 立地质量等级

林地资源资产的质量,也就是林地的生产潜力。

5. 地利等级

地利等级反映了林地的外部生产条件。地利等级通常是以林地与已建成的公路运输线路间的距离来确定的,因而,林地所处地理位置的交通便利与否,直接影响着经营这块林地投入成本的高低。

(三) 林地资产评估

林地资产评估是对某一时日一定面积林地使用权的价格进行评定估算。当林地使用权发生变动或其他情形需单独确定林地使用权的价格时,应进行林地资产评估。

林地资产评估主要有以下几种方法:现行市价法、林地期望价法、年金资本化法和林地费用价法。

1. 林地现行市价法

现行市价法是以具有相同或类似条件林地的现行市价作为比较基础,估算林地评估值的方法。其计算公式为:

$$B_u = K \times K_b \times G \times S \tag{5-10}$$

式中:B_u——林地评估值

K——林地质量综合调整系数

K_b——物价指数调整系数

G——参照物单位面积的交易价格(元/hm)

S——被评估林地的面积

2. 林地期望价法

林地期望价法以实行永续皆伐为前提,从无林地造林开始计算,将无穷多个轮伐期的纯收益全部折为现值累加求和,作为林地的评估值。其计算公式为:

$$B_u = \frac{A_u + D_a(1+P)^{u-a} + D_b(1+P)^{u-b} + \cdots - \sum_{i=1}^{n} C_i(1+P)^{n-i+1}}{(1+P)^u - 1} - \frac{V}{P} \tag{5-11}$$

式中:B_u——林地评估值

C_i——第 i 年投入的营林生产直接费用(包括整地、栽植、抚育等费用)

A_u——现实林分第 U 年主伐时的纯收入(指木材销售收入扣除采运成本、销售费用、管理费用、财务费用、有关税费、木材经营的合理利润后的部分)

D_a、D_b——现实林分第 a、b 年的间伐纯收入

u——经营周期

V——年均营林生产间接费用（包括森林保护费、营林设施费、良种实验费、调查设计费、基层生产单位管理费、场部管理费用和财务费用）

P——投资收益率

3. 年金资本化法

年金资本化法是将被评估林地资产每年相对稳定的地租收益作为资本投资收益，按适当的投资收益率估算林地评估值的方法。其计算公式为：

$$B_u = \frac{R}{P} \tag{5-12}$$

式中：B_u——林地评估值

R——林地年平均地租收益

P——投资收益率

4. 林地费用价法

林地费用价法是以取得林地所需的费用和把林地维持到现在状态所需的费用来估算林地评估值的方法。其计算公式为：

$$B_u = A \times (1+P)^n + \sum_{i=1}^{n} M_i (1+P)^{n-i+1} \tag{5-13}$$

式中：B_u——林地评估值

A——林地购置费

M_i——林地购置后，第 i 年林地改良费

n——林地购置年数

P——投资收益率

5. 当林地使用权有期限转让时，按以下公式计算林地使用权价格：

$$B_n = \frac{B_u\left[(1+P)^n - 1\right]}{(1+P)^n} \tag{5-14}$$

式中：B_n——林地使用权有期限转让价格

B_u——林地评估值（使用权无期限转让评估值）

P——投资收益率

n——林地使用权转让年数

林地资产评估方法中，现行市价法适用于各类林地资产评估；林地期望价法适用于用材林、薪炭林、防护林、疏林地、未成林造林地、灌木林地、采伐迹地、火烧迹地和国家规划的宜林地林地资产的评估；年金资本化法适用于林地年租金相对稳定的林地资产评估；林地费用价法一般适用于苗圃地等林地资产评估。

第三节　矿产资源资产评估

一、矿产资源资产评估概述

矿产资源是指经过地质成矿作用而形成的,天然赋存于地壳内部或地表,呈固态、液态或气态的,并具有开发利用价值的矿物或有用元素的集合体。矿产资源作为天然的生产要素及人类社会经济系统有机组成部分,其基本特性表现为耗竭性、稀缺性、分布不均衡性、不可再生性和动态性等。我国的矿产资源属于国家所有,由国务院行使矿产资源的所有权,矿产资源物质实体及其所有权属于国家。

国家实行探矿权、采矿权有偿取得制度,矿产资源的探矿权和采矿权可以依法出让和转让。勘查、开采矿产资源,必须依法分别申请,经批准取得探矿权、采矿权,并办理登记。

(一) 矿业权的分类

矿业权是指法人或其他社会组织依法享有的,在一定的区域和期限内,进行矿产资源勘查或开采等一系列经济活动的权利。

矿业权是一个比较复杂的概念,要弄清它的确切含义,有必要对其进行解析,其实矿业权是一个权利束,是由一系列相关权利组合而成的。让我们来看一下西方国家对矿业权的理解。澳大利亚将矿产权分为三类,即探矿权、采矿权和评价权。日本矿业权制度以许可证制度为主,可分为钻探权制度和采掘权制度,而且规定取得钻探权的企业在探明勘探区确有矿产并适于开采时,享有所探矿床的采掘优先权。我国矿业立法将矿业权分为探矿权和采矿权。

所谓探矿权是指在依法取得的勘查许可证规定的范围内勘查矿产资源的权利。依法取得探矿权的自然人、法人或其他经济组织称为探矿权人。所谓采矿权是指民事主体依法取得采矿许可证规定范围内,开采矿产资源和获得所开采的矿产品的权利。作为民事主体的单位和个人,依据《矿产资源法》及其配套法规,享有开采矿产资源,出售、转让采矿权等权利。

(二) 影响矿产资源资产价值的因素

1. 矿产资源本身的稀缺程度和可替代程度

在我国,不同的矿种,资源的稀缺程度差别很大。在市场需求一定的情况下,占有和经营质量好、使用价值高的矿产资源,往往能够获得更多的超额利润。同时,由于国家对稀缺资源实行保护性开采政策,稀缺的矿产资源一般具有更高的价值。

一般而言,资源的稀缺程度越高,其可替代程度往往越低,凡是可替代程度低的矿产资源,其资产价值也较高。

2. 矿产品的供求状况

供给和需求是矿业权价格水平影响形成的两个最终决定因素,在完全竞争市场上,矿产品的供求状况决定矿产品的价格水平,与需求成正比,与供给成反比。供给一定,需求增加,价格上升;需求减少,价格下降。需求一定,供给增加,价格下跌;供给减少,价格上涨。

3. 科技进步

矿产资源资产价值与矿业开采、冶炼的科技水平的发展息息相关,技术进步导致劳动生产率大幅度提高,成本降低。

4．政策因素

影响矿业权价格的政策因素主要有：

（1）矿业制度。如：《中华人民共和国矿产资源法》、《探矿权采矿权使用费和价款管理办法》、《矿业权出让转让管理暂行规定》、《矿产资源开采登记管理办法》等法律法规。

（2）税收政策。我国的矿业税收主要有资源税、资源补偿费、增值税和企业所得税等。税收政策直接影响到矿产资源的开发经营，也会对矿产投资有所影响。

（3）环境保护政策。矿产资源的开发会破坏环境，稍有不慎就会造成严重的环境污染问题。保护生态环境，必然会导致成本的提高，对矿产资源的价值造成影响。

5．区位条件

矿产资源的地理位置会对矿产资源资产的价格造成影响，矿产资源距离加工和消费地的远近和运输条件的优劣，会直接影响到企业的生产成本。

6．矿床自然丰度

自然资源丰度是一系列自然属性的总和，如某一矿产资源的自然丰度包括储量、品位、有益和有害伴生矿、水文地质等方面。储量是矿产储量的简称，泛指矿产的蕴藏量；品位是指矿石中有用元素或它的化合物含量的百分率，含量的百分率愈大，品位愈高，据此可以确定矿石为富矿或贫矿；伴生矿是指含有其他矿产的矿藏，一般矿产都是含有伴生矿的，如果伴生的含量一般不太高，只是在其价值大的情况下开采分离。矿床的自然丰度越高，开采所需投入的成本越低，企业的超额利润会越大，矿产资源资产价值也会相应增加。

7．社会因素

影响矿业权价格的社会因素有政治安定状况和社会治安程度。如果矿业市场秩序混乱，滥采滥挖现象严重，会对矿产品价格产生影响，因而需要规范行业市场行为，加强对稀缺、重要矿产的管理，打击滥采滥挖现象，减少因滥采滥挖形成的浪费，降低资源破坏情况的出现频率。

二、搜集矿产资源资产评估资料

（1）评估对象权属资料；

（2）评估对象目前和历史状况及相应的证明材料；

（3）地质勘查类资料；

（4）矿山开发(预)可行性研究、初步设计、开发利用方案类资料；

（5）财务会计及生产经营资料；

（6）相关法律、法规及规范性文件；

（7）行业信息、市场询价、数据分析等资料；

（8）其他专业报告等。

三、矿产资源资产评估方法

矿产资源资产评估，即根据不同的评估对象和评估目的，对矿业权所依附的矿产地价值的判断。评估者根据所掌握的矿产地信息和市场信息，对现在的或未来的市场进行多因素分析，在此基础上对矿业权具有的市场价值量进行估算。矿业权评估在矿业权市场的全程运作中起着重要的作用，包括在矿业权授予、转让、抵押时的矿业权评估，股票上市和交易时的矿业权评估，矿业公司及勘查公司之间重组、兼并、分设、收购时的矿业权评估，政府为加强对矿业权市场的宏观调控,对某些具有典型意义的矿业项目的矿业权评估,为公司董事层决策服务的矿业权评估等。矿业权评估是矿业权转让活动的有机组成部分。

1. 可比销售法

基于替代原则,将评估对象与在近期相似交易环境中成交,满足各项可比条件的矿业权的地、采、选等各项技术、经济参数进行对照比较,分析其差异,对相似参照物的成交价格进行调整估算评估对象价值。

该方法的运用必须有一个较发育的、正常的、活跃的矿业权市场,可以找到相似的参照物,具有可比量化的指标、技术经济参数等资料。

详查以上探矿权及采矿权评估(含简单勘查或调查即可达到矿山建设和开采要求的无风险地表矿产的采矿权评估)计算公式:

$$P = P_i \times \mu \times \omega \times t \times \theta \times \lambda \times \delta \tag{5-15}$$

式中:P——评估对象的评估价值;

$\quad\quad P_i$——相似参照物的成交价格;

$\quad\quad \mu$——可采储量调整系数;

$\quad\quad \omega$——矿石品位(质级)调整系数;

$\quad\quad t$——生产规模调整系数;

$\quad\quad \theta$——产品价格调整系数;

$\quad\quad \lambda$——矿体赋存开采条件调整系数;

$\quad\quad \delta$——区位与基础设施条件调整系数。

该方法通常适用于各勘查阶段的探矿权及采矿权价值评估。

【例 5-1】 现拟对某采矿权价值进行评估。已知某可参照的采矿权成交价格为 3 000 万元,规模调整系数为 1.10,品位调整系数为 1.05,价格调整系数为 1.15,差异调整系数为 0.95。

要求:计算该采矿权评估价值最接近于多少。

解:该题是对采矿权价值进行评估,应采用可比销售法

$$P = 3\ 000 \times 1.10 \times 1.05 \times 1.15 \times 0.95 = 3\ 785.5(万元)$$

2. 单位面积探矿权价值评判法

在搜集国内地质勘查相关统计资料、矿产资源储量动态信息、上市公司公开披露的地质信息报告、招拍挂公开披露的地质资料、公开市场类似矿业权交易情况信息、有关部门和组织发布或矿业权评估师掌握的有关信息的基础上,综合分析评估对象实际情况,分析确定单位面积探矿权价值,从而估算评估对象价值的一种方法。

单位面积探矿权价值评判法公式:

$$P = S \times P_a^1 \tag{5-16}$$

式中:P——评估对象的评估价值;

$\quad\quad S$——评估对象勘查区面积;

$\quad\quad P_a^1$——单位面积探矿权价值。

该种方法通常适用于勘查程度较低、地质信息较少的探矿权价值评估。运用该种方法进行评估时,应对勘查区域进行研究,并以其成果为基础,尤其要对勘查区域地质矿产特征充分了解,具备可以分析影响该评估对象价值的资料。

3. 贴现现金流量法

贴现现金流量法,通常是将项目或资产在生命周期内未来产生的现金流折现,计算出当前价值的一种方法,或者为了预期的未来现金流所愿付出的当前代价,通常应用于项目投资分析和资产估值领域。资产估值领域中的贴现现金流量法,是将一项资产的价值认定为该资产预期在未来所产生的净现金流量现值总和,并将其作为该项资产的评估价值。

矿业权评估中的贴现现金流量法,是将矿业权所对应的矿产资源勘查、开发作为现金流量系统,将评估计算年限内各年的净现金流量,以与净现金流量口径相匹配的贴现率,折现到评估基准日的现值之和,作为矿业权评估价值。

贴现现金流量法的计算公式:

$$P = \sum_{t=1}^{n} \left[(CI - CO)_t \times \frac{1}{(1+i)^t} \right] \tag{5-17}$$

式中:P——矿业权评估价值;

　　CI——年现金流入量;

　　CO——年现金流出量;

　　i——贴现率;

　　t——年序号($t=1,2,3,\cdots$);

　　n——评估计算年限。

该方法适用于详查及以上勘查阶段的探矿权评估和赋存稳定的沉积型大中型矿床的普查探矿权评估;也适用于拟建、在建、改扩建矿山的采矿权评估,以及具备折现现金流量法适用条件的生产矿山的采矿权评估。

4. 贴现剩余现金流量法

贴现剩余现金流量法,是将矿业权所对应矿产资源勘查、开发作为现金流量系统,将评估计算年限内各年的净现金流量,逐年扣减与矿产资源开发收益有关的开发投资合理报酬后的剩余净现金流量,以与剩余净现金流量口径相匹配的贴现率,折现到评估基准日的现值之和,作为矿业权评估价值。

贴现剩余现金流量法计算公式:

$$P = \sum_{t=1}^{n} (CI - CO - I_p)_t \times \frac{1}{(1+i)^t} \tag{5-18}$$

式中:P——矿业权评估价值;

　　CI——年现金流入量;

　　CO——年现金流出量;

　　I_P——与矿产资源开发收益有关的开发投资合理报酬;

　　i——贴现率;

　　t——年序号($t=1,2,\cdots$);

　　n——评估计算年限。

该方法适用于详查及以上勘查阶段的探矿权评估和赋存稳定的沉积型大中型矿床的普查探矿权评估;也适用于拟建、在建、改扩建矿山的采矿权评估,以及具备贴现剩余现金流量法适用条件的生产矿山的采矿权评估。

5. 剩余利润法

剩余利润法是通过估算待估矿业权所对应矿产资源开发各年预期利润,扣除开发投资应得利润之后剩余净利润,按照与其相匹配的贴现率,折现到评估基准日的现值之和,作为矿业权评估价值。

剩余利润法计算公式:

$$P = \sum_{t=1}^{n} (E - E_i)_t \times \frac{1}{(1+i)^t}$$

其中:P——矿业权评估价值;

E——年净利润(净利润=销售收入-总成本费用-销售税金及附加-企业所得税)

E_i——开发投资利润(E_i=当年资产净值×投资利润率);

I_P——与矿产资源开发收益有关的开发投资合理报酬;

i——贴现率;

t——年序号($t=1,2,\cdots$)

n——评估计算年限。

该种方法主要适用于正常生产的矿山的采矿权评估,对于勘查程度较高的探矿权评估也可以选用。

思 考 题

一、单项选择题

1. $B_u = K \times K_b \times G \times S$ 是(　　)的计算公式。

    A. 林地现行市价法　　　　　　　　B. 森林景观现行市价法

    C. 林地期望价法　　　　　　　　　D. 森林景观重置成本法

2. 幼龄林常用(　　)进行评估。

    A. 市场法　　　　　　　　　　　　B. 成本法

    C. 收益法　　　　　　　　　　　　C. 假设开发法

3. (　　)是以国土保安、防风固沙、改善农业生产条件等防护功能为主要目的的森林。

    A. 经济林　　　　　　　　　　　　B. 防护林

    C. 竹林　　　　　　　　　　　　　C. 其他林木

4. 下列关于资源资产的说法中,不正确的是(　　)。

    A. 资源资产具有天然性、有限性、稀缺性和生态性

    B. 自然资源具有使用价值,是经济发展的基础,其就等同于资源资产

    C. 资源资产能够以货币计量

    D. 资源资产具有获益性

5. 资源性资产与自然资源相比,二者(　　)。

    A. 等同　　　　　　　　　　　　　B. 本质不同

    C. 物质内涵一致　　　　　　　　　D. 物质内涵不一致

6. 环境资源属于(　　)。

    A. 耗竭性资源　　　　　　　　　　B. 非耗竭性资源

    C. 可再生资源　　　　　　　　　　D. 人文社会资源

7. 森林资源属于（　　　）。

    A. 耗竭性资源   B. 可再生非耗竭性资源

    C. 恒定的非耗竭性资源   D. 人文社会资源

8. 矿产、土地资源是（　　　）。

    A. 可再生资源   B. 人文社会资源

    C. 不可再生资源   D. 经济资源

9. 资源资产评估的实质是（　　　）。

    A. 各类资源资产实体   B. 有形资产与无形资产的结合体

    C. 使用资源经营权益的本金化   D. 使用资源经营权的费用化

10. 矿产发现权属于（　　　）。

    A. 地质勘查成果专用权   B. 矿业权

    C. 探矿权   D. 采矿权

二、多项选择题

1. 森林景观资产的特点包括（　　　）。

    A. 资源稀缺性   B. 分布地域性

    C. 功能多样性   D. 动态变化性

2. 影响矿业权价格的政策因素主要有（　　　）。

    A. 矿业制度   B. 税收政策

    C. 环境保护政策   D. 矿床丰度

3. 搜集矿产资源资产评估资料应包括（　　　）。

    A. 评估对象权属资料

    B. 评估对象目前和历史状况及相应的证明材料

    C. 地质勘查类资料

    D. 矿山开发（预）可行性研究、初步设计、开发利用方案类资料

    E. 财务会计及生产经营资料

4. 非耗竭性资源包括（　　　）。

    A. 气候资源   B. 森林资源

    C. 土地资源   D. 矿产资源

    E. 水资源

5. （　　　）等包括在资源资产评估范围中。

    A. 矿产资源实物资产   B. 地质勘查成果专有权无形资产

    C. 基础地质成果专有权无形资产   D. 矿产发现权

    E. 探矿许可证

6. 影响矿产资源资产价值的因素中，关于科技进步对矿产资源资产价值的影响说法正确的有（　　　）。

    A. 会使一些没有被利用的或者被认为无法利用的伴生元素或矿物得到开发和利用，从而使矿产资源总规模扩大，市场供给增加

    B. 可以发现已被使用的矿产资源新的或更有效的利用价值

    C. 可以发现和创造对矿产资源开发、利用更有效的方法，使采掘企业的技术经济指标

　　发生显著变化

    D. 可以提高开采效率,增加矿产产量

    E. 可以发现和创造更加有效或现代化的找矿方法,是矿产资源普查和详查的成本和风险降低

7. 地质勘查风险主要包括(　　)。

    A. 找矿风险　　　　　　　　　B. 技术进步

    C. 技术风险　　　　　　　　　D. 储量减少风险

    E. 替代品出现

8. 下列说法中,说法不正确的是(　　)。

    A. 矿床勘探报告可以无偿使用

    B. 一般而言,资源的稀缺程度越高,可替代程度也就越高,其资产价值也就越高

    C. 矿床的自然丰度越高,开采所需投入的成本也越高。企业的超额利润会越小。矿产资源资产价值也会相应减少

    D. 矿床距离加工消费地越远,运输条件越恶劣,矿产资源的价值往往会越低

    E. 矿床的地理位置对矿产资源价格的影响有时甚至超过矿床本身的丰度

三、计算题

　　东溪林场杉木用材林林地,每公顷用材量为 75 m³,杉木平均时价为 800 元/m³,投资收益率为 6%,试计算其林地价。(通过查询获知,当地的林地地租占产值 5%的比例)

第六章　无形资产评估

第一节　无形资产评估基础知识

一、无形资产及其分类

（一）无形资产概念

无形资产是指企业拥有或者控制的没有实物形态的可辨认非货币性资产。无形资产具有广义和狭义之分，广义的无形资产包括货币资金、应收账款、金融资产、长期股权投资、专利权、商标权等，因为它们没有物质实体，而是表现为某种法定权利或技术。但是，会计上通常将无形资产作狭义的理解，即将专利权、商标权等称为无形资产。

1. 我国《资产评估准则——无形资产》中的定义

无形资产，是指特定主题所控制的、不具有实物形态、对生产经营长期发挥作用且能带来经济利益的资源。该定义从资产评估角度对会计定义所界定的无形资产范围予以扩展，明确会计记录中没有涵盖的不可确指无形资产是构成无形资产价值的组成部分。

2. 《国际资产评估准则》中的定义

无形资产，是指以其经济特性而显示其存在的一种资产；无形资产无实物具体的物理形态；但为其拥有者获取了权益和特权，而且通常为其拥有者带来收益。该定义着重强调无形资产的经济特性及非实物特性。

（二）无形资产特点

无形资产除了具有一般资产的共性外，作为评估对象的无形资产还具有如下特点：

1. 附着性

无形资产虽然没有具体的物质实质，但是无形资产具有一定的有形表现形式，如合同、许可证、客户名单、财务报表、专利证书、注册商标权证书、技术图纸、电脑软盘等。无形资产无论技术含量多高，只有附着于有形载体上才能发挥作用。因此，在具体评估活动中，要通过判断有关无形资产权利的法律文件或者其他证明材料来判断无形资产的存在。不同的无形资产其有形证明材料不同，如专利法律文件是专利主管部门颁发的专利证书、专利说明书、商标图案等。同一无形资产也有不同的证明资料，如专利的所有者权利法律文件是专利证书、权利要求书等，而专利的许可权利是专利许可合同等。无形资产的附着性特点决定了无形资产不存在有形损耗，其价值取决于无形要素的贡献。

2. 效益性

无形的事物不一定都是无形资产，成为评估对象的无形资产必须能够以一定的方式，直接或间接地为其所有者或控制者在较长时期内带来持续的经济效益。无形资产的效益性表现为使用无形资产所带来的超额利润或垄断利润。这也是无形资产价值评估的前提条件。

3. 共益性

无形资产与有形资产的重要区别是无形资产可以作为共同财产同时为不同的使用者带来利益,如同一个计算机软件操作系统可以为成千上万人同时使用,这是由于无形资产的初创成本远高于其边际成本的缘故。例如,一粒新药的研制可能花上万元甚至上亿元,而第二粒及第上百万粒同样的药可能只需几角、几分。

4. 价值形成的累积性

无形资产自身的创造是不断累积的过程,无形资产自身的发展也是一个不断积累和演进的过程,因此,一方面无形资产总是在生产经营的一定范围内发挥特定的作用,另一方面,无形资产的成熟程度、影响范围和获利能力也处在变化之中。

5. 可测量性

无形资产是能被明确描述、可以量化的资产,无形资产能够从企业中分离或者划分出来,可以单独或者与相关合同、资产或负债一起用于出售、转移、授予许可、租赁或者交换,显示其价值形态。

6. 内涵的丰富性

无形资产按照来源可划分为外购无形资产和自创无形资产,按照能否独立存在又可以分为可确指无形资产和不可确指无形资产。我国的《会计准则——无形资产》明确规定,对核算单位自创的无形资产在依法取得前,一般不需要单独进行计价,其研发过程发生的材料费、直接参与开发人员的工资及福利费、开发过程发生的租金、借款费用等直接计入当期费用。对核算单位自创并依法取得的无形资产,也只把依法取得时发生的注册费、聘请律师费等费用作为该无形资产的实际成本。而在评估方面,委托评估的无形资产是不受自创或外购的条件限制的,其成本估算的范围也不完全与无形资产会计准则对其的规定一致。对不可确指的无形资产——商誉进行计价时,会计与评估各自的计价方法和口径等也不完全一样。

7. 非标准性

作为评估对象的无形资产与其他类别资产不同,不是按照某一标准构造出来。无形资产的产生具有一定的偶然性和随机性,即时按照同样的程序,投入同样的人力、物力、财力,也不一定建造出同样的无形资产。无形资产的价值就在于它的特殊性。

(三) 无形资产的分类

对无形资产可以按照以下标准进行分类:

1. 按存在期限划分

可分为有期限无形资产和无期限无形资产。有期限无形资产是指资产的有效期为法律或合同加以规定的无形资产,如专利权、版权、特许权、商标权等;无期限无形资产是指资产的有效期限没有以法律或合同等形式加以规定的无形资产,如商誉、非专利技术等。

2. 按能否独立存在划分

可分为可确指无形资产和不可确指无形资产。可确指无形资产是指具有专门的名称,可以单独取得、转让的无形资产,如专利权、商标权等;不可确指无形资产是指不能够特别指认、无法单独取得或转让的无形资产,主要指商誉。

3. 按性质和内容构成划分

可分为知识型无形资产、权利型无形资产、关系型无形资产、结合型无形资产。知识型无形资产是指主要依靠人的知识、智力、技术创造的知识密集型无形资产,如专利、专有技术、版权等;权利型无形资产是通过法律行为创设的非知识型无形资产,如特许权、商标权、许可证等;关系型无形资产是指可以获得盈利条件的特殊关系,如顾客关系、客户名单、销售网络等;结合型无形资产是指由多种因素综合形成的无形资产,如商誉。

此外还有,按技术含量分为技术型无形资产和非技术型无形资产,按取得方式分为自创型无形资产和受让型(包括外购、继承、受赠等)无形资产,按作用领域分为促销型无形资产、制造型无形资产、金融型无形资产。

二、影响无形资产价格的因素

1. 开发成本

同其他资产一样,无形资产的开发成本也影响到其价值。虽然无形资产的开发成本较难界定,但是这不否定其对价值产生的影响,一般来说,技术复杂程度较高、需要较高开发成本的无形资产,其价值往往也较高。无形资产的开发成本包括发明创造成本、法律保护成本、发行推广成本等项目。

2. 产生追加利润的能力

在一定的环境、制度条件下,一项无形资产的价值高低与其未来能够产生的经济效益密切相关。也就是说,其能够为使用者产生的追加利润越多,其价值就越大。

3. 技术成熟程度

科技成果一般都有一个发展、成熟、衰退的过程。一项技术的开发程度越高,技术越成熟,运用该技术成果的风险就越小,其价值就相对越高。因而一项技术类无形资产成熟程度如何,直接影响到其价值的高低。不过一般来说,一项技术较为成熟的话,其替代技术或同类技术也比较成熟,该类技术的应用可能已经较为普遍,以致其产生超额利润的能力下降,其价值就较低。

4. 剩余经济适用年限

无形资产的剩余经济适用年限越长,其价值相对就越高。无形资产的剩余经济适用年限的长短,取决于该无形资产在评估基准日的先进程度、无形损耗的程度、剩余法律保护的长短因素。

5. 无形资产权利的内容

无形资产权利内容的丰富程度影响到其价值的高低。比如,一项无形资产所有权价值高于该无形资产的使用权价值,一项可以在较广阔地域范围内适用某无形资产的权利的价值,高于上述在地域范围内的一个相对狭小地区适用该无形资产的权利的价值。

6. 同类无形资产的市场状况

无形资产的价值高低最终是市场供求作用的结果,因而同类无形资产的市场供求状况及市场价格的高低,必然影响该无形资产的价值。

7. 同类无形资产的发展及更新趋势

同类无形资产的发展及更新速度越快。该无形资产的贬值速度就越快,其预期能够创造超额利润的期限就越短,从而价值也就越低。

三、无形资产的评估程序

第一步:明确评估目的与评估对象。

第二步：鉴定无形资产状况。

（1）确认无形资产存在

1）核查无形资产是否被委托者所拥有或为他人所有。

2）查询被估无形资产的内容、国家有关规定、专业人员评价情况、法律文书等，核实资料的真实性、可靠性和权威性。

3）分析鉴定无形资产使用的技术和经济条件，鉴定其应用能力。

4）分析评估对象是否形成了无形资产。

有的专利、商标等尽管受到法律保护，但是没有实际经济意义。

（2）区别无形资产种类

主要是确定无形资产的种类、具体名称和存在形式。防止重复评估或者需要合并评估的而被人为分开进行评估。

（3）确定无形资产有效期限

无形资产有效期限是其存在的前提，是否超过法律保护期限或者是否被撤回或者失效等是判断无形资产有效期限的重要因素。

第三步：确定评估途径和方法，收集相关资料。

第四步：整理并撰写评估报告，做出评估结论。

第五步：明确无形资产评估方法。

第二节　可确指无形资产价格评估

无形资产按其独立存在形式分为可确指的和不可确指的两类。可确指的无形资产指可以单独出售、投资、转让，有专门名称，可个别取得或作为组成资产的一部分取得的权利。

一、著作权评估

（一）著作权概念及特点

著作权，也称为版权，是指作者对其文学、艺术和科学作品所享有的各项专有权利。它包括发言权、署名权、修改权、保护作品完整权、使用权和获得报酬权。这种基于文学、艺术和科学作品而产生的专有权，有的国家称作版权，有的国家称为著作权。

作品的版权包括精神权利和经济权利。

评估要考虑的是经济权利，指的是能够给版权人带来经济利益的权利。

版权的 17 种经济权利如下：

（1）复制权；

（2）发行权；

（3）出租权；

（4）展览权；

（5）表演权；

（6）放映权；

（7）广播权；

（8）信息网络传播权；

（9）摄制权；

（10）改编权；

（11）翻译权；

（12）汇编权；

（13）出版者对其出版的图书、期刊的版式设计的权利；

（14）表演者对其表演享有的权利；

（15）录音、录像制作者对其制作的录音、录像制品享有的权利；

（16）广播电台、电视台对其制作的广播、电视所享有的权利；

（17）应当由著作权人和与著作权有关权利人享有的其他权利。

版权的保护期：

（1）作者的署名权、修改权、保护作品完整权的保护期不受限制。

（2）公民的作品，其发表权、使用权和获得报酬权的保护期为作者终身及其死亡后 50 年；如果是合作作品，截止于最后死亡的作者死亡后 50 年；单位作品保护期为首次发表后 50 年。

（3）计算机软件的保护期限，属于自然人所有的，同上，属于法人或者其他组织所有的，保护期 50 年，截止于软件首次发表后第 50 年的 12 月 31 日，但软件自开发完成之日起 50 年内未发表的，不再保护。

（4）电影、电视、录像和摄影作品的发表权、使用权和获得报酬权的保护期截止于作品首次发表后的 50 年。

著作权的特点：

（1）著作权主体范围具有广泛性。与专利权、商标权相比较，著作权主体的范围更加广泛，根据我国《著作权法》的规定，自然人、法人、非法人单位以及国家都可以成为著作权的主体。同时，由于法律对著作权主体的限制并不严格，因此，未成年人和外国人都可以成为著作权的主体。

（2）著作权的客体具有多样性和广泛性。作为著作权客体的作品的表现形式多种多样，范围十分广泛，包括文字作品、口头作品、音乐作品、戏曲作品、曲艺作品、舞蹈作品、美术作品、计算机软件、民间文学艺术作品等，比专利权、商标权的客体种类多，范围广。

（3）著作权的内容具有丰富性和复杂性。著作权中所包含的人身权和财产权方面的具体内容比较多：从人身权上看，主要有署名权、发表权、修改权、保护作品完整权等；从财产权上看，主要有复制权、发行权、获得报酬权、演绎权等。同时，由著作权客体的多样性和广泛性所决定，不同的著作权的内容不尽相同，具有复杂性。

（4）著作权的产生和保护具有自动性。现代各国著作权法大多对著作权采取"创作保护主义"的原则，即作品一经创作产生，不论是否发表，著作权即自动产生，开始受著作权法保护，与需经国家主管机关审查批准方能得到法律保护的专利权、商标权不同。

[2009 年度考题]　根据我国著作权法规，对于一项两人合作完成作品的署名权，其保护期为（　　）。

A. 作品完成之日起 50 年

B. 作品首次发表日起 50 年

C. 最后一位死亡的作者死亡之日起 50 年

D. 永久

【正确答案】 C

（二）著作权评估的工作流程

第一步：明确评估目的与评估对象；

第二步：鉴定著作权状况（包括著作权的作用大小、剩余寿命和获利能力）；

第三步：明确评估途径和方法，收集相关资料；

第四步：整理并撰写评估报告，作出评估结论。

（三）著作权的价值影响因素

（1）作品作者和著作权权利人的基本情况；

（2）作品基本情况，包括作品创作完成时间、首次发表时间、复制、发行、出租、展览、表演、放映、广播、信息网络传播、摄制、改编、翻译汇编等使用情况；

（3）作品的类别，包括文字作品，口述作品，音乐、戏剧、曲艺、舞蹈、杂技艺术作品，美术、建筑作品，摄影作品，电影作品和以类似摄制电影的方法创作的作品，工程设计图、产品设计图、地图、示意图等图形作品和模拟作品，计算机软件，法律、行政法规规定的其他作品；

（4）作品的创作形式，包括原创或者各种形式的改编、翻译、注释、整理等；

（5）作品的题材类型、体裁特征等情况；

（6）著作权和与著作权有关的权利的情况及登记情况；

（7）各种权利限制情况，包括相关财产权利在时间、地域方面的限制以及质押、诉讼等方面的限制；

（8）与作品相关的其他无形资产权利的情况；

（9）作品的创作成本、费用支出；

（10）著作权资产以往的评估和交易情况，包括转让、许可使用以及其他形式的交易情况；

（11）著作权权利维护情况，包括权利维护方式、效果、历史上的维护成本费用支出等；

（12）宏观经济发展和相关行业政策与作品市场发展状况；

（13）作品的使用范围、市场需求、经济寿命、同类产品的竞争状况；

（14）作品使用、收益的可能性和方式；

（15）同类作品近期的市场交易及成交价格情况。

（四）著作权的评估

由于著作权所包含的具体权利种类多，且权利之间相互交叉，因此，著作权价值评估具有相当的难度。虽然其使用的评估方法，如成本法、市场法和收益法在原理上与评估其他资产是一样的，但是在实际运用到著作权的评估时，又具有特殊性。

【例 6-1】 预计某图书定价为 24 元/册，在著作使用权合同 10 年期内的总发行量估计能够达到 50 000 册，前 5 年的年销售量为 7 000 册，后五年的年销售量为 3 000 册，版税率（即收入提成率）为 10%，稿酬的所得税率为 20%。折现率为 10%。试评估该著作使用权的价值。（注：稿酬的应纳所得税额为：应纳税所得额×税率（20%）×（1−30%）。每次收入不超过 4 000 元的，扣除费用 800 元之后，其余为应纳税所得额；4 000 元以上的，扣除 20% 的费用之后，其余为应纳税所得额。）

解：1. 前 5 年与后 5 年的年版税收入分别为：

$$7\ 000 \times 24 \times 10\% = 16\ 800(元)$$

$$3\,000 \times 24 \times 10\% = 7\,200(元)$$

2. 前五年与后五年的年所得税后版权收入为：

$$16\,800 - 16\,800 \times (1-20\%) \times 20\% \times (1-30\%) = 14\,918(元)$$

$$7\,200 - 7\,200 \times (1-20\%) \times 20\% \times (1-30\%) = 6\,394(元)$$

3. 该著作使用权价值为：

$$14\,918 \times (1-1/1.1^5)/0.1 + 6\,349 \times (1-1/1.1^5)/0.1 \times 1.1^5 = 71\,495(元)$$

【例 6-2】　某已获著作权的艺术作品,并有 10 年使用历史。据悉,如重创同样作品所需材料成本费为 8\,000 元,其他成本费用为 34\,800 元,该项艺术作品的评估中,有两项增、贬值因素:一是该项作品系采取传统技法,曾经使用 10 年,但仍可增值 12%;二是因艺术加工、创造技术的改进,使一般作品质量相应提高,故被评估作品相应有 4% 的贬值。若被评估艺术作品仍可有 55 年的著作权保护期,且折现率以 12% 计,要求评估这一艺术作品的价值。

解:可知该项艺术作品的著作权重置成本 A 为其材料成本 B 和其他成本 C 之和,即:

$$A = B + C = 8\,000 + 34\,800 = 42\,800(元)$$

但是考虑到著作权不同于其他产权。其增、贬值与艺术性、科学性及适用性相关,而与作品所用材料关系不大。因此,在评估艺术作品的价值时,特别是在涉及由于使用年限及作品的功能因素变化对著作权的影响价值时,应剔除材料成本。这样,艺术作品由于因素变化可产生的影响值 D 为:

$$\begin{aligned}
D &= 34\,800 \times (1+12\%) \times (1-4\%) - 34\,800 \\
&= 37\,416.96 - 34\,800 \\
&= 2\,616.96(元)
\end{aligned}$$

艺术作品著作权的折现因素 Q,年金现值系数计算公式中,r 为折现率,t 为年数,折现率 $r = 12\%$,$t = 55$。

因此,艺术作品著作权重估价值 P 为:

$$\begin{aligned}
P &= (著作权重置成本 \pm 年限、功能因素对著作权价值额) \times 折现因素 \\
&= (A \pm D) \times Q \\
&= (B + C + D) \times Q \\
&= (8\,000 + 34\,800 + 2\,616.96) \times 8.32 \\
&= 377\,869.11 \approx 380\,000(元)
\end{aligned}$$

二、专利权评估

(一) 专利权的评估

专利权简称专利,是国家专利机关依法批准的、授予发明人或其权利受让人在一定期间内对其发明成果享有的独占权或专有权。专利权一般包括发明专利、实用新型和外观设计。发明和使用新型专利权被授予后,除另外规定的以外,任何单位或者个人未经专利权人许可,都不得实施其专利,即不得为生产经营目的制造、使用、销售、进口其专利产品,或者使用其专利方法以及使用、销售、进口依照该专利方法直接获得的产品。外观设计专利权被授予后,任何单位或者个人未经专利权人许可,都不得实施其专利,即不得为生产经营目的制造、使用、销售、进口其外观设计专利产品。

1. 专利权的特点

（1）独占性。独占性也称排他性，指同一内容的技术发明只授予一次专利，对于已取得专利权的技术，任何人未经许可不得进行营利性实施。任何人如果要利用该项专利进行生产经营活动或出售使用该项专利制造的产品，需事先征得专利权所有者的许可，并付给报酬。

（2）地域性。《中华人民共和国专利法》是一个国内法，任何一项专利只有在其授权范围内才有法律效力，在其他地域范围内不具有法律效力。

（3）时间性。依法取得的专利权在法定期限内有效，受法律保护。期满后，专利权人的权利自行终止。我国《中华人民共和国专利法》规定，发明专利的保护期为20年，实用新型和外观设计保护期限为10年。

（4）可转让性。专利权可以转让，由当事人订立合同，并经原专利登记机关或相应机构登记和公证后生效，专利权一经转让，原发明者不再拥有专利权，购入者继承专利权。

2. 专利资产评估目的

专利权转让形式分为全权转让（所有权转让）和许可使用权转让。

许可使用权转让中的要素

（1）使用权限。

按专利使用权限的大小，可分为：

① 独占使用权（只有一个使用者，价格高）

是指在许可合同所规定的时间和地域范围内卖方只把技术转让给某一特定买主，买方不得卖给第二家买主。同时卖主自己也不得在合同规定范围内使用该技术和销售该技术生产的产品。显然，这种转让的卖方索价会比较高。

② 排他使用权（只有二个使用者）

指卖方在合同规定的时间和地域范围内只把专利授予买方使用，同时卖方自己保留使用权和产品销售权，但不再将该技术转让给第三者。

③ 普通使用权（二个以上使用者）

是指卖方在合同规定的时间和地域范围内可以向多家买主转让专利，同时卖方自己也保留专利使用权和产品销售权。

（2）地域范围

专利许可证大多数都规定明确的地域范围，如某个国家或地区，买方的使用权不得超过这个地域范围。

（3）时间期限

专利许可证合同一般都规定有效期限，时间的长短，因技术而异。一项专利技术的许可期限一般要和该专利的法律保护期相适应。

3. 专利资产评估程序

第一步：确认专利资产的存在。

（1）明确专利的基本情况

1）专利名称

2）专利类别：发明专利（新的技术方案）、实用新型专利（有"型"的小发明）和外观设计专利。

3）专利申请的国别或者地区（专利权仅仅在申请国或确定范围内有效）。

4）专利申请号或专利号。

5）专利的法律状态,包括所有权人(在申请阶段为专利申请人、授权后为专利权人)及其变更情况,专利所处的专利审批阶段、年费缴纳情况、专利权的终止、恢复、质押,是否涉及法律诉讼或处于复审、宣告无效状态。

6）专利申请日,专利申请日是专利保护期限的起始时间。我国实行先申请原则(即专利权将授予最先申请的人)。专利申请日指国务院专利行政部门收到专利申请的请求书、专利书和权利要求书的日期,邮寄的以寄出的邮戳日为申请日,如邮戳日不清晰的,除当事人能够提出证明外,以国务院专利行政部门收到日为递交日。

7）专利授权日,他是专利的生效日,是经过实质性审查合格后国务院专利行政部门所指定的法定公告日期。

8）专利权利要求书所记载的权利要求。

9）专利使用权利(包括专利权独占许可、普通许可和其他形式的许可)。

（2）核实专利权的有效性

对专利技术有效性的判断包括两个层次:

1）核实该专利是否为有效专利,著录项目是否属实。

确认专利权的法律状态是否有效,不能够仅仅凭《专利证书》进行判断,失效的专利证书国家并没有收回,而是在《专利公报》上公告作废。需要委托方提供专利管理机构出具确认证明或者通过检索,确认专利的法律状态是否有效。

对于向专利局提出申请正在受理中的专利申请权,要核实专利局发出的《受理通知书》和缴费凭证等。

2）核实该专利是否具有专利性。

我国对实用新型专利实行"初步审查"制度,很多已经授权的实用新型专利是不符合专利法的实质性要求的,可能经过无效程序,丧失专利权。

第二步:搜集相关资料,确定评估方法。

专利资产评估应用收益法情形较多,也可以使用成本法和市场法。

（1）注意以下问题对评估方法选取的影响:

1）不能够确认为资产的技术,不能够进行评估。

2）尚未完成,但是预计能够完成。对未来市场参数、财务参数、投资参数不确定性较大时,不宜采用收益法评估。

3）对于委估专利资产的发明与研制成本无关而重要的是发明思想的情形,不应该选取成本法评估。

（2）评估人员应该收集的资料:

1）专利资产的权利人及实施企业基本情况。

① 专利权人。如果是企业,首先对企业营业执照上的信息进行披露,其次应主要了解企业性质、历史沿革、主营业务、产能、产品市场占有率、经营业绩等。如果是自然人,首先应对身份证上的信息进行披露,其次应主要了解其受教育背景、工作和科研经历。

② 实施企业。企业性质、历史沿革、主营业务、产能、产品市场占有率、经营业绩等情况。评估人员通过对专利权人基本情况的收集,可以了解专利权利主体的必要情况;通过收集实施企业基本情况,可以了解实施企业对专利实施的能力及其对专利获利能力的影响。

2）专利证书、最近一期的专利缴费凭证。

根据《专利法》的规定，在国务院专利行政部门决定授予专利权后，由专利权人办理登记手续，国务院专利行政部门将向专利权人颁发专利证书。专利证书正本仅一份，颁发后不再补发。颁发证书后，因种种原因变更的，也不再补发新专利证书，其变更事项记载在专利登记簿中，因而专利权有效的证明是专利登记簿副本。专利证书是专利获得授权的标志，通过最近一期的专利缴费凭证可以了解专利是否按期缴费，如果超过规定期限未缴费，其权利可能已终止。

3）专利权利要求书、专利说明书及其附图。

根据我国《专利法》的规定，发明或者实用新型专利权的保护范围以其权利要求的内容为准，说明书及附图可以用于解释权利要求。因而权利要求书是申请人要求给予专利保护的范围的重要文件，也是专利申请文件中的核心部分。一旦专利申请获得批准，权利要求书就是确定专利权范围和判断他人是否侵权的依据。因此，在专利技术评估中，对专利权利要求书、专利说明书及其附图的分析是非常重要的。

4）专利技术的研发过程、技术实验报告、专利产品检测报告。评估人员通过专利研发过程资料的收集，可以大致了解专利的复杂程度。通过技术实验报告和专利产品检测报告，可以掌握专利产品的性能及达到的标准。评估人员通过对专利资产所属技术领域的发展状况、技术水平、技术成熟度、同类技术竞争状况、技术更新速度等信息和资料的了解，判断拟评估专利在同领域的技术地位，从而确定其获利能力，进而对收益期限、贴现率等参数进行选取。

5）专利产品的适用范围。

评估人员收集分析专利产品的适用范围、专利产品的获利能力等相关的信息、资料，可以明确专利产品的适用性及其所属行业。另外，专利产品的使用范围、应用领域不同，其获利能力与获利方式也不同，在专利评估中使用范围和应用领域的界定对专利价值的判断有着重要影响。

6）市场需求、市场前景及市场寿命、相关行业政策发展状况、同类产品的竞争状况等相关的信息、资料。

评估人员通过这些信息的收集，可以了解专利产品所属行业的发展水平、市场规模及容量，以及国家对该行业发展实施的政策、该行业内同类产品的竞争状况及行业发展前景等。资料的收集和分析，是运用收益法评估专利中预测专利未来盈利、收益期间及折现率等参数选取的重要依据。

7）宏观经济政策。

专利实施需通过企业实现，企业的运营受经济宏观环境影响。国家的财政、货币、税收、产业政策的宏观调控结果与国民生产总值的变化，将会影响到专利实施产品的市场供求关系，也会影响到实施企业的经营成本。同样，宏观经济环境直接和间接地影响专利的价值实现。

8）专利产品的获利能力等相关的信息、资料。

对专利产品以往形成的收入、成本、费用的分析，是运用收益法预测专利未来盈利水平的基础条件。

9）专利以往的评估和交易情况。

同一专利在是否经许可，或者在不同形式的许可使用情形下，其价值是不同的。因此，专利以往的交易情况会对其价值产生重大影响。另外，了解专利以往的评估及交易情况，并结合当前评估的有关情况对比考虑分析,也可提高评估结果的可靠性。运用市场法评估时,收集专利以往的评估及交易情况,可帮助了解专利的可交易性、实施范围、交易条件、目前权利状况的限制等,并且历史交易信息本身就是很好的参考交易案例。运用收益法评估时,了解专利以往的评估及交易情况,可分析过去评估中所做的盈利预测模型与实际情况是否吻合,对存在差异的原因进行分析,在本次评估中进行借鉴。

第三步:信息资料核查分析,评定估算。

第四步:完成评估报告,并加以详尽说明。

4. 专利权的评估

专利权评估多数实用收益法,有时候也使用成本法。

(1) 收益法。收益法评估的关键是确定收益额、折现率和收益期限。折现率和收益期限的确定在上一节已经介绍。这里仅仅以例子来介绍收益法评估专利权价值。

【例 6-3】 甲公司自行开发了一项专利技术,并获得实用新型专利证书,保护期 10 年。甲公司拟将这项专利使用权转让给乙企业,拟采用利润分成支付方法,现需要对该项专利技术进行评估。经过评估人员核查测算,获得信息资料如下。

① 该项技术已在某科技发展公司使用了 4 年,剩余保护期 6 年。产品已进入市场,并深受消费者欢迎,市场潜力较大。因此,该项专利技术的有效功能较好。

② 根据对该类专利技术的更新周期以及市场上产品更新周期的分析,确定该专利技术的剩余使用期限为 4 年。

③ 专利的账面成本为 100 万元,成本利润为 400%。

④ 乙企业资产的重置成本为 4 000 万元,成本利润率为 13%,通过对市场供求状况及生产状况分析得知,乙企业的年实际生产能力为 20 万件,成本费为每件 400 元,根据过去经营绩效以及对未来市场需求的分析,评估人员对未来 4 年的销售收入进行预测,结果如下表所示。

年份	销售收入(万元)
2010	600
2012	700
2013	900
2014	900

折现率为 10%,所得税率为 25%。试确定该专利的评估值。

解:① 利润分成率$=\dfrac{100\times(1+400\%)}{100\times(1+400\%)+4\,000\times(1+13\%)}=9.96\%$

② 未来每年的预期利润额如下表所示。

年份	预期利润(万元/件)	预期利润(万元)
2010	600-400=200	200×20=4 000
2012	700-400=300	300×20=6 000
2013	900-400=500	500×20=10 000
2014	900-400=500	500×20=10 000

③ 计算评估值

$$9.96\% \times (1-25\%) \times \left[\frac{4\,000}{(1+10\%)} + \frac{6\,000}{(1+10\%)^2} + \frac{10\,000}{(1+10\%)^3} + \frac{10\,000}{(1+10\%)^4} \right] = 1\,714.45(万元)$$

（2）成本法。成本法是指在评估专利权时，按专利权的重置成本扣减各种损耗后的金额来确定其评价值的一种方法。成本法应用于专利技术评估，重要的在于分析技术其重置成本的构成、数额以及相应的损耗率。

【例6-4】 某实业股份有限公司由于经营管理不善，企业经济效益不佳，亏损严重。将被另一股份公司兼并，现在需要对该实业公司全部资产进行评估。该公司有一项实用新型专利技术，于两年前自行研制开发，并已获得专利证书，期限为10年。现需要对该专利技术进行评估。评估分析和计算过程如下：

解：① 确定评估对象

该实用新型专利技术是企业自行研制开发并申请获得专利权，因此，该企业对其拥有所有权。目前，该企业被利民公司整理兼并。其中也包括该项专利技术，因此，确定的评估对象是专利技术的所有权。

② 技术功能鉴定

该专利技术的专利权证书、技术检验报告书均齐全。根据专家鉴定和现场勘察，表现该项专利技术应用中对于提高产品质量，降低产品成本均有很大作用，效果良好，与同行业同类技术相比，处于领先水平。至于企业经济效益不佳，产品滞销的原因，在于企业管理人员质量较低，管理混乱所致。

③ 评估方法选择

由于该公司经济效益欠佳，很难确切预计该项专利技术的超额收益；同时，同类技术在市场上尚未发现有交易案例，因此，决定选用成本法评估。

④ 参数的估算

重置成本的测算。由于该专利技术是企业自行开发的，其开发过程中的成本资料可从企业获得。

材料费用	45 000 元
工资费用	10 000 元
专用设备费用	6 000 元
资料费	1 000 元
资讯鉴定费用	5 000 元
专利申请费用	3 600 元
培训费	2 500 元
差旅费	3 100 元
管理费分摊	2 000 元
非专用设备折旧费分摊	9 600 元
合计	87 800 元

由于专利技术难以复制,因此各类消耗按过去实际发生的消耗量计算,对其价格可按现行价格计算。根据考察和测算,近两年人工费用价格上涨指数分别为 5% 和 7%;生产资料价值上涨指数分别为 3% 和 5%,根据上述资料,计算的重置成本为:

重置成本 $=(87\ 800-10\ 000)\times(1+3\%)\times(1+5\%)+10\ 000\times(1+5\%)\times(1+7\%)=95\ 370$(元)

时效性贬值率的计算。该项实用新型专利技术,法律的保护期限为 10 年。虽然还有 8 年的保护期限,但根据专家鉴定分析和预测,该专利技术的剩余经济寿命为 4 年。则:

时效性贬值率 $=4/8\times100\%=50\%$

⑤ 计算评估值

该项实用新型专利技术的评估值 $=95\ 370\times(1-50\%)=47\ 685$(元)

三、专有技术评估

(一)专有技术概念及特点

专有技术,也称非专利技术、技术秘密,是指未经公开、未申请专利的知识和技巧,主要包括设计资料、技术规范、工艺流程、材料配方、经营诀窍和图纸、数据等技术资料。专有技术与专利权不同,从法律角度讲,它不是一种法定的权利,而仅仅是一种自然的权利,是一项收益性无形资产。除此之外,专有技术在内容、适用法律等方面与专利技术也存在不同,如表 6-1 所示。

表 6-1 专利技术与专有技术的区别

项目	区别				
专利技术	法定权利	经公开	发明适用新型外观设计	《中华人民共和国专利法》	有明确法律保护期
专有技术	自然权利	未经公开	技术内容广泛,包括设计资料、技术规范、工艺流程、材料配方、经营诀窍和图纸等	《中华人民共和国合同法》、《中华人民共和国反不正当竞争法》	没有明确法律保护期

专有技术的特点:

(1)实用性。专有技术必须是能够在生产经营中使用,能给企业带来经济利益的技术。专有技术的实用性是经过实践检验过的,不能应用的技术不能成为专有技术。

(2)保密性。凡是公众容易得知的技术、经验、方法等技术内容,均不能作为专有技术,这是专有技术区别于专利权最重要的特点,专有技术所有者通过保密手段进行自我保护。

(3)可传授性和可转让性。专有技术可以传授和转让他人,其传授方式除书面文字图表形式外,可采用视听实际操作演示等形式进行传授,还可以通过使用许可的方式进行转让。

(4)没有保护期限。专有技术没有明确的保护期限,只要技术没有被泄漏,它就可以无限期地使用下去。

(二)影响专有技术价值的因素

(1)专有技术的预期获利能力。

（2）分析专有技术的市场情况。

（3）专有技术的开发成本。

（4）专有技术的使用期限

（三）专有技术评估的工作流程

第一步：建立信息资料档案；

第二步：界定专利权权属；

第三步：明确评估范围；

第四步：选择评估方法并进行技术参数估算；

第五步：确定专利权评估值并完成评估报告。

（四）专有技术的评估

专有技术的评估方法与专利权评估方法基本相同，使用收益法和成本法。需要注意的是我国《企业会计制度》规定，自行开发并按法律程序申请取得的无形资产实际成本，仅由按依法取得时发生的注册费、聘请律师费等费用构成。在研究与开发过程中发生的材料费用、直接参与开发人员的工资及福利费、开发过程中发生的租金、借款费用等，直接计入当期损益。所以，采用成本法估算的专有技术价值与其账面价值有很大差异，评估人员应考虑按社会客观标准，把研究与开发过程中发生的材料费用、直接参与开发人员的工资及福利费、开发过程中发生的租金、借款费用等计入评估值。

【例 6－5】 评估某项专有技术

根据调查分析，确定专有技术受益期限为 5 年，评估基准日为 2015 年 12 月 31 日。所得税率为 25%。试根据有关资料确定该非专利技术评估值。

解析：1. 测算未来 5 年的收益，预测结果见下表。

项目	第一年	第二年	第三年	第四年	第五年	合计
销售量（件）	35	40	40	40	40	155
销售单价（万元）	2.2	2.2	2.2	2.2	2.2	
销售收入（万元）	77	88	88	88	88	429
减：成本、费用（万元）	22	28	28	28	28	134
利润总额（万元）	55	60	60	60	60	295
减：所得税（万元）	0	0	0	15	15	30
税后利润（万元）	55	60	60	45	45	265
专有技术分成率（%）	40	40	40	40	40	
专有技术收益（万元）	22	24	24	18	18	106

2. 确定折现率。根据银行利率去顶安全利率 6%，根据技术所属行业及市场表现确定风险率为 14%，由此确定折现率为 20%。

3. 计算确定评估值

$$评估值 = \sum_{i=1}^{5} \frac{R_i}{(1+r)^i}$$

$$= 22 \times 0.833\,3 + 24 \times 0.694\,4 + 24 \times 0.578\,7 + 18 \times 0.482\,3 + 18 \times 0.401\,9$$

＝64.8(万元)

【例 6 - 6】　某企业现有不同类型的设计图纸 10 万张,需进行评估。估算过程如下:

第一步,鉴定图纸的适用情况。评估人员根据这些图纸的尺寸和所给产品的种类、产品的周期进行分析整理。根据分析,将这些图纸分成以下 4 种类型(这也是一般用于确定图纸类型的标准)。

(1)活跃/当前型:8.2 万张。指现在生产,可随时订货的产品零部件、组合件的工程图纸及其他工艺文件。

(2)半活跃/当前型:0.6 万张。指目前已不再成批生产但仍可订货的产品零部件、组合件的工程图纸及其他工艺文件。

(3)活跃/陈旧型:0.9 万张。指计划停止生产但目前仍可供销售的产品的零部件、组合件的工程图纸及其他工艺文件。

(4)停止生产而且不再销售的产品的零部件、组合件的工程图纸及其他工艺文件,计 0.3万张。

根据分析确定,继续有效使用的图纸为 8.2 万张

第二步,估算图纸的重置完成成本。根据图纸设计、制作耗费及其现行价格分析确定,这批图纸每张的重置成本为 200 元。由此可计算出这批图纸的重置完成成本。

图纸的重置完全成本＝82 000×120＝9 840 000(元)

四、商标权价值评估

(一) 商标权的概念及特点

商标是一种商品或服务区别其他同类商品或服务所使用的特殊标记,一般由文字、图案或两者组合而成。商标标志着特定商品或服务的质量、性能和技术指标,表明商品或服务的来源,反映企业声誉,直接影响到商品或服务的销售市场及企业的生存形象。

商标权特指注册商标专用权,是商标所有者对注册商标依法享有的权利,商标权是一个集合概念,它包括商标所有权和与此相联系的商标专用权、商标续展权、商标转让权、商标许可权、法律诉讼权等。其中商标专用权,即注册商标的专有使用权,是商标权最主要法律特征的表现,没有商标专用权,商标权也就失去了存在的意义。商标权的评估,就是对注册商标专用权的评估。商标权是以申请注册时间先后为审批依据,而不以使用时间先后为审批依据。《中华人民共和国商标法》规定商标权有效使用期为 10 年,10 年后可以按照每期 10 年无限续展。

商标权的特点:

(1)专有性。又称独占性或垄断性。一个商标只能归注册人所享有,其他任何人未经注册商标所有人许可,不得在与核定商品相同或类似范围内使用与该注册商标相同或近似的商标,否则构成商标侵权。

(2)地域性。经一国(或地区)商标注册机关核准注册的商标,其所有人的专用权被限定在该国(或地区)领域内,其他国家对该商标权没有保护义务。

(3)时效性。商标经商标注册机关核准之后,在正常使用的情况下,可以在某一法定时间内受到法律保护,该期间(即"有效期")届满后,商标权人如果希望继续使用注册商标并使之得到法律的保护,则需要按照法定程序,进行注册续展。在我国注册商标有效期为 10 年,有效期满后,商标权人如果希望继续使用并得到保护,须在到期前 12 个月内办理有关续展手续并缴

费。此期间未能办理的,可以给予 6 个月宽展期。商标续展的次数不限。

(二)影响商标权价值的因素

1. 商标的法律状态(证明存在)

① 商标注册情况

只有注册商标的才具有经济价值,没有注册的商标,即使能够带来经济效益,其经济价值也得不到确认。

② 商标权的失效

注册商标有效期 10 年,10 年届满没有申请续展,则商标的注册将备销,商标权失效。

以下几种情况可能导致商标权的无效:

自行改变注册商标的;

自行改变注册商标的注册人名义、地址或者其他注册事项的;

自行转让注册商标的;

连续 3 年停止使用的。

③ 商标权的续展

商标注册人按期提出续展申请,经商标局核准,商标权可以无限续展。

④ 商标权的地域性

⑤ 商标权在特定的商品范围内有效

商标注册申请采用"一类商品、一个商标、一份申请",超出注册范围的商品使用商标带来的收益不应该计入商标资产的预期收益之中

2. 评估目标(影响价值类型)

从商标权转让方来说,可以分为商标权转让和商标权许可使用。

3. 商标的知名度

4. 商标声誉维护

5. 商标设计(扩大知名度)

6. 商标所依托的商品

商标所带来的收益是依托相应的商品来体现的。

7. 宏观经济状况(影响收益)

8. 类似商标的交易情况

9. 其他因素

【2009 年度资评考题】 商标权与专利权相比,具有(   )的特点。

A. 受专项法律保护

B. 能为企业带来超额收益

C. 共益性

D. 保护期限可续展

【正确答案】 D

(三)商标权评估的工作流程

第一步:明确评估目的(投资、许可使用或转让等);

第二步:向委托方收集有关资料;

第三步:市场调研;

第四步:确定评估方法(收益法、市场法或成本法);

第五步:计算、分析、完成评估报告。

(四) 商标权的评估方法

商标权的评估主要是以商标权转让和商标权使用许可为目的的。商标权之所以能独立转让或许可他人使用,是因为使用商标可以带来超额收益或提成收益。因此,商标不是作为一般商品,而是作为一种获利能力进行转让的,商标权价值应依据其提供的超额收益或者提成收益来确定。商标权价值评估方法一般采用收益法。

(1) 超额收益法。商标权作为一种无形资产,其价值体现在商标为企业所提供的超额收益上。具体计算公式为:

$$P = \sum_{t=1}^{n} \frac{R_t}{(1+i)^t} \qquad (6-1)$$

式中,R_t——年超额收益;

　　　t——使用年限;

　　　i——折现率。

【例 6-7】　某公司拟将使用了 10 年并已续展 10 年的 A 产品注册商标转让给甲企业。经过调查,该公司使用该商标生产的产品比其他企业生产的同类产品单价高 200 元。甲企业每年生产该产品 20 万件。假设折现率为 15%,试对该注册商标价值进行评估。

解:运用超额收益法,该注册商标价值计算如下:

$$P = \sum_{t=1}^{n} \frac{R_t}{(1+i)^t} = \sum_{t=1}^{10} \frac{200 \times 20}{(1+15\%)^t}$$
$$= 4\,000 \times 5.018\,8 = 20\,075.2(万元)$$

(2) 提成收益法。提成收益法是通过确定无形资产提成率和提成年限以及无形资产的获利能力来确定其评估价值的一种方法。提成收益法可用于商标使用许可的评估(商标使用权评估)

商标许可证贸易通常是伴随着技术转让、管理咨询、质量监督等一起进行的。对商标使用权评估,要根据被许可方的新增收益来进行,一般情况下,被许可方的新增收益额年限较容易确定,关键是确定一个合理的分成率。下面举例说明提成收益法再商标使用权价值评估中的应用。

【例 6-8】　某公司通过签订许可使用合同,许可大江企业使用其拥有的 A 产品注册商标,合同约定使用期限 3 年。经预测,大江企业使用该商标后,每台产品可新增利润 180 元,每年的销售量分别为 30 万台、35 万台和 38 万台。确定的利润分成率为 30%,折现率为 15%。试评估该商标使用权价值。

解:以下对商标使用权价值评估:

$$p = \sum_{t=1}^{n} \frac{R_t}{(1+i)^t} = 30\% \times \left[\frac{180 \times 30}{(1+15\%)} + \frac{180 \times 35}{(1+15\%)^2} + \frac{180 \times 38}{(1+15\%)^3} \right] = 4\,187.03(万元)$$

五、特许权评估

(一) 特许权的分类及特点

特许权,又称为特许经营权或专营权。它是指政府或企业所授予的在一定地区和时间范围内经营或销售某种特定商品的专有权利。特许权一般可分为两种：一种是政府特许的专营权，如生产许可证、进出口许可证、烟草专卖许可证等；一种是一企业特许其他企业使用其商标或特定区域内经营销售其产品的专营权。

1. 特许权的分类

特许经营权具有较强的时效性，其价值与剩余的许可有效期密切相关。特许权也有较大的限制性，有的不能转让；有的可以转让，但有期限和地域限制。特许经营权按对象分，主要有以下几类：

（1）特种行业经营权。特种行业是指要得到特别准许才能开业的行业。在我国，特种行业是对旅馆业、旧货业、修理业、印铸刻字业、按摩业等行业的总称。这类企业的数量是受到限制的，其获利情况一般较好。

（2）专卖垄断经营权。专卖垄断经营权是指国家对某种商品生产、销售和进出口实行垄断经营的权利。专卖一般是由法律确认，较专营更为规范，其目的是调节消费，稳定秩序，增加国家收入。烟草专卖是专卖的一种主要形式。

（3）实施许可证制度行业的经营权。实施许可证制度行业的经营权主要包括生产许可证、进出口许可证、水产捕捞许可证等。

（4）纯商业性的特许经营权。纯商业性的特许经营权主要体现为总公司给予加盟公司以特许生产权或营销权，并收取一定的费用。如可口可乐特许生产、经营权，现代商业连锁店等。

（5）资源性资产特许经营权。资源性资产特许经营权主要包括探矿权、采矿权、探矿许可证等。

2. 特许权的特点

（1）本质上是一种法律关系。特许经营权是一个拥有商标、商号或广告符号的所有者与希望在经营中使用这些标记的个人或团体之间建立的一种法律关系。权利的转让许可必须通过特许经营合同才能实现，即其只有通过特许经营协议才能实现其效益。

（2）一种独特的知识产权形态。特许经营权主要依靠商标、特殊技术手段和商业技术这三个基本方面为纽带进行的，是以大生产企业或批发企业以向中小企业有偿提供经营垄断权和经营技术为前提的，如出售或转让商标、专利、商号和特有的经营管理技术等组成的纵向联合体。因此，它具有一定的强制性和技术系统特色，属于一种独特的知识产权形态。

（3）企业的一项无形资产。特许经营权是特许企业将自己所拥有的商标、商号、特有产品、专利和专有技术、经营模式等，通过合同转让给受许人使用，并收取相应费用的一种权利了，权利的所有者是企业。企业为获得该权利往往耗费很多的物力、财力和人力。尤其是企业的经营模式，需要企业在长期的经营管理中反复探索才能形成不同于其他企业的具有独特性的专有权利。企业可通过转让该项权利获得利润，因此，它是企业的一笔无形财富，属于企业的无形财产。

（4）企业的一种经营权。与商标权、专利权和专有技术不同，它还是企业所专有的一种权利，属于企业的经营权的范围。尽管特许经营权可以通过转让商标、专利、专有技术而实现权利，但其本身不是商标权、专利权和专有技术权，二者不能相互替代。它更本质的是由特许人向受许人提供专长、经验和经营之道，特许人要为受许人提供全方位的服务，包括选址、培训、提供产品、营销计划和帮助融资，传授经营理念，特别是经营模式。所以，它是企业在经营中使用的一种权利。

（二）特许权的评估方法

特许经营权的价值主要体现在特许经营权的购买人，在生产经营中因特许权的适用而取得的经济效益，通常是超额利润或垄断利润，这是特殊经营权价值评估的依据。评估是可采用收益法。

【例6-9】　某烟草公司开业5年来一直具有良好的经济效益，为扩大公司规模拟设立联营公司，要求评估其烟草专卖许可证的价值。

经预测，该公司今后5年的税后利润分别是2 000万元、2 200万元、2 400万元、2 700万元和3 000万元。经分析，采用的折现率为10%，特许权提成率为30%。假定以第6年的收益作为永续年金收益，适用本金化率为15%。试确定该特许权的评估值。

计算公式为：
$$P = K \times \sum_{i=1}^{n} \frac{F_i}{(1+r_1)^i} + \frac{A}{r_2} \qquad (6-2)$$

式中：A——$(n+1)$年后的年金化收益；

　　　r_1——折现率；

　　　r_2——永续收益期的本金化率；

　　　K——特许权提成率。

解：根据上面公式，可求出该特许权的评估值如下：

特许权评估值 $P = K \times \sum_{i=1}^{n} \frac{F_i}{(1+r_1)^i} + \frac{A}{r_2}$

$$= 30\% \times \left[\frac{2\,000}{(1+10\%)} + \frac{2\,200}{(1+10\%)^2} + \frac{2\,400}{(1+10\%)^3} + \frac{2\,700}{(1+10\%)^4} + \frac{3\,000}{(1+10\%)^5} \right] + 30\% \times$$

$$\frac{3\,000}{(1+10\%)^5} \times \frac{1}{15\%}$$

$$= 2\,743.93 + 3\,725.53 = 6\,469.46（万元）$$

【例6-10】　某市拟发出租车牌照3 000个（假定十年内控制在此数），可使用十年期。所有出租车的票价由市出租车管理委员会统一规定，并保留对不遵守规章制度的牌照所有者处罚的权利。目前购买一辆出租车的成本是8万元，预期经济寿命为十年（残值为零）。一辆出租车一般每年正常运营330天，一天可赚毛收入200元。汽车和保养等成本费用为收入的30%，汽车保险费每年1000，每辆出租车向出租车管理委员会交纳的年费是500元，出租车司机的日时间机会成本为50元（全年365天均计入），所得税率为33%，年折现率为14%。试估算该市应对所发的每个出租车牌照收取的费用。

解：估算过程如下：

出租车运营的年毛收入为：330×200＝66 000（元）

年经营费用如下表：

项目	费用
司机的时间机会成本（工资）	365×50＝18 250（元）
汽油及保养等成本	66 000×33%＝19 800（元）
保险费	1 000（元）
年费	500（元）
合计	21 300（元）

年折旧费为：80 000/10＝8 000(元)

所得税为：(66 000－21 300－8 000)×33％＝12 111(元)

年纯收入为：66 000－21 300－12 111＝32 589(元)

未来 10 年纯收入的现值为：32 589×(1－1/1.14^{10})/0.14＝169 987(元)

每个出租车牌照价值为：169 987－80 000＝89 987(元)

第三节 不可确指无形资产价格评估

不可确指无形资产是指那些不可特别辨认、不可单独取得,离开企业就不复存在的无形资产,为不可确指的无形资产,如商誉。从无形资产分类概念可以看出,可确指的无形资产和不可确指的无形资产主要区别在于是否可以单独分辨、单独取得、单独存在及发生权利变动。

一、商誉的概念及特点

关于商誉的准确经济含义,国际上有多种争论,同时也由于不同的派别下了不同的定义,因而也就产生了多种与其定义相应的计量方法。在我国资产评估行业中,经过十多年的实践和探讨,对于商誉的看法已基本趋于一致。比较普遍的观点认为,商誉是企业收益水平与行业平均收益水平差额的资本化价格。

虽然评估行业对商誉的基本概念的理解已经趋于一致,但是还有很多企业人士一直将商誉理解为商业信誉,在商誉评估价值的处理上,希望与企业的其他无形资产诸如商标、品牌、专利技术等评估价值相加,以达到增加企业无形资产价值量,提升企业形象和声誉的目的。

现在所称的商誉,是指企业所有无形资产扣除各单项可确指无形资产后的剩余部分。因此,商誉是不可确指的无形资产,也称为不可辨认的资产。商誉有以下特性：

(1) 商誉不能离开企业而单独存在,不能与企业可确指的资产分开出售。

(2) 商誉是多种因素作用形成的结果,但形成商誉的个别因素,不能以任何方法单独计价。

(3) 商誉本身不是一项单独的、能产生收益的无形资产,而是超过企业可确指的各单项资产价值之和的价值。

(4) 商誉是企业长期积累起来的一项价值。

二、商誉的评估方法

商誉的特殊性决定了其评估只能采用收益途径。在收益途径下,具体的商誉评估方法有超额收益法和割差法两种。

1. 超额收益法

(1) 本金化法

对于经营状况良好的企业,其商誉的评估值可采用本金化法计算。具体计算方法如下：

$$商誉的评估值 = \frac{企业预期年收益－行业平均收益率×该企业的单项资产评估值之和}{本金化率}$$

(6－3)

$$商誉的评估值=\frac{被评估企业的单项资产评估值之和\times(被评估企业预期收益率-行业平均收益率)}{本金化率}$$

$$(6-4)$$

$$被评估企业预期收益率=\frac{企业预期年收益}{该企业的单项资产评估值之和}\times100\%\qquad(6-5)$$

【例6-11】　某企业预期年收益额为320万元,经过测算的固定资产评估值为500万元、货币资金100万元、专利权估值为400万元,商标权估值为200万元。调查了解到该企业所属行业平均利润率为10%,适用本金化率为10%,估算其商誉的价值。

解: 商誉的评估值 $=\dfrac{320-10\%\times(500+100+400+200)}{10\%}=2\,000(万元)$

(2)折现法(适用于超额收益只能维持有限期的企业)

$$商誉的评估值=\sum_{i=1}^{n}\frac{R_i}{(1+r)^i}$$

式中:r——折现率;

　　　R_i——预测超额利润;

　　　n——预测期;

　　　i——预测年限。

【例6-12】　某企业经预测在今后5年内具有超额收益能力。2007—2011年超额预期收益额分别为90万元、120万元、140万元、110万元和100万元。该企业所在行业的平均收益率为10%。评估基准日为2003年12月31日。试计算该企业的商誉价值。

解: 根据公式,则:

该企业的商誉价值 $=90\times0.909\,1+120\times0.826\,4+140\times0.751\,3+110\times0.683+100\times0.620\,9$

$\qquad\qquad\qquad\quad=81.8+99.2+105.2+75.1+62.1$

$\qquad\qquad\qquad\quad=423.4(万元)$

2. 割差法

割差法师根据企业评估价值与各单项资产评估值之和进行比较确定商誉评估值的方法。其计算公式为:

商誉的评估值=企业评估值-企业的各单项资产评估值之和(含可确指的无形资产估值)

$$(6-6)$$

【例6-13】　对A公司商誉的评估。A公司为一医疗设备公司,其主要产品包括心血管测量仪、助动仪、氧气供应系统、调节床等。经过估算,该公司于评估基准日2015年1月1日的公司资产评估总值、有形资产评估总值和可确指无形资产的评估总值如下表所示。

A公司整体资产评估值	26 443 000 元
A公司有形资产评估值	14 320 000 元
其中:医疗设备	9 850 000 元
租赁办公用楼后改建投资	3 500 000 元
办公用品和设备	820 000 元
机动车辆	150 000 元
A公司可确指无形资产评估值	6 123 000 元

(续表)

其中:计算机软件	355 000 元
租赁权益	1 240 000 元
组合劳力	533 000 元
不竞争协议	295 000 元
顾客关系协议	3 700 000 元

则:A 公司的商誉评估值为 600 万元。

三、商誉评估应注意的问题

(1) 不是所有企业都有商誉,商誉只存在于那些长期具有超额收益的少数企业之中。一个企业在同类型企业中超额收益越高,商誉评估值越大。

(2) 商誉评估必须坚持预期原则。企业是否拥有超额收益是判断企业有无商誉和商誉大小的标志。

(3) 商誉价值形成既然是建立在企业预期超额收益基础之上,那么,商誉评估值高低与企业中为形成商誉投入的费用和劳务没有直接联系,因此,商誉评估不能采用投入费用累加的方法进行。

(4) 商誉是由众多因素共同作用形成,但形成商誉的个别因素不能够单独计量的特征,决定了商誉评估也不能采用市场类比的方法进行。

(5) 企业负债与否、负债规模大小与企业商誉没有直接关系。

从财务学原理分析,企业负债不影响资产收益率,而影响投资者收益率,即资本金收益率。资本金收益率与资产收益率的关系可以表述为:

$$资本金收益率 = 资产收益率/(1-资产负债率) \tag{6-7}$$

在资产收益率一定且超过负债资金成本的条件下,增大负债比率,可以增加资本金收益率,并不直接影响资产收益率。

商誉评估值取决于预期资产收益率,而非资本金收益率。当然,资产负债率应保持一定的限度,负债比例增大会增大企业风险,最终会对资产收益率产生影响。这在商誉评估时应有所考虑,但不能因此得出负债企业就没有商誉的结论。

(6) 商誉与商标是有区别的,反映两个不同的价值内涵。

① 商标是产品的标志,而商誉则是企业整体声誉的体现。商标与其产品相结合,它所代表的产品质量越好,市场需求越大,商标的信誉越高,据此带来的超额收益越大,其评估值也就越大。而商誉则是与企业密切相关的,企业经营机制完善并且运转效率高,企业的经济效益就高,信誉就好,其商誉评估值也就越大。可见商标价值来自于产品所具有的超额获利能力,商誉价值则来自于企业所具有的超额获利能力。

② 商誉作为不可确指的无形资产,是与企业及其超额获利能力结合在一起的,不能够脱离企业而单独存在。商标则是可确指的无形资产,可以在原组织继续存在的同时,转让给另一个组织。

③ 商标可以转让其所有权,也可以转让其使用权。而商誉只有随企业行为的发生实现其转移或转让,没有所有权与使用权之分。

思 考 题

一、单项选择题

1. 商誉的特征有（　　）。
    A. 不能离开企业单独存在
    B. 形成因素不可计量
    C. 是企业产品的标志
    D. 是企业长期积累形成的一项价值
2. 无形资产转让利润分成率计算方法有（　　）。
    A. 边际分析法
    B. 转让分摊法
    C. 市场类比法
    D. 约当投资分成法
3. 商标权的价值取决于（　　）。
    A. 商标的设计
    B. 商标的广告宣传
    C. 商标的注册
    D. 商标带来的超额收益
4. 用重置成本法对专利权进行评估,其基本公式是（　　）。
    A. 专利权的重置净价＝重置价值＋功能性陈旧贬值
    B. 专利权的重置净价＝重置价值—功能性陈旧贬值
    C. 专利权的重置净价＝重置价值×（1＋功能性陈旧贬值率）
    D. 专利权的重置净价＝重置价值×（1—功能性陈旧贬值率）
5. 某企业运用一项专利技术进行生产后,第一年产品销售单价为 250 元/台,销售量为 4 000 台,而正常情况下的市价为 200 元/台,则第一年该企业获得的超额利润为（　　）万元
    A. 50
    B. 40
    C. 30
    D. 20
6. 图书出版公司的一项外购地图出版权,原始成本为 10 万元,该版权已摊销 6 万元,则该出版权的成新率为（　　）。
    A. 30%
    B. 40%
    C. 50%
    D. 60%

二、多项选择题

1. 专利权的特征包括（　　）。
    A. 专有性
    B. 时间性
    C. 地域性
    D. 可转让性
2. 市场法评估的基本前提主要是（　　）。
    A. 要有一个活跃的公开市场
    B. 公开市场上要有可比资产及其交易活动
    C. 有充分时间进行分析判断
    D. 有可预测的资产收益
3. 知识产权通常包括（　　）。
    A. 专利权
    B. 商誉
    C. 商标权
    D. 版权
4. 能证明相关资产所有权的证明文件有（　　）。
    A. 专利证书
    B. 专有技术许可证
    C. 房产证
    D. 商标注册证书
    E. 版权许可证

三、填空题

1. 企业预计年收益为 16 万元,该企业各项单项资产评估值之和为 60 万元,企业所在行

业的平均收益为 20%,以此作为本金化率计算商誉的价格为_____。

    2. 无形资产转让机会成本包括_____。

    3. 把科研经费从当期经营费用中列支,因此,账面上反映的无形资产成本是_____。

四、简答题

    1. 预计和确定无形资产的有效期限,通常采用什么方法?

    2. 影响无形资产评估价值的因素有哪些?

    3. 商誉与商标有哪些区别?

五、计算题

    1. 某企业拥有一项实用新型专利技术,经济寿命为 10 年,已使用了 5 年,其重置全价为 100 万元,求该专利技术的功能性贬值为多少万元?

    2. 某企业 3 年前外购一项著作权,账面原值为 60 万元,若以 3 年前为基数的现在生活费用指数为 125%,求重置成本。

    3. A 公司转让一项新技术,购买方可用于改造其一条生产线。经对无形资产边际贡献因素分析,测算在其寿命期间各年度分别可带来追加利润 90 万元,110 万元,120 万元,80 万元,分别占各年总利润的 30%,40%,20%,20%。折现率为 10%。要求:试计算无形资产利润分成率。

    4. 某企业为了整体资产转让,需进行评估。经预测该企业未来 5 年净利润分别为 100 万元、110 万元、120 万元、150 万元、160 万元、从第 6 年起,每年收益处于稳定状态,即每年均为 160 万元。该企业一直没有负债,其有形资产只有货币资金和固定资产,且其评估值分别为 100 万元和 500 万元。该企业有一项可确指无形资产,即一个尚有 5 年剩余经济寿命的专有技术,该技术产品每件可获超额净利润 10 元,目前该企业每年生产产品 8 万件,经综合生产能力和市场分析预测,在未来 5 年,每年生产 10 万件,经预测折现率和本金化率均为 6%。请评估该企业的商誉价值,并说明评估技术思路(以万元为单位,小数点后保留两位)。

第七章　长期投资性资产评估

第一节　长期投资性资产评估基础知识

一、长期投资性资产的概念

长期投资性资产是指不准备随时变现、持有时间超过 1 年以上的投资性资产。长期投资性资产按其投资的性质分为：长期股权投资（股票）、持有至到期投资（债券）和混合性投资（优先股、可转换公司债）。

二、长期投资性资产的特点

长期投资评估是对企业所拥有的、以长期投资形态存在的那部分资产的评估，包括对长期债权投资、长期股权投资的评估。长期投资的特点决定了长期投资评估的特点。由于长期投资是以对其他企业享有的权益而存在的，因此，长期投资评估主要是对长期投资所代表的权益进行评估。

（1）长期投资评估是对资本的评估——股权；

（2）长期投资评估是对被投资企业获利能力的评估——股权；

（3）长期投资评估是对被投资企业偿债能力的评估——债券。

三、长期投资性资产评估过程

1. 明确长期投资项目的具体内容

在进行长期投资的评估时，应明确具体投资的形式、原始投资额、评估基准日余额、投资收益获取的方式、历史收益额、长期股权投资占被投资企业实收股本的比例以及相关会计核算方法等。

2. 进行必要的职业判断

在进行长期投资评估时，应判断长期投资预计可收回金额计算的正确性和合理性，判断长期投资余额在资产负债表上列示的准确性。而这些金额合理性的判断需要必要的职业判断能力。

3. 根据长期投资的特点选择合适的评估方法

对可上市交易的股票和债券一般采用现行市价法进行评估，按评估基准日的收盘价确定评估值；对非上市交易及不能采用现行市价法评估的股票和债券一般采用收益法，评估人员应根据综合因素选择适宜的贴现率，确定评估值。

4. 测算长期投资价值，得出评估结论

根据长期投资不同的种类以及所选择的相应的评估方法，评定测算长期投资的价值，得出相应的评估结论。

第二节　债券评估

一、上市交易债券

上市交易债券是指政府、企业、银行等债务人为筹集资金，按照法定程序发行的并向债权人承诺于指定日期还本付息，并可以在证券市场上交易、自由买卖的有价证券。

影响债券价值的因素有以下七个方面：

（1）到期日；

（2）偿债条款；

（3）回赎与转换条款；

（4）求偿等级；

（5）抵押；

（6）债券面值和利息；

（7）债券利率。

【例 7－1】　某被评估企业的长期债权投资账面资料如下：2009 年发行的国库券 1 500 张、面值 100 元/张、票面年利率 9.5%、期限 3 年，已上市交易。根据市场调查，评估基准日该种债券面值的市场收盘价为 110 元。据评估人员分析，该价格比较合理，确定其评估值为：

评估值＝1 500×110＝165 000（元）

二、非上市交易债券的特点及评估

非上市交易债券是指不能进入市场流通的债券，它无法直接通过市场判断其评估价值，因此采用收益途径及其方法评估非上市债券的评估价值是一种比较好的途径。

非上市债券的评估，主要采用收益途径中的若干方法。根据非上市债券的种类和非上市债券还本付息的方式，把非上市债券分为每年支付利息到期还本债券和到期一次性还本付息、平时不支付利息债券两大类。对每一类债券采取不同的具体评估方法。

（一）到期一次还本付息债券的评估

某评估事务所受托对甲企业的长期债权投资进行评估，"长期债权投资—债券投资"的账面价值为 10 万元，系 A 企业发行的三年期一次还本付息债券，年利率 8%，单利计息，评估时债券购入时间已满一年，当时国库券利率为 5%。经评估人员分析调查，发行企业经营业绩尚好，财务状况稳健。两年后具有还本付息的能力，投资风险较低，取 2% 的风险报酬率，以国库券利率作为无风险报酬率，故取折现率为 7%。

思考：（1）该债券评估应采用哪种方法？

（2）该债券最后的评估结果是多少？

1. 评估模型

对于一次还本付息的债券，其评估价值的数学表达式为：

$$P=F(1+r)^{-n}$$

（7－1）

式中:P——债券的评估值;

　　F——债券到期时的本利和;

　　r——折现率;

　　n——评估基准日到债券到期日的间隔时间(以年或月为单位)。

注意:本利和 F 的计算还要区分债券计息方式是单利还是复利。

采用单利计算时,债券本利和为

$$F = A(1+m\times i)$$

采用复利计算时,债券本利和为

$$F = A(1+i)\times m$$

式中:A——债券面值;

　　m——计息期限;

　　i——债券利息率。

2. 计算结果

$$F = A(1+m\times i) = 100\,000\times(1+3\times 8\%) = 124\,000(元)$$
$$P = F(1+r)^{-n} = 124\,000\times(1+7\%)^{-2} = 124\,000\times 0.873\,4 = 108\,301.6(元)$$

(二) 分次付息,到期一次还本债券的评估

假设将上面案例中的债券支付方式修改成每年付一次息,债券到期一次还本。

思考:(1) 该债券评估应采用哪种方法?

　　(2) 该债券最后的评估结果又是多少?

1. 评估模型

分次付息,到期一次还本债券的价值评估,其计算公式为:

$$P = \sum_{t=1}^{n}\left[R_t(1+r)^{-t}\right] + A(1+r)^{-n} \tag{7-2}$$

式中:P——债券的评估值;

　　R_t——第 t 年的预期利息收益;

　　r——折现率;

　　A——债券面值;

　　t——评估基准日至收取利息日的期限;

　　n——评估基准日至到期还本日的期限。

注意:(1) 按年支付利息,到期还本的现值公式:

$$P = \sum_{t=1}^{n}\frac{R_t}{(1+i)^t} + \frac{FV}{(1+i)^n} \tag{7-3}$$

(2) 按期支付利息,到期还本的现值公式:

$$P = \sum_{t=1}^{n\times m}\frac{R_t\times\frac{1}{m}}{\left(1+\frac{i}{m}\right)^t} + \frac{FV}{\left(1+\frac{i}{m}\right)^{n\times m}} \tag{7-4}$$

2. 计算结果

$$P = \sum_{t=1}^{n}\left[R_t(1+r)^{-t}\right] + A(1+r)^{-n}$$

$$=100\,000\times8\%\times(1+7\%)^{-1}+100\,000\times8\%\times(1+7\%)^{-2}+100\,000\times(1+7\%)^{-1}$$
$$=8\,000\times0.934\,6+8\,000\times0.873\,4+100\,000\times0.873\,4$$
$$=101\,804(元)$$

第三节　股票投资评估

一、股票投资的定义

股票投资是指企业通过购买等方式取得被投资企业的股票而实现的投资行为。股票投资具有高风险、高收益的特点。

二、股票各种形式的价格

（1）票面价格：是指股份公司在发行股票时所标明的每股股票的票面金额。

（2）发行价格：是指股份公司在发行股票时的出售价格，主要有：面额发行、溢价发行、折价发行。

（3）账面价格：又称股票的净值是指股东持有的每一股票在公司财务账单上所表现出来的净值。

（4）清算价格：是指企业清算时，每股股票所代表的真实价格。是公司清算时，公司净资产与公司股票总数之比值。

（5）内在价格（价值）：是一种理论依据，是根据证券分析人员对未来收益的预测而折算出来的股票现实价格。股票内在价格的高低，主要取决于公司的发展前景、财务状况、管理水平以及获利风险等因素。

（6）市场价格：是指证券市场上买卖股票的价格。在证券市场发育完善的条件下，股票市场价格是市场对公司股票的一种客观评价。

股票的价值评估，与上述前三种股票价格关系不大，只与股票的内在价格、清算价格和市场价格有关。

三、上市交易股票的评估

上市交易股票定义是指上市交易股票是指企业公开发行的，可以在债券市场上交易的股票。

【例 7-2】　某企业拥有 A 上市公司 30 000 股普通股，评估时当天该股票的收盘价为 12 元/股，则评估价值为：

该股票的评估价值＝30 000×12＝360 000（元）

四、非上市交易股票的特点

（一）非上市交易股票定义

非上市交易股票是指企业公开发行的，但其股票不能在证券市场上流通交易的股票。

非上市交易股票既有上市公司发行的也有非上市股份公司发行的股票，其中最常见的形式是优先股和非上市股份有限公司发行的普通股。优先股按其包含的权利不同可以分为：累积优先股、参与优先股和可转换优先股。

（二）非上市交易股票的评估

1. 优先股股票的评估

（1）评估原则

未来收益折现原则。

（2）优先股的评估方法

优先股评估主要考虑两大因素：一是优先股的风险；二是按优先股的性质和条款确定预期收益。

优先股的评估应采用收益法。

（a）累积优先股的评估

若不打算转让，则根据股价模型，评估价值模型为：

$$P = \sum_{t=1}^{\infty} \frac{R_t}{(1+r)^t} = \frac{A}{r} \tag{7-5}$$

若持有者打算若干年后转让，则评估价值模型为：

$$P = \sum_{t=1}^{n} \frac{R_t}{(1+r)^t} + \frac{P_n}{(1+r)^n} \tag{7-6}$$

式中：r——优先股收益率或资本成本；

$\quad\quad R_t$——每年收益；

$\quad\quad P_n$——n 年后转让股票价格；

$\quad\quad n$——优先股的持有年限。

【例 7-3】　优先股股数 10 000 股，面值 100 元，年股息率 10%，优先股资本成本：4%＋4%＝8%，则有：

$$P = A/r = (10\,000 \times 100 \times 10\%)/8\% = 100\,000/0.08 = 1\,250\,000(元)$$

（b）参与优先股的评估

参与优先股的现金收益分为三部分：额定股息，额外红利，将来的出售价格，其评估模型为：

$$P = \sum_{t=1}^{n} \frac{R_t}{(1+r)^t} + \sum_{t=1}^{n} \frac{R_t'}{(1+r')^t} + \frac{P_n}{(1+r)^n} \tag{7-7}$$

（c）可转换优先股的评估

可转换优先股的现金收益分为：股息和转换成的普通股或债券的价格，其评估模型为：

$$P = \sum_{t=1}^{n} \frac{R_t}{(1+r)^t} + \frac{P_n}{(1+r)^n} \tag{7-8}$$

2. 非上市普通股股票的评估

普通股是永远不还本的，股东在持有期内的现金收益由两部分组成：一是有限期内的红利收入，另一是期末对期初股价的升值。为了便于普通股的评估，把普通股分为三种类型：固定红利模型、红利增长模型和分红段式模型。

（1）固定红利模型

如果股东有限期持有股票，则估价公式为：

$$P = \sum_{t=1}^{n} \frac{A}{(1+r)^t} + \frac{P_n}{(1+r)^n} \qquad (7-9)$$

如果股东无限期持有股票,则估价公式为:

$$P = \frac{A}{r} \qquad (7-10)$$

【例 7-4】 甲企业持有乙公司非上市股票 2000 股每股面额 1 元。乙公司经营稳健,预计今后 5 年红利分配分别为:0.2 元,0.21 元,0.22 元,0.19 元,0.2 元,乙公司风险系数为 2%,5 年期国债利率为 11%,试评估这批股票的价值。

$$P = \frac{A}{r}$$

$$A = \sum_{t=1}^{5} R_t (1+13\%)^{-t} \times (A/P, 13\%, 5)$$

$$= \left[\frac{2\,000 \times 0.2}{1+13\%} + \frac{2\,000 \times 0.21}{(1+13\%)^2} + \frac{2\,000 \times 0.22}{(1+13\%)^3} + \frac{2\,000 \times 0.19}{(1+13\%)^4} + \frac{2\,000 \times 0.2}{(1+13\%)^5} \right] \times 0.2\,843$$

$$= 408.69(\text{元})$$

$$P = 408.69/13\% = 3\,143.75(\text{元})$$

(2)红利增长模型

主要适用于成长型企业的股票评估

$$P = \frac{D_1}{1+r} + \frac{D_1(1+g)}{(1+r)^2} + \frac{D_1(1+g)^2}{(1+r)^3} + \cdots = \frac{D_1}{r-g} (r > g) \qquad (7-11)$$

式中:g——股利成长率

【例 7-5】 甲企业持有乙公司非上市股票面值 50 万元,每年红利为票面金额的 10%。经评估人员调查了解乙公司预计今后每年从税后利润中拿出 20% 扩大再生产,其余用于分红。公司今后股本利润率将保持在 15% 的水平,风险报酬率为 2%,无风险报酬率为 10%,试评估这批股票的价值。

$$g = 20\% \times 15\% = 3\%$$

$$D_1 = 500\,000 \times 10\% = 50\,000(\text{元})$$

$$P = \frac{50\,000}{12\% - 3\%} = 555\,555.56(\text{元})$$

(3)分段式模型

主要适用于股利波动大,又没有呈现出逐步增长趋势的股票评估。

$$\text{股票评估值} = \text{前期收益的分别折现} + \text{永续收益的折现} \qquad (7-12)$$

【例 7-6】 某评估公司对 A 公司拥有的 B 公司非上市交易普通股票 10 万股进行评估,每股面额 1 元。经调查 B 公司未来 3 年收益极不稳定,预计第一年每股收益 10%,第二年 5%,第三年 8%,之后保持稳定,每股收益 12%,并持续下去,评估时国债利率 4%,B 公司风险报酬率 3%,该股票的评估值为(   )。

$$\text{评估值} = \left[\frac{0.1}{1+7\%} + \frac{0.05}{(1+7\%)^2} + \frac{0.08}{(1+7\%)^3} + \frac{0.12}{7\%(1+7\%)^3} \right] \times 100\,000 = 154\,190(\text{元})$$

思 考 题

一、单项选择题

1. 被评估债券为 4 年一次性还本付息债券 100 000 元,年利率为 18％,不计复利,评估时债券的购入时间已经满 2 年,当年的国库券利率为 10％,该企业的风险报酬率为 2％,被评估债券的价值为(　　)元。

　　A. 137 117　　　　　B. 172 000　　　　　C. 118 000　　　　　D. 153 380

2. 被评估企业拥有甲企业发行的 5 年期债券 100 张,每张面值 1 万元,债券利息率每年为 9％,复利计息,到期一次还本付息。评估基准日至债券到期还有两年,若适用折现率为 15％,则被评估企业拥有甲企业债券的评估值最接近于(　　)万元。

　　A. 109　　　　　B. 116　　　　　C. 122　　　　　D. 154

3. 某被评估企业拥有 A 公司面值共 90 万元的非上市普通股票,从持股期间来看,每年股利分派相当于票面值的 10％,评估人员通过调查了解到 A 公司每年只把税后利润的 80％用于股利分配,另 20％用于公司扩大再生产,公司有很强的发展后劲,公司股本利润率保持 15％水平上,折现率设定为 12％,如运用红利增长模型评估被评估企业拥有的 A 公司股票,其评估值最有可能是(　　)。

　　A. 900 000 元　　　　B. 1 000 000 元　　　　C. 750 000 元　　　　D. 600 000 元

4. 某公司在 1997 年 1 月租赁一临街房屋,租期 4 年,租金 4 万元(假定这里不考虑货币时间价值)。1999 年 1 月该公司又向保险公司交付火灾保险费 240 元。1999 年 6 月 30 日,该公司账簿上的房租已摊销 3 万元。该公司经房主同意,愿意在 1999 年 7 月转租房屋,若市场租金自 1997 年以来没有发生变动,其转租的客观租金应为(　　)元。

　　A. 15 120　　　　　B. 12 150　　　　　C. 20 120　　　　　D. 20 220

5. 从资产评估的角度,递延资产属于一种(　　)。

　　A. 待摊费用　　　B. 预付费用　　　C. 无形资产　　　D. 固定资产

6. 上市公司股票的清算价格是(　　)。

　　A. 资产总额与总股数的比值　　　　　B. 资产总额与流通股数的比值
　　C. 净资产与上市流通总股数的比值　　D. 净资产与总股数的比值

7. 被评估企业已经正常营业 3 年,长期待摊费用账面余额为 120 万元,其中包括固定资产大修理费 85 万元,办公室装修费 15 万元,产品销售部房租 20 万元。经查其中 20 万元的房租费为租期 5 年的租金总额,至评估基准日已经租用 1 年,企业尚未摊销,而大修理费和装修费均为按 10 年摊销的余额,则该长期待摊费用的评估值为(　　)万元。

　　A. 16　　　　　B. 20　　　　　C. 35　　　　　D. 116

二、多项选择题

1. 债券具有以下特点:(　　)。

　　A. 债券的流动性　　B. 债券的安全性　　C. 债券的盈利性　　D. 投资风险较小

2. 股票评估与股票的(　　)有关。

　　A. 内在价值　　　B. 账面价值　　　C. 市场价值　　　D. 清算价格

E. 票面价格

3. 非上市债券的评估类型可以分为（　　）。

    A. 固定红利模型　　　　　　　　　　B. 红利增长模型

    C. 每年支付利息，到期还本型　　　　D. 分段模型

    E. 到期后一次还本型

4. 金融资产评估是对被投资方（　　）。

    A. 投资品评估　　B. 偿债能力评估　　C. 获利能力评估

    D. 变现能力评估　　E. 全部资产评估

三、计算题

    甲企业持有乙企业发行的优先股 200 股，每股面值 500 元，股息率为 12%。当前的国库券市场利率为 8%，乙企业的风险报酬率为 2%。甲企业打算 3 年后将这些优先股出售，预计出售时市场利率将上升 2 个百分点。试评估该批优先股的价值。

第八章　流动资产评估

第一节　流动资产评估基础知识

一、流动资产的内容及其特点

（一）流动资产的内容

流动资产是指企业可以在一年内或者超过一年的一个营业周期内变现或者耗用的资产，包括货币资金、应收及预付款项、短期投资、存货及其他流动资产等。

1. 货币资金

包括现金、银行存款及其他货币资金。现金是指企业的库存现金，其中包括企业内部各部门周转使用的备用金。银行存款是指企业的各种不同类型的存款。其他货币资金是指除了现金和银行存款以外的其他货币资金，包括外埠存款、银行本票存款、银行汇票存款、存出投资款、信用卡存款、信用证保证金存款等。

2. 应收账款

指企业因销售商品、提供劳务等应向购货和受益单位收取的款项，是购货单位所欠的短期债务。

3. 预付款

指企业按照购货合同规定预付给供货单位的购货定金或部分货款，以及企业预交的各种款项，如预缴税、费等。

4. 存货

指企业的库存材料、在产品、产成品、商品等。

5. 短期投资

指企业购入的各种能随时变现、持有时间不超过一年的投资，包括不超过一年的股票、债券、基金等有价证券和其他投资。

6. 其他流动资产

指除以上流动资产之外的流动资产。

（二）流动资产的特点

流动资产与固定资产等资产比较，具有以下几个方面特点：

1. 循环周转速度快

流动资产在使用中只经过一个生产经营周期，就改变其实物形态，并将其全部价值转移到所形成商品中去，构成成本费用的组成部分，然后从营业收入中得到补偿。可见，判断一项资产是否是流动资产，不仅仅是看资产的表面形态，而应视其周转状况而定。

2. 变现能力强

各种形态的流动资产都可以在较短的时间内出售和变卖,具有较强的变现能力,是企业对外支付和偿还债务的重要保证。变现能力强是企业中流动资产区别于其他资产的重要标志。但各种形态的流动资产,其变现速度是有区别的。按其变现的快慢排序,货币形态的流动资产本来就是随时可用的资金,其次是可在短期内出售的存货和近期可变现的债权性资产,再次是生产加工过程中的在制品及准备耗用的物资。一个企业拥有的流动资产越多,企业对外支付和偿还债务的能力越强,企业的风险性就越小。

3. 形态多样化

流动资产在周转过程中不断改变其形态,依次由货币形态开始,经过购买、生产、销售等环节,从一种形态转化为另一种形态,最后又变成为货币形态。各种形态的流动资产在企业中同时并存,分布于企业的各个环节。这些流动资产按其存在形态,可以归结为四种类型:货币类流动资产,包括现金和各项存款等;实物类流动资产,包括各种材料、在产品、产成品等;债权类流动资产,包括应收账款、预付款等;其他流动资产。

4. 波动性

由于企业的流动资产一般要不断地进行购买和售出过程,受市场商品供求变化和生产、消费的季节性影响较大。另外,还受到外部经济环境、经济秩序等因素的制约,使其占用总量以及流动资产的不同形态构成比例呈现波动性。

二、流动资产评估的内容及特点

流动资产评估包括实物类流动资产评估和非实物类流动资产评估。前者一般包括材料、在产品、产成品及库存商品的评估。后者一般包括货币性资产、应收账款、预付账款、应收票据、待摊费用和预付费用等的评估

一般而言,由于流动资产的流动性强,容易变现,其账面价值与现行市场价格较为接近,因此,流动资产评估与其他资产评估相比,具有以下主要特点:

(1)流动资产评估主要是单项资产评估。对流动资产的评估主要是以单项资产为对象进行价值评估。因此,它不需要以其综合获利能力进行综合性价值评估。

(2)必须选准流动资产评估的基准时间。流动资产与其他资产的显著不同在于其流动性和价值的波动性。不同形态的流动资产随时都在变化,而评估则是确定其某一时点上的价值,不可能人为地停止流动资产的运转。因此,所选评估基准日应尽可能在会计期末,必须在规定的时点进行资产清查、登记和确定流动资产数量和账面价值,避免重复登记和漏登记现象的发生。

(3)既要认真进行资产清查,同时又要分清主次,掌握重点。流动资产评估之前必须进行认真仔细的资产清查,否则会影响评估结论的准确性。但是,流动资产一般具有数量大、种类多的特点,清查工作量很大,所以流动资产清查应考虑评估的时间要求和评估成本。对流动资产评估往往需要根据不同企业的生产经营特点和流动资产分布的情况,对流动资产分清主次、重点和一般,选择不同的方法进行清查和评估,做到突出重点,兼顾一般。清查采用的方法是抽查、重点清查和全面清查。当抽查核实中发现原始资料或清查盘点工作可靠性较差时,要扩大抽查面,直至核查全部流动资产。

(4)正常情况下,流动资产的账面价值基本上可以反映其现值。流动资产周转速度快,变

现能力强,在价格变化不大的情况下,资产的账面价值基本上可以反映出流动资产的现值。因此,在特定情况下,可以采用历史成本作为其评估值。同时,评估流动资产时一般不考虑资产的功能性贬值因素,而资产的有形损耗（实体性损耗）的计算也只适用于低值易耗品以及呆滞、积压流动资产的评估。

三、流动资产评估的程序

为了保证流动资产评估能顺利有序地进行并尽可能避免评估风险,在流动资产评估中应遵循流动资产评估的程序和步骤。由于流动资产的种类较多,不同流动资产的评估程序和步骤并不完全一致,但是基本程序和步骤大致相同。

（一）确定评估对象和评估范围

进行流动资产评估前,首先要确定被评估资产的对象和范围,这是节约工作时间、保证评估质量的重要条件之一。被评估对象和评估范围应依据经济活动所涉及的资产范围而定。同时,应做好下列工作:

1. 鉴定流动资产

弄清被评估流动资产的范围,必须注意划清流动资产与其他资产的界限,防止将不属于流动资产的机器设备等作为流动资产,也不得把属于流动资产的低值易耗品等作为其他资产,以避免重复评估和漏评估。

2. 查核待评流动资产的产权

企业中存放的外单位委托加工材料、代保管的材料物资等,尽管存在于该企业中,但不得将其列入流动资产评估范围。此外,根据国家有关规定,抵押后的资产不得用于转让和再投资,如该企业的流动资产已作为抵押物,则不能将其转让或投资,这类流动资产也不得列入评估范围。

3. 对被评估流动资产进行抽查核实,验证基础资料

一份准确的被评估资产清单是正确估价资产的基础资料,被评估资产的清单应以实存数量为依据,而不能仅仅以账面记录情况为标准。

（二）对有实物形态的流动资产进行质量和技术状况调查

对企业需要评估的材料、半成品、产成品、库存商品等流动资产进行质量和技术调查,目的是为了了解这部分资产的质量状态,以便确定其是否尚有使用价值,并核对其技术情况和等级状态与被估资产清单的记录是否一致。对被估资产进行技术检测是正确估价资产价值的重要基础。特别是对那些有时效要求的各种存货,如有保鲜期要求的食品和有效期要求的药品、化学试剂等,技术检测尤为重要。存货在存放期内质量发生变化,会直接影响其市场价格。因此评估必须考虑各类存货的内在质量因素。对各类存货进行技术质量检测,可由被评估企业的有关技术人员、管理人员与评估人员合作完成。

（三）对企业的债权、票据、分期收款发出商品等基本情况进行分析

根据对被评估企业与债务人经济往来活动中的资信情况的调查了解和每一项债权资产的经济内容、发生时间的长短及未清理的原因等因素,综合分析确定这部分债务、票据等回收的可能、回收的时间、回收时将要发生的费用及风险。

（四）合理选择评估方法

评估方法的选择,一是根据评估目的;二是根据不同种类流动资产的特点。如前所述,根

据不同流动资产的特点,从评估角度将流动资产划分为四种类型,不同类型的流动资产在评估方法选择上有很大影响。对于实物类流动资产,可以采用市场法和成本法。对存货中价格变动较大的要考虑市场价格。对其入价较低的要按现价调整;对买价较高的,除考虑市场价格外,还要分析最终产品价格是否能够相应提高,或存货本身是否具有按现价出售的现实可能性。对于货币类流动资产,其清查核实后的账面价值本身就是现值,不需采用特殊方法进行评估,只是对外币存款应按评估基准目的国家外汇牌价进行折算。对于债权类流动资产评估只适用于按可变现值进行评估。对于其他流动资产,应分别不同情况进行,其中有物质实体的流动资产,则应视其价值情形,采用与机器设备等相同的方法进行。

(五)评定估算流动资产,出具评估结论

对各项流动资产的评估结果进行汇总得出流动资产评估结论后,评估人员最后应完成评估报告的撰写工作,通常流动资产是作为企业整体资产评估的一部分进行评估的,流动资产可不撰写单独的评估报告,但应撰写流动资产评估说明或流动资产评估分析报告。在流动资产评估说明中,应特别说明流动资产的清查程度和流动资产评估中的价格依据情况。

第二节　实物类流动资产评估

一、材料价值评估

(一)企业中的材料

企业中的材料可以分为库存材料和在用材料。在用材料在再生产过程中形成产品或半成品,已不再作为单独的材料存在,故材料评估是对库存材料评估。

库存材料包括原料及主要材料、辅助材料、燃料、修理用备件、包装物、低值易耗品等。库存材料的特点:品种多,金额大,而且性质各异,计量单位、计价和购进时间、自然损耗各不相同。根据库存材料的特点,评估时可按下列步骤进行:

(1)账、表与实物数量应相符,并查明有无霉烂、变质、毁损的材料,有无超储呆滞的材料等。

(2)根据不同评估目的和待估资产的特点,选择适应的评估方法。在方法应用上,更多的是采用成本法、市场法。因为材料等流动资产,其功效高低取决于其自身,而且是生产过程中的"消费性"资产,所以,即使在发生投资行为情况下,仍可采用市场法和成本法。就这两种方法而言,如果在某种材料市场畅销,供求基本均衡的情况下,二者可以替代使用。但如不具备上述条件,则应分析使用。

(3)运用企业库存管理的 ABC 管理法,按照一定的目的和要求,对材料排队,分清重点,着重对重点材料进行评估。

(二)材料价值的评估方法

对材料进行评估时,可以根据材料购进情况选择相适应的方法。

1. 近期购进库存材料的评估

近期购进的材料库存时间短,在市场价格变化不大的情况下,其账面值与现行市价基本接近。评估时,可以采用历史成本法,也可以采用市场法。

【例 8-1】　企业中某材料系两个月以前从外地购进,数量 5 000 公斤,单价 400 元,当时支付的运杂费为 600 元。根据原始记录和清查盘点,评估时库存尚有 1 500 公斤材料。根据上述资料,可以确定该材料的评估值如下:

$$材料评估值＝1 500×(400＋600÷5 000)＝600 180(元)$$

评估时对于购进时发生运杂费的处理,如果是从外地购进的原材料(本地没有这种材料),因运杂费发生额较大,评估时应将由被评估材料分担的运杂费计入评估值;如果是本市购进,运杂费发生额较少,评估时则可以不考虑运杂费。

2. 购进批次间隔时间长、价格变化大的库存材料评估

对这类材料评估时,可以采用最接近市场价格的材料价格或直接以市场价格作为其评估值。

【例 8-2】　某企业要求对其库存的特种钢材进行评估。该特种钢材是分两批购进的,第一批购进时间是上年 10 月,购进 1 000 吨,每吨 3 800 元;第二批是今年 4 月购进的,数量 100 吨,每吨 4 500 元。今年 5 月 1 日评估时,经核实去年购进特种钢尚存 500 吨,今年 4 月购进的尚未使用。因此,需评估特种钢材的数量是 600 吨,经过分析,第二批购进的材料的价格能够反映市场正常情况,可直接采用市场价格 4 500 元计算,评估值为:

$$特种钢评估值＝600×4 500＝2 700 000(元)$$

本例中,因评估基准日 5 月 1 日与今年 4 月购进时间较近,因而直接采用 4 月份购进材料的单价进行计算得到评估值。如果近期内该材料价格变动很大,或者评估基准日与最近一次购进时间间隔期较长,其价格变动很大,评估时应采用评估基准日的市价。另外,由于材料的分期购进,且购价各不相同,各企业采用核算方法不同,如先进先出法、后进先出法、加权平均法等,其账面余额就不一样。但需要注意的是:存货计价方法的差异不应影响评估结果。评估时关键是核查库存材料的实际数量,并按最接近市场的价格计算确定其评估值。

3. 购进时间早,市场已经脱销,没有准确市场现价的库存材料评估

企业库存的某些材料可能购进的时间早,市场已经脱销,目前无明确的市价可供参考或使用,对这类材料的评估,可以通过寻找替代品的价格变动资料来修正材料价格;也可以在市场供需分析的基础上,确定该项材料的供需关系,并以此修正材料价格;还可以通过市场同类商品的平均物价指数进行评估。

4. 超储积压物资的评估

超储积压物资是指从企业库存材料中清理出来,需要进行处理的那部分资产。由于长期积压,时间较长,可能会因为自然力作用和保管不善而造成使用价值的下降。对这类资产的评估,首先应对其数量和质量进行核实和鉴定,然后区别不同情况进行评估。对其中失效、变质、残损、报废、无用的,应通过分析计算,扣除相应的贬值额后,确定评估值。

在库存材料的评估过程中,可能还存在盘盈、盘亏的材料,评估时应以有无实物存在为原则进行评估,并选用相适应的评估方法。

二、低值易耗品的评估

(一) 低值易耗品的定义

低值易耗品是指单项价值在规定限额以下或使用期限不满一年,但能多次使用而基本保持其实物形态的劳动资料。低值易耗品与固定资产都是企业中的劳动资料,所不同的是固定

资产是主要劳动资料。尽管财务制度规定了划分固定资产和低值易耗品的一般标准,但不同行业对二者划分却是不一样的。例如作为服装行业主要劳动资料的缝纫机,在机械工业企业中通常是作为低值易耗品看待。因此,在评估过程中判断劳动资料是否为低值易耗品,原则上视其在企业中的作用而定,一般可尊重企业原来的划分方法。同时,低值易耗品又是特殊流动资产,与典型流动资产相比,它具有周转时间长、不构成产品实体等特点。掌握低值易耗品的特点,是做好低值易耗品评估的前提。

低值易耗品种类很多,为了评估需要,可以对其进行分类。分类方法有两种:

(1) 按低值易耗品用途分类,可以分为以下几类:一般工具、专用工具、替换设备、管理用具、劳动保护用品、其他。

(2) 按低值易耗品使用情况分类,可以分为两类:一是在库低值易耗品,二是在用低值易耗品。

(二) 低值易耗品的评估方法

上述第一种分类的目的,在于可以按大类进行评估,简化评估工作,第二种分类,则是考虑了低值易耗品的具体情况,直接影响评估方法的选用。

1. 在库低值易耗品的评估

在库低值易耗品可列入材料一并评估,评估的基本思路是直接根据现行购置或制造价格加上合理的其他费用确定评估值。具体可以参见库存材料的评估。

2. 在用低值易耗品的评估

在用低值易耗品的评估方法类似于固定资产的评估方法,一般采用重置核算法进行评估,即按清查盘点结果将低值易耗品分类,将同种低值易耗品的现行购置或制造价格加上合理的其他费用得出重置成本,再根据实际情况确定综合成新率,相乘后得出低值易耗品的评估值。计算公式:

$$\text{在用低值易耗品评估值} = \text{全新成本价值} \times \text{成新率} \tag{8-1}$$

全新成本价值,可以直接采用其账面价值(价格变动不大),也可以采用现行市场价格,有时还可以在账面价值基础上乘以其物价变动指数确定。低值易耗品分外购和自制两种形式,确定评估价值时,在细节分析上有所不同,评估者应视具体情况分析计算。

在对低值易耗品评估时,由于其使用期限短于固定资产,一般不考虑其功能性损耗和经济性损耗。其成新率计算公式为:

$$\text{成新率} = (1-\text{低值易耗品实际已使用月数} \div \text{低值易耗品可使用总月数}) \times 100\% \tag{8-2}$$

由于对低值易耗品采用摊销的方式将其价值转入成本、费用,而摊销的目的是在于计算成本、费用。但是,低值易耗品的摊销在会计上采用了较为简化的方法,并不完全反映低值易耗品的实际损耗程度。因此,评估者在确定低值易耗品成新率时,应根据其实际损耗程度确定,而不能按照其摊销方式确定。

【例 8-3】 某企业某项低值易耗品,原价 750 元,预计使用 1 年,现已使用 9 个月,该低值易耗品现行市价为 1 200 元,由此确定其评估值为:

$$\text{在用低值易耗品评估值} = 12\,000 \times (1-9 \div 12) \times 100\% = 300(\text{元})$$

3. 残损、无用、待报废的低值易耗品评估

该类低值易耗品的评估应根据技术鉴定结果和有关凭证,通过分析计算,以变现值确定评估值。

三、在产品的评估

(一) 在产品

这部分流动资产包括生产过程中尚未加工完毕的在制品、已加工完成但不能单独对外销售的半成品（可直接对外销售的自制半成品视同产品评估，在此不做介绍）。企业里的在产品有的是从仓库里领出来尚未加工，有的是进入了生产环节，完成了一道或几道生产工序的，有的已加工完成但还不能直接销售的等，存在的状态各种各样，因此，对在产品的评估应注意以下几个问题：

（1）在产品变动频繁、流动性大，其数量不易核实，要合理地选择评估时点，力求核实准确。

（2）在产品是未完工产品，在评估时应注意确定其完工程度。

（3）注意企业的成本核算资料是否真实、可靠，与同行业一般产品成本是否相一致，以及社会平均成本水平如何。

(二) 在产品的评估方法

在对这部分流动资产进行评估时，一般可采用成本法或市场法进行估价。

1. 成本法在在产品评估中的应用

这种方法是根据技术鉴定和质量检测的结果，按评估时的相关市场价格及费用水平重置同等级在制品及半成品所需投入合理的料工费计算评估值。这种评估方法只适用于生产周期较长的在产品的评估。对生产周期短的在产品，主要以其实际发生成本为价值评估依据，在没有变现风险的情况下，可根据其账面值进行调整。具体方法有以下几种可以选择使用：

（1）根据价格变动系数调整原成本

对生产经营正常、会计核算水平较高的企业在产品的评估，可参照实际发生的原始成本，根据评估日的市场价格变动情况，调整成重置成本。具体评估方法和步骤如下：

第一，对被评估在产品进行技术了解，将其中不合格在产品成本从总成本中剔除；

第二，分析原成本构成，将不合理的费用从总成本中剔除；

第三，分析原成本构成中材料成本从其生产准备开始到评估日止市场价格变动情况，并测算出价格变动系数；

第四，分析原成本中的工资、燃料、动力费用以及制造费用从开始生产到评估日，有无大的变动，是否需要进行调整，如需调整，测算出调整系数；

第五，根据技术鉴定、原始成本构成的分析及价格变动系数的测算，调整成本，确定评估值，必要时还要从变现的角度修正评估值。

评估价值计算的基本公式如下：

某项或某类在产品的评估价值＝原合理材料成本×(1＋价格变动系数)＋原合理工资、费用(含借款费用)×(1＋合理工资、费用变动系数)　　　　　　(8－3)

需要说明的是，在产品成本包括直接材料、直接人工、制造费用和借款费用四部分。制造费用属间接费用，直接人工尽管是直接费用，但也同间接费用一样较难测算。因此，评估时将可将直接人工和制造费用合为一项费用进行测算，而借款费用一般用于需要经过相当长时间的购建或者生产活动才能达到预定可使用或者可销售的状态的存货。

（2）按社会平均消耗定额和现行市价计算评估值

采用此法即按重置同类资产的社会平均成本确定被评估资产的价值。用此方法对在产品进行评估需要掌握以下资料：

1）被评估在产品的完工程度；

2）被评估在产品有关工序的工艺定额；

3）被评估在产品耗用物料的近期市场购买价格；

4）被评估在产品的合理工时及单位工时的取费标准，而且合理工时及其取费标准应按照正常生产经营情况进行测算。

采用此法计算评估值的基本公式为（这里只考虑了某几道工序，而在产品可能已经过若干道工序）：

$$\begin{matrix}某在产品\\评估值\end{matrix} = \begin{matrix}在产品\\实有数量\end{matrix} \times \left(\begin{matrix}该工序单件材\\料工艺定额\end{matrix} \times \begin{matrix}单位材料\\现行市价\end{matrix} + \begin{matrix}该工序单件\\工时定额\end{matrix} \times \begin{matrix}正常工\\资、费用\end{matrix} \right) \quad (8-4)$$

对于工艺定额的选取，如果有行业的平均物料消耗标准的，可按行业标准计算；没有行业统一标准的，按企业现行的工艺定额计算。

（3）按在产品的完工程度计算评估值。

因为在产品的最高形式为产成品，因此，计算确定在产品评估值，可以在计算产成品重置成本基础上，按在产品完工程度计算确定在产品评估值。计算公式为：

$$在产品评估值 = 产成品重置成本 \times 在产品约当量 \quad (8-5)$$
$$在产品约当量 = 在产品数量 \times 在产品完工率 \quad (8-6)$$

在产品约当量、在产品完工率可以根据其完成工序与全部工序比例、生产完成时间与生产周期比例确定。当然，确定时应分析完成工序、完成时间与其成本耗费的关系。

2. 市场法在在产品评估中的应用

采用这种方法是按同类在产品和半成品的市价，扣除销售过程中预计发生的费用后计算评估值。一般来说，被评估资产通用性好，能够作为产成品的部件，或用于维修等，其评估的价值就比较高。对不能继续生产，又无法通过市场调剂出去的专用配件只能按废料回收价格进行评估。

对此类在产品计算评估值的基本公式为：

（1）某在产品评估值＝该种在产品实有数量×市场可接受的不含税的单价－预计销售过程中发生的费用 (8-7)

如果在调剂过程中有一定的变现风险，还要考虑设立一个风险调整系数，计算可变现的评估值。

（2）某报废在产品评估值＝可回收废料的重量×单位重量现行的回收价格 (8-8)

【例8-4】 甲企业因产品技术落后而全面停产，准备并入另一家企业，现就这个企业的在产品进行评估。有关在产品资料如下：

在产品原账面记载的成本为175万元。按其状态及通用性分为三类：

一类：已从仓库中领出，但尚未进行加工的原料；

二类：已加工成部件，可通过市场销售且流动性较好的在产品；

三类：加工成的部件无法销售，又不能继续加工，只能报废处理的在产品。

对于第一类，可按实有数量、技术鉴定情况、现行市场价格计算评估值。第二类在产品可根据市场可接受现行价格、调剂过程中的费用、调剂的风险确定评估值。第三类在产品只能按废料的回收价格确定评估值。

根据评估资料可以确定评估结果,如表8－1、8－2、8－3。

表8－1　车间已领用尚未进行加工的原材料　　　单位:元

材料名称	编号	计量单位	实有数量	现行单位市价	按市价计算的资产价值
黑色金属	A001	吨	150	1 600	240 000
有色金属	A002	公斤	3 000	18	54 000
有色金属	A003	公斤	7 000	12	84 000
合计					378 000

表8－2　车间已加工成部件并可通过市场销售的在产品　　　单位:元

部件名称	编号	计量单位	实有数量	现行单位市价	按市价计算的资产价值
A	B001	件	1 800	54	97 200
B	B002	件	600	100	60 000
C	B003	台	100	250	25 000
D	B004	台	130	165	21 450
合计					203 650

表8－3　报废在产品　　　单位:元

在产品名称	计量单位	实有数量	可回收废料（公斤/件）	可回收废料数量(公斤)	回收价格（元/公斤）	评估值
D001	件	5 000	35	175 000	0.4	70 000
D002	件	6 000	10	60 000	0.4	24 000
D003	件	4 500	2	9 000	6	54 000
D004	件	3 000	11	33 000	5	165 000
合计						313 000

四、产成品及库存商品的评估

(一) 产成品及库存商品

产成品及库存商品是指完工入库和已完工并经过质量检验但尚未办理入库手续的产成品、商业流通企业的库存商品等,对此类存货应依据产成品的质量、变现能力和市场可接受的价格进行评估,适用的方法有成本法和市场法。

(二) 产成品及库存商品的评估方法

1. 成本法在产成品及库存商品的评估中的应用

采用成本法对生产及加工工业的产成品评估,主要根据生产、制造该项产成品全过程中发生的成本费用确定评估值。具体应用过程中,可分以下两种情况进行:

(1) 评估基准日与产成品完工时间较接近

当评估基准日与产成品完工时间较接近、成本升降变化不大时,可以直接按产成品账面成本确定其评估值。计算公式为:

$$产成品评估值＝产成品数量×单位产成品账面成本 \qquad (8-9)$$

(2)当评估基准日与产成品完工时间相距较远

当评估基准日与产成品完工时间相距较远,制造产成品的成本费用变化较大时,产成品评估值可按下列公式计算:

方法一:

$$产成品评估值＝产成品实有数量×[合理材料工艺定额×材料单位现行价格＋合理工时$$
$$定额×单位小时合理工时工资、费用(含借款费用)] \qquad (8-10)$$

方法二:

$$产成品评估值＝产成品实际成本×[材料成本比例×材料综合调整系数＋工资、费用(含$$
$$借款费用)成本比例×工资、费用综合调整系数] \qquad (8-11)$$

借款费用一般用于需要经过相当长时间的购建或者生产活动才能达到预定可使用或者可销售状态的存货。

【例8-5】 某资产评估事务所对K企业进行资产评估。经核查,该企业产成品实有数量为12 000件,根据该企业的成本资料,结合同行业成本耗用资料分析,合理材料工艺定额为500公斤/件,合理工时定额为20小时。评估时,由于生产该产成品的材料价格上涨,由原来的60元/公斤涨至62元/公斤,单位小时合理工时工资、费用不变,仍为15元/小时。根据上述分析和有关资料,可以确定该企业产成品评估值为:

$$产成品评估值＝12 000×(500×62＋20×15)＝375 600 000(元)$$

【例8-6】 D企业产成品实有数量60台,每台实际成本58元,根据会计核算资料,生产该产品的材料费用与工资、其他费用的比例为60∶40,根据目前价格变动情况和其他相关资料,确定材料综合调整系数为1.15,工资、费用综合调整系数为1.02。由此可以计算该产成品的评估值为:

$$产成品评估值＝60×58×(60\%×1.15＋40\%×1.02)＝3 821.04(元)$$

2. 市场法在产成品及库存商品的评估中的应用

这种方法是指按不含价外税的可接受市场价格,扣除相关费用后计算被评估产成品评估值的方法。其中工业企业的产品一般以卖出价为依据,商业企业一般以买进价为依据。

应用市场法评估产成品的价值,在选择市场价格时应注意考虑下面几项因素:

第一,产品及库存商品的使用价值。根据对产品本身的技术水平和内在质量的技术鉴定,确定产品是否具有使用价值以及产品的实际等级,以便选择合理的市场价格。

第二,分析市场供求关系和被评估产成品的前景。

第三,所选择的价格应是在公开市场上所形成的近期交易价格。非正常交易价格不能作为评估的依据。第四,对于产品技术水平先进,但产成品外表存有不同程度的残缺,可根据其损坏程度,通过调整系数予以调整。

采用市场法评估产成品时,现行市价中包含了成本、税金和利润的因素,如何处理待实现的利润和税金,就成为一个不可忽视的问题。对此,人们有不同的看法,一种意见认为,用市场法评估的产成品价格,应以扣除流转税、所得税和相应的销售费用后的余额作为评估价格;另一种意见认为只应扣除流转税和相应的销售费用,不应扣除所得税;第三种意见认为,只应扣除销售费用,不必扣除各种税。

我们认为,对这一问题应作具体分析,应视产成品评估的特定目的,即将发生的何种经济行为而定。假如以产成品出售为目的,就应直接以现行市场价格作为其评估值,而无须考虑扣除其销售费用和税金。理由是,任何以低于市场价格的评估值,对于卖方来说都是不能够接受的。另外,对于交纳增值税的产成品来说,其销项税额尽管向购买方收取,但并不构成产成品价格。而且,对于买方来说,支付给卖方的销项税额即为自身的进项税额,在买进的产成品再卖出时,所支付税款是销项税款与进项税款的差额,本身意味着税款的扣除。在对企业以投资为目的进行产成品评估时,由于产成品在新的企业中按市价销售后,流转税金和所得税等就要流出企业,追加的销售费用也应得到补偿;另一方面,产成品评估值折价后作为投资者权益,具有分配收益的依据,因此,在这种情况下,必须从市价中扣除各种税金和利润后,才能作为产成品评估值。

运用市场法评估产成品,原则上可根据《资产评估操作规范意见(试行)》第四十三条的要求,对于十分畅销的产品,根据其出厂销售价格减去销售费用和全部税金确定评估值;对于正常销售的产品,根据其出厂销售价格减去销售费用、全部税金和适当数额的税后净利润确定评估值;对于勉强能销售出去的产品,根据其出厂销售价格减去销售费用、全部税金和税后净利润确定评估值。对于滞销、积压、降价销售产品,应根据其可收回净收益确定评估值。

【例 8-7】　某制药厂生产的胃得安片,账面值 871 004.65 元。评估中,根据制药厂提供的年度会计报表以及评估人员清查可知,基准日胃得安片的库存数量为 287 319 瓶,账面单价 3.03 元/瓶,出厂价 3.95 元/瓶(含增值税)。该产品的销售费用率为 2.33%。销售税金及附加占销售收入的比例为 1.4%,利润率为 14.48%,根据计算公式:

$$评估值 = 库存数量 \times (不含税出厂单价 - 销售税金 - 销售费用 - 所得税) \quad (8-12)$$

胃得安片评估值 $= 287\,319 \times (3.95/1.17) \times (1 - 2.33\% - 1.4\% - 14.48\% \times 33\%) = 888\,592$(元)

第三节　债券类及货币类流动资产评估

一、应收账款及预付账款

企业的应收账款和预付账款主要指企业在经营过程中由于赊销等原因而形成的尚未收回的款项以及企业根据合同规定预付给供货单位的货款等。这些应收账款和预付款项属于企业债权性流动资产。但由于存在一定的回收风险,因此,在对这些资产估算时,一般应从两方面进行:一是清查核实应收账款数额(这里主要说明应收账款评估,预付款项评估可比照进行);二是判断估计可能的坏账损失。

应收账款及预付账款评估时在对企业各种应收及预付账款核实的基础上,格局每笔款项可收回的数额确定评估值。应收及预付账款评估值的基本公式为:

应收及预付账款评估值 = 应收及预付账款账面余额 - 已确定坏账损失 - 预计可能发生的坏账损失与费用　　　　　　　　　　　　　　　　　　　　　　　　　(8-13)

（一）应收账款及预付账款的评估步骤

具体进行应收账款的评估时，可按照下列步骤进行：

1. 确定应收账款账面价值

评估时可根据债权资产内容进行分类，即将外部债权、机构内部独立核算单位之间往来及其他债权分成几类，并根据其特点及内容，采取不同的方法进行核实。（1）对外部债权，除了账证核对、账表核对外，应要求按客户名单发函核对，查明各项应收账款的虚实和金额，以及每一笔账款是否具有合法、有效的原始凭证。此外，还要注意查明各笔款项发生的时间，债务人单位的基本情况，并进行详细记录，作为在评估时预计坏账损失的重要依据。（2）需要特别注意的是：对机构内部独立核算单位之间的往来必须进行双向核对，避免重计、漏计及其他不真实的债权关系。（3）对预付货款重点应对货已到，但尚未结清的项目进行核对，避免将已到的货物按账外资产处理，重复计算资产价值。

2. 确认已发生的坏账损失

已发生的坏账损失是指评估时债务人已经死亡或破产倒闭，以及有明显证据证明确实无法收回的应收账款。对于已确认的坏账损失，在评估其价值时，应该从应收账款价值中扣除。

3. 确定可能发生的坏账损失

对于被评估企业的应收账款，应根据应收账款收回的可能性进行判断。一般可以根据企业与债务人的业务往来和债务人的信用情况将应收账款分为几类，并按不同类别估计坏账损失发生的可能性及其数额。应收账款的分类情况如下：

第一类：业务往来较多，债务人结算信用好。这类应收账款一般能够如期全部收回。

第二类：业务往来少，债务人结算信用一般。该类应收账款收回的可能性很大，但收回时间不能完全确定。

第三类：偶然发生业务往来，债务人信用情况未能调查清楚。这类应收账款可能只收回一部分。

第四类：有业务往来，但债务人信用状况较差，有长期拖欠货款的记录。这类应收账款可能无法收回。

（二）预计坏账损失估计方法

上述分类方法，既是对应收账款坏账损失可能性的判断过程，也是对预计坏账损失定量分析的准备过程。对预计坏账损失估计方法主要有以下几种：

1. 坏账比例法

该方法是根据被评估企业前若干年（一般为三至五年）的实际坏账损失额占其应收账款发生额的百分比确定坏账比例。然后用核实后的应收账款数额乘以坏账比例，得出坏账损失的数额。计算公式为：

$$坏账损失额＝核实后的应收账款数额×坏账比例 \qquad (8-14)$$

$$坏账比例＝\frac{评估前若干年发生的坏账数额}{评估前若干年应收账款}×100\% \qquad (8-15)$$

当然，如果一个企业的应收项目多年未清理，账面找不到处理坏账的数额，也就无法推算出坏账损失率，在这种情况下就不能采用这种方法。

【例 8-8】 对某企业进行整体资产评估，经核实，截至评估基准日，应收账款的账面余额为 520 万元，前 5 年的应收账款发生情况及坏账处理情况如表 8-4 所示。

表 8-4 坏账损失情况表 单位:元

年度	应收账款余额	处理坏账额	备注
第1年	1 500 000	200 000	
第2年	2 450 000	72 000	
第3年	2 500 000	120 000	
第4年	3 050 000	83 500	
第5年	2 140 000	10 100	
合计	11 640 000	485 600	

由此计算前5年坏账占应收账款的百分比为:

坏账占应收账款的比例＝(485 600/11 640 000)×100％＝4.17％

预计坏账损失额为:520×4.17％＝21.684(万元)

需要特别说明的是:确定坏账损失比例时,还应该分析因特殊原因造成的坏账损失。在计算坏账损失比例时,应将因特殊原因造成的坏账从中剔除,不能直接作为预计未来坏账损失的依据。

2. 账龄分析法

该方法是根据应收账款账龄的长短,分析应收账款预计可收回的金额及其产生坏账的可能性。一般来说,应收账款账龄越长,产生坏账损失的可能性就越大。因此,可将应收账款按账龄长短分成不同组别,按不同组别估计坏账损失的可能性,进而估计坏账损失的金额。

【例8-9】 在对某企业进行评估时,经核实,该企业应收账款实有额为858 000元,具体发生情况以及由此确定坏账损失情况如表8-5、8-6:

表 8-5 应收账款账龄分析表 单位:元

欠款单位	总金额	其中:未到期	半年	1年	2年	3年及3年以上
甲	487 000	202 000	85 000	160 000	40 000	—
乙	176 000	80 000	40 000	—	10 000	46 000
丙	66 000	—		18 400	32 000	15 600
丁	129 000	22 000	18 000	24 000	25 000	40 000
合计	858 000	304 000	143 000	202 400	107 000	101 600

表 8-6 坏账损失计算分析表 单位:元

账龄	应收金额	预计坏账损失率	坏账金额
未到期	304 000	1％	3 040
已过期:半年	143 000	10％	14 300
1年	202 400	15％	30 360

（续表）

账龄	应收金额	预计坏账损失率	坏账金额
2年	107 000	25％	26 750
3年以上	101 600	43％	43 688
合计	858 000	—	118 138

根据上表计算的应收账款评估值＝858 000－118 138＝739 862(元)

应收账款的评估应该考虑相应的费用。而且，评估以后，账面上的"坏账准备"科目应按零值计算。因为"坏账准备"科目是应收账款的备抵账户，是企业根据坏账损失发生的可能性采用一定的方法计提的。对应收账款评估时，是按照实际可收回的可能性进行的。因此，应收账款评估值就不必再考虑坏账准备数额。

二、应收票据

应收票据是由付款人或收款人签发、由付款人承兑、到期无条件付款的一种书面凭证。

应收票据按承兑人不同可分为商业承兑汇票和银行承兑汇票；按其是否带息分为带息商业汇票和不带息商业汇票。商业汇票可经指定受款人在其背面签章后(即背书)，将其转让他人；也可以把未到期的商业汇票转让给银行(即贴现)。由于商业汇票有带息和不带息之分，所以对不带息票据，其评估值即是其票面额。对于带息票据，应收票据的评估值应由本金和利息两部分组成。本金是指出票人承诺的债务金额，也就是票据面值，利息则为债务到期时所应支付的资金使用成本。

应收票据的评估可采用下列两种方法进行：

（一）按本金加利息确定

应收票据的评估价值为票据的面值加上应记的利息。其计算公式为：

$$应收票据评估值＝本金×(1＋利息率×时间) \tag{8-16}$$

【例8-10】 某企业拥有一张期限为一年的票据，本金75万元，月息为10‰，截至评估基准日离付款期尚差三个半月的时间。由此确定评估值为：

$$75×(1＋10‰×8.5)＝81.375(万元)$$

（二）按应收票据的贴现值计算

是指对企业拥有的尚未到期的票据，按评估基准日到银行申请贴现可获得的贴现值计算确定评估值。计算公式为：

$$应收票据评估值＝票据到期价值－贴现息 \tag{8-17}$$

$$贴现息＝票据到期价值×贴现率×贴现期 \tag{8-18}$$

$$贴现期＝票据到期天数(票据期限)－持票天数 \tag{8-19}$$

【例8-11】 某企业向甲企业售出一批材料，价款800万元，商定6个月收款，采取商业承兑汇票结算。该企业于4月10日开出汇票，并经甲企业承兑。汇票到期日为10月10日。现对该企业进行评估，基准日为6月10日。由此确定贴现日期为120天，贴现率按月息6‰计算。则有：

$$贴现息＝800×120×(1/30)×6‰＝19.2(万元)$$

$$应收票据评估值＝800－19.2＝780.8(万元)$$

与应收账款相类似,如果被评估的应收票据系在规定的时间尚未能收回的票据,由于会计处理上将不能如期收回的应收票据转入应收账款账户,此时按应收账款的评估方法进行价值评估。

三、待摊费用的评估

待摊费用[《企业会计准则》(2006 年)将其包含在"1 年内到期的非流动资产"科目中]是指是指企业中已经支付或发生,但应由本月和以后月份负担的费用。待摊费用本身不是资产,它是已耗用资产的反映,但它的支出可以形成一定形态有形资产和无形资产。因此,要评估确定待摊费用的价值,实际上是确定其实体资产或某种权利的价值。对于待摊费用的评估,原则上应按其形成的具体资产价值来确定。

例如,某企业待摊费用中,发生的待摊修理费用 1 万元,而在机器设备评估时,由于发生大修理费用会延长机器设备寿命或增加其功能,使机器设备评估值增大,因此,待摊费用 1 万元已在机器设备价值中得以实现,这部分反映在待摊费用中的价值不应体现。

四、预付费用的评估

预付费用之所以作为资产,是因为这类费用在评估日之前企业已经支出,但在评估日之后才能产生效益。如预付的报纸杂志费、预付保险金、预付租金等。因而,可将这类预付费用看作是未来取得服务的权利。预付费用的评估主要依据其未来可产生效益的时间。如果预付费用的效益已在评估日前全部体现,只因发生的数额过大而采用分期摊销的办法,那么这种预付费用不应在评估中作价。只有那些在评估日之后仍将发挥作用的预付费用,才是评估的对象,才具有相应的评估值。

【例 8-12】 某资产评估公司受托对现某企业预付费用进行单项评估,评估基准日为 2014 年 6 月 30 日。有关资料如下:企业截至评估基准日待摊和预付费用账面余额为 86.78 万元(不含车间在制品成本),其中有预付一年的保险金 7.56 万元,已摊销 1.89 万元,余 5.67 万元;尚待摊销的低值易耗品余额 39.71 万元;预付的房租租金 25 万元,已摊销 5 万元,余 20 万元。根据租约,始租时间为 2012 年 6 月 30 日,租约终止期为 2017 年 6 月 30 日。评估人员根据上述资料进行如下评估:

(1) 预付保险金的评估

根据保险金全年支付数额计算每月应分摊数额为:

$$75\,600 \div 12 = 6\,300(元)$$

$$应预留保险金(评估值) = 6\,300 \times 6 = 37\,800(元)$$

(2) 未摊销的低值易耗品的评估

低值易耗品根据实物数量和现行市场价格评估,评估值为 412 820 元。

(注:体现在未摊销的低值易耗品的评估应避免与在用的实物低值易耗品重复评估)

(3) 租入固定资产的评估

租入固定资产的价值按租约规定的租期和五年总租金计算,每年的租金为 5 万元,租赁的房屋尚有 3 年使用权。

$$评估值 = 5 \times 3 = 15(万元)$$

$$评估结果为:37\,800 + 412\,820 + 150\,000 = 600\,620(元)$$

五、现金和各项银行存款的评估

对于现金及各项银行存款等货币资产而言,不会因时间的变化而发生差异。因此,严格地讲不存在评估问题,所谓的评估实际上是对现金和各项银行存款的清查确认。具体做法是,首先通过清查盘点及与银行对账,核实现金和各项银行存款的实有数额;然后以核实后的实有数额作为评估值。如有外币存款,可按当时的国家外汇牌价折算成人民币金额。在对现金和各项银行存款审核时应重点注意以下两点:

(1) 是否有"白条子"抵库的现象。如果出现这种情况,应该要求企业将"白条子"按财会核算要求,要么健全手续,填制合法的会计凭证入账,要么退回"白条子",现金返库。对于按以上方法处理不了的,且又属于必须发生的"白条子",可视不同情况分别处理:对于一些业务正常、真实合理的,只要手续健全,可以视同"现金"顶替库存;凡不符合上述情况的,均视为"短库"而从库存额中核减,按实际库存额确定评估值。

(2) 企业编制的"银行存款调节表"是否准确以及"未达账项"的未达时间。在对企业各项存款审核时,可能会出现企业"银行存款"账户余额与银行存款对账单余额不一致的情况,要求企业编制"银行存款调节表",看调整后的银行存款余额与调整后的企业银行存款余额是否一致,特别要对"未达账项"重点审核,如有些"未达账项"的未达时间竟长达三年以上,其性质已发生了根本的变化,已由原来的"未达账项"变成了"坏账损失"应从银行存款中予以扣除。

思 考 题

一、单项选择题

1. 先进先出、后进先出等存货计价方法的差异(　　)评估结果。
   A. 影响　　　　　B. 不影响　　　　　C. 部分影响　　　　　D. 直接影响

2. 被评估企业 1999 年 5 月购进 1 000 公斤 A 材料,单价为 100 元,2000 年 3 月购进 200 公斤 A 材料,单价为 110 元,企业按先进先出法计价,2000 年 10 月对该批材料进行评估,当时该企业尚存 A 材料 1 500 公斤,当时的市场价格为每公斤 120 元,该批 A 材料的评估值最接近于(　　)元。
   A. 165 000　　　　　B. 150 000　　　　　C. 157 500　　　　　D. 180 000

3. 材料盘盈盘亏的评估应以(　　)原则进行评估。
   A. 有无账面存款　　B. 有无使用　　　　C. 有无实物存在　　D. 有无原始凭证

4. 确定低值易耗品成新率时应根据(　　)确定。
   A. 实际损耗程度　　　　　　　　　B. 账面已摊销数额
   C. 账面未摊销数额　　　　　　　　D. 低值易耗品账面余额

5. 被评估对象为 1 000 件在产品,完工程度为 80%,此时账内产成品价值为每件 100 元,其中原材料占 60%,工资费用占 25%,制造费用及其他费用占 15%,清查鉴定后有 100 件为废品,可回收价值 1 000 元,经调查了解评估基准日,原材料、人员工资、制造及其他费用的价格水平分别是企业入账时 1.1 倍、1.2 倍和 1.12 倍,不考虑其他因素,则评估值最接近于(　　)元。
   A. 82 000　　　　　B. 102 520　　　　　C. 112 800　　　　　D. 113 800

6. 被评估对象为甲产成品,共计 2 000 件,账面值为 100 000 元。根据会计资料,在甲产成品账面值中原材料成本占 65%,人工费用及其他费用占 35%。已知在评估基准日原材料价格比甲产成品入账时上升了 5%,人工及其他费用比入账时平均上升了 1%,全部甲产成品保存完好,若不考虑其他因素,则甲产成品的评估值最接近于(   )元。

    A. 103 100   B. 103 600   C. 104 850   D. 106 000

7. 对于十分畅销的产品应根据(   )确定评估值。

    A. 销售价格减销售费用、全部税金和部分税后净利润

    B. 销售价格减去销售费用、全部税金和全部税后净利润

    C. 销售价格减去销售费用和全部税金

    D. 销售价格减去全部税金和税后净利润

8. 甲公司委托评估的应收款项账面原值 5 000 元,坏账准备 500 元,净值 4 500 元。评估时确定其回收风险损失率 20%,审计机构确定的坏账准备为 800 元,该应收款项的评估值接近于(   )元。

    A. 3 600   B. 3 700   C. 4 000   D. 4 500

9. 某企业拥有一张期限 6 个月的商业汇票,票面金额 100 万元,月息 10‰,评估基准日离票据到期还有四个月,如用本利和法评估,该票据评估值应为(   )万元。

    A. 100   B. 102   C. 104   D. 106

10. 企业年初预付全年房租 7 200 元,当年 4 月 1 日进行评估时账面金额为 4 800 元,该预付费用最可能评估值为(   )元。

    A. 5 400   B. 4 800   C. 2 400   D. 1 800

二、多项选择题

1. 下列选项属于流动资产的特点主要是(   )。

    A. 周转速度快   B. 变现能力强   C. 波动性   D. 实物性

2. 流动资产评估的特点有(   )。

    A. 流动资产评估是单项评估

    B. 必须合理确定流动资产评估的基准时间

    C. 既要认真进行资产清查,同时又要分清主次,掌握重点

    D. 流动资产周转速度快,变现能力强,在价格变化不大的情况下,资产的账面价值基本上可以反映出流动资产的现值

3. 流动资产清查采用的方法主要是(   )。

    A. 点面推算   B. 抽查   C. 重点清查   D. 全面清查

4. 某企业拟用部分资产投资组建新公司,不宜纳入本次评估范围的流动资产包括(   )。

    A. 外单位委托加工材料   B. 已卖出,但尚未运走的商品

    C. 代保管的材料物资   D. 尚未到期的票据

5. 按存在形态的不同而分类的四种类型流动资产的评估方法选择说法正确的是(   )。

    A. 对于实物类流动资产,可以采用市场法和成本法

    B. 对于货币类流动资产,其清查核实后的账面价值本身就是现值,不需采用特殊方法进行评估,只是应对外币存款按评估基准日的汇率进行折算

C. 对于债权类流动资产评估,宜采用可变现净值进行评估

D. 用成本法评估流动资产时,一般无需考虑资产的功能性贬值因素,而资产的有形损耗(实体性损耗)的计算也只适用于低值易耗品以及呆滞、积压流动资产的评估

三、计算题

某企业被其他企业兼并,生产全面停止,现对其库存的在产品 A、B、C 进行评估。有关的评估资料如下:

(1) 在产品 A 已从仓库中领出,但尚未进行加工处理。这批在产品 A 共有 1 000 件,账面价值为 25 000 元,经调查,该在产品如完好无损的出售,单位市价为 20 元/件。

(2) 在产品 B 已加工成部件,共有 500 件,账面价值为 5 500 元,可通过市场调剂且流动性较好。据调查了解,该在产品的市场可接受价格为 10 元/件,调剂费用为 100 元,但调剂存在风险,预计能够实现调剂价格的 90%。

(3) 在产品 C 已加工成部件,账面价值为 3 000 元,但是对于兼并后的企业来说,在产品 C 已经没有继续加工的价值,而且也无法调剂出去。经分析,该在产品只能作为报废的在制品处理,可回收的价格为 500 元。

根据以上资料,试用市场法确定该企业在产品的评估值。

第九章 企业价值评估

第一节 企业价值评估基础知识

一、企业及其特点

现代企业不仅是一个经济组织,它的存在还必须接受一定的法律法规的约束。世界上各个国家均对企业从法律角度进行界定,如我国的《公司法》《企业法》对企业的界定,均强调企业是依法成立的社会经济组织,明确指出了企业的法律属性。在进行企业价值评估中,评估人员不仅要熟悉企业的经济性质,还必须了解企业的法律属性,如产权状况等。企业可以定义为:企业是以盈利为目的,按照法律程序建立的经济实体,形式上体现为由各种要素资产组成并具有持续经营能力的自负盈亏的经济实体。进一步说,企业是由各个要素资产围绕着一个系统目标,发挥各自特定功能,共同构成一个有机的生产经营能力和获利能力的载体及其相关权益的集合或总称。企业作为一类特殊的资产,具有自身的特点:

1. 盈利性

企业作为一类特殊的资产,其经营目的就是盈利。为了达到盈利的目的,企业需要在既定的生产经营范围内,以其生产工艺为主线,将若干要素资产有机组合并形成相应的生产经营结构和功能。

2. 持续经营性

企业要获取盈利,必须进行经营,而且要在经营过程中努力降低成本和费用。为此,企业要对各种生产经营要素进行有效组合并保持最佳利用状态。影响生产经营要素最佳利用的因素很多,持续经营是保证正常盈利的一个重要方面。

3. 整体性

构成企业的各个要素资产虽然各具不同性能,只要它们在服从特定系统目标前提下构成企业整体,企业的各个要素资产功能可能会产生互补,因此,它们可以被整合为具有良好整体功能的资产综合体。当然,即使构成企业的各个要素资产的个体功能良好,如果它们不能服从特定系统目标拼凑成企业,它们之间的功能可能就会不匹配,由此组合而成的企业整体功能也未必很好。因此,整体性是企业区别于其他资产的一个重要特征。

4. 权益可分性

作为生产经营能力载体和获利能力载体的企业具有整体性的特点。与载体相对应的企业权益却具有可分性的特点。企业的权益可分为股东全部权益和股东部分权益。

二、企业价值评估对象界定

企业本身就是一个复合的概念,有法律层面上的、经济层面上的、工艺技术层面上的、资产层面上的和市场层面上的,等等。企业价值也是一个复合的概念,它包含了企业整体价值、企业投资资本价值、企业股东全部权益价值和企业股东部分权益价值等。因此,在进行企业价值评估时,首先界定清楚评估标的物或评估对象,以及评估的价值目标是非常重要的。

企业价值评估的对象通常是指企业整体价值、股东全部权益价值和股东部分权益价值。在中国资产评估协会 2004 年 12 月 30 日颁布的《企业价值评估指导意见(试行)》第三条中明确指出:"本指导意见所称企业价值评估,是指注册资产评估师对评估基准日特定目的下企业整体价值、股东全部权益价值或部分权益价值进行分析、估算并发表专业意见的行为和过程。"

企业整体价值是企业总资产价值减去企业负债中的非付息债务价值后的余值,或用企业所有者权益价值加上企业的全部付息债务价值表示。

企业股东全部权益价值就是企业的所有者权益价值或净资产价值。

股东部分权益价值其实就是企业一部分股权的价值,或股东全部权益价值的一部分。股东部分权益价值概念并不难理解,但由于存在着控股权溢价和少数股权折价因素,资产评估人员应当知晓股东部分权益价值并不必然等于股东全部权益价值与股权比例的乘积。在资产评估实务中,股东部分权益价值的评估通常是在得到股东全部权益价值后再来评定,评估人员应当在适当及切实可行的情况下考虑由于控股权和少数股权等因素产生的溢价或折价,应当在评估报告中披露是否考虑了控股权和少数股权等因素产生的溢价或折价。

由于企业价值的表现形式是多层次的,资产评估人员在评估企业价值时,应当根据评估目的的不同、委托方的要求等谨慎区分评估的是企业整体价值、股东全部权益价值,还是股东部分权益价值,并在评估报告中明确说明。

不论评估的是哪一种价值,它们都是企业在特定时期、地点和条件约束下所具有的持续获利能力的市场表现。

企业价值评估具有以下特点:

(1) 评估对象是由多个或多种单项资产组成的资产综合体;

(2) 决定企业价值高低的因素,是企业的整体获利能力;

(3) 企业价值评估是一种整体性评估。

三、企业价值评估的范围界定

企业价值评估范围是指为了合理评价企业价值,以评估对象为标的及其延伸的需要进行评估的对象范围和工作范围。

1. 企业价值评估的一般范围

企业价值评估的一般范围,就一般意义上讲,是为进行企业价值评估所应进行的具体工作范围,通常是指企业产权涉及的具体资产范围。不论是进行企业整体价值评估、股东全部权益价值评估,还是进行股东部分权益价值的评估,其实都要求对企业进行整体性评估,企业价值评估的工作范围必然要涉及企业产权内的所有资产。从产权的角度界定,企业价值评估的一般范围应该是企业产权涉及的全部资产,包括企业产权主体自身拥有并投入经营的部分、企业产权主体自身拥有未投入经营部分、虽不为企业产权主体自身占用及经营但可以由企业产权主体控制的部分(如全资子公司、控股子公司以及非控股公司中的投资部分);企业拥有的非法人资格的派出机构、分部及第三产业;企业实际拥有但尚未办理产权的资产等。在具体界定企业价值评估的一般范围时,应根据以下有关数据资料进行:

(1) 企业价值评估申请报告及上级主管部门批复文件所规定的评估范围；

(2) 企业有关产权转让或产权变动的协议、合同、章程中规定的企业资产变动的范围；

(3) 企业有关资产产权证明、账簿、投资协议、财务报表；

(4) 其他相关资料等。

2. 企业价值评估中的有效资产和溢余资产

企业价值的形成基于企业整体盈利能力，评估人员判断估计企业价值，就是要正确分析和判断企业的盈利能力；企业是由各类单项资产组合而成的资产综合体，这些单项资产对企业盈利能力的形成具有不同的作用和贡献。在对企业价值评估的一般范围进行界定之后，并不一定要将所界定的企业价值评估一般范围内的所有具体资产都按一种评估思路进行评估，通常需要将企业价值评估一般范围内的具体资产按照其在企业中发挥的功效，划分为有效资产和溢余资产。在企业价值评估中有效资产和溢余资产的划分及其定义都是特指的，仅仅在企业价值评估具体操作中使用，这些定义并不具有一般性。其中，有效资产是指企业中正在运营或虽未运营但是企业需要的且具有潜在运营经营能力，并能对企业盈利能力做出贡献、发挥作用的资产。溢余资产是指企业中不能参与生产经营，不能对企业盈利能力做出贡献的相对过剩及无效的资产，例如，企业中多余的非经营性资产、闲置资产，以及虽然是经营性的资产，但在被评估企业中已失去经营能力和获利能力的资产等。将企业价值评估一般范围内的具体资产按其在企业盈利能力的形成过程中是否做出贡献划分为有效资产和溢余资产，目的在于要正确揭示企业价值。企业盈利能力是企业中有效资产共同作用的结果，有效资产是企业价值评估的基础，溢余资产虽然也可能有交换价值，但溢余资产的交换价值与有效资产价值的决定因素、形成路径是有差别的。要正确揭示和评价企业价值，就需要将企业价值评估一般范围内的有效资产和溢余资产进行正确界定与区分，将企业的有效资产作为运用各种评估途径与方法评估企业价值的基本范围或具体操作范围，对溢余资产单独进行评估或其他技术处理。将企业价值评估一般范围内的具体资产按照其在企业中发挥的功效，划分为有效资产和溢余资产，有效资产和溢余资产的合理划分是进行企业价值评估的重要前提，有效资产和溢余资产划分得是否合理将直接影响运用不同评估途径与方法评估企业价值结果的合理性和可信程度，有效资产和溢余资产的正确划分也是运用多种评估途径与方法对企业进行价值评估的重要前提。

3. 企业价值评估一般范围及有效资产与溢余资产

(1) 对于在评估时点产权不清的资产，应划为"待定产权资产"，可以列入企业价值评估的一般范围，但在具体操作时，应做特殊处理和说明，并需要在评估报告中披露。

(2) 在产权清晰的基础上，对企业的有效资产和溢余资产进行区分。在进行区分时应注意把握以下几点：第一，对企业有效资产的判断，应以该资产只对企业盈利能力形成的贡献为基础，不能背离这一原则；第二，在有效资产的贡献下形成的企业盈利能力，应是企业的正常盈利能力，由于偶然因素形成的短期盈利及相关资产，不能作为判断企业盈利能力和划分有效资产的依据；第三，评估人员应对企业价值进行客观揭示，如企业的出售方拟进行企业资产重组，则应以不影响企业盈利能力为前提。

(3) 在企业价值评估中，对溢余资产有两种处理方式：一是进行"资产剥离"，将企业的溢余资产在运用多种评估途径及其方法进行有效资产及其企业价值评估前单独剥离出去，溢余资产作为独立的部分进行单独评估，评估价值不计入企业价值中，并在评估报告中予以披露；

二是将企业的溢余资产在运用多种评估途径及其方法进行有效资产及其企业价值评估前单独剥离出去,用适合溢余资产的评估方法将其进行单独评估,并将评估值加总到企业价值评估的最终结果之中,并在评估报告中予以披露。

四、企业价值评估中的价值类型

与其他资产评估结果的价值类型分类一样,企业价值评估中的价值类型也划分为市场价值和非市场价值两类。

企业价值评估中的市场价值从价值属性的角度定义,是指企业在评估基准日公开市场上正常使用状态下最有可能实现的交换价值的估计值。

评估企业的市场价值要求评估人员评估所使用的信息资料都来源于市场,就是说,即使是企业提供的是真实的数据资料,评估人员也需要进行认真分析,判断这些信息资料是否属于公开市场信息,用于企业市场价值评估的信息资料必须是公开市场信息。由于评估企业价值的市场价值所依据的信息资料都来源于公开市场,因此,企业价值评估中的市场价值的公允合理性是面向整个市场的,而不是针对某个特殊投资者的。

企业价值评估中的市场价值以外的价值并不是一种具体的价值类型,它是一系列不符合企业价值评估中的市场价值定义条件的价值形式的总称或组合。企业价值评估中的市场价值以外的价值也是企业公允价值具体表现形式的一类概括,企业价值评估中市场价值以外的价值主要有投资价值、持续经营价值、保险价值、清算价值等。

投资价值是指企业对于具有明确投资目标的特定投资者或某一类投资者所具有的价值,如企业并购中的被评估企业对于特定收购方的收购价值;关联交易中的企业交易价值;企业改制中的管理层收购价值等。企业的投资价值可能正好等于企业的市场价值,也可能高于或低于企业的市场价值。企业的投资价值与投资性企业价值是两个不同的概念,投资性企业价值是指特定主体以投资获利为目的而持有的企业在公开市场上按其最佳用途实现的市场价值。

持续经营价值是指被评估企业按照评估基准日时的用途、经营方式、管理模式等继续经营下去所能实现的预期收益(现金流量)的折现值:企业的持续经营价值是一个整体的价值概念,是相对于被评估企业自身既定的经营方向、经营方式、管理模式等所能产生的现金流量和获利能力的整体价值。由于企业的各个组成部分对企业的整体价值都有相应的贡献,企业持续经营价值可以按企业各个组成部分资产的相应贡献被分配给企业的各个组成部分资产,即构成企业各局部资产的在用价值。

企业的持续经营价值可能正好等于企业的市场价值,也可能高于或低于企业的市场价值。

保险价值是指根据企业的保险合同或协议中规定的价值定义所确定的价值。

清算价值从性质上讲,是指企业处于清算、迫售、快速变现等非正常市场条件下所具有的价值,或设定企业处于清算、迫售、快速变现等非正常市场条件下所具有的价值。从数量看,企业的清算价值是指企业停止经营,变卖所有的企业资产减去所有负债后的现金余额。这时企业价值应是其构成要素资产的可变现价值。破产清算企业的价值评估,不是对企业持续经营前提下的价值揭示,该类企业作为生产要素整体继续经营已经不经济了,或者企业作为生产要素整体已经丧失了盈利能力,因而也就不具有通常意义上的持续经营企业所具有的价值。对破产清算企业进行价值评估,实际上是对该企业的单项资产的变现价值之和进行判断和估计。

企业的清算价值是在企业处于生产要素整体继续经营已经不经济了或者已经丧失了盈利

能力的特殊情况下的价值,或假设企业生产要素整体继续经营已经不经济了或者已经丧失了盈利能力前提下的一种评估价值。在企业作为生产要素整体继续经营已经不经济了或者已经丧失了盈利能力的情况下,企业在清算前提下的清算价值并不必然小于企业在持续经营前提下的价值。如果出现了企业生产要素整体继续经营已经不经济了或者已经丧失了盈利能力这种情况,评估人员可以向委托方提出咨询建议,建议相关权益人启动被评估企业的清算程序。如果相关权益人有权启动被评估企业的清算程序,资产评估人员应当根据委托,分析被评估企业在清算前提下价值大于在持续经营前提下价值的可能性和评估价值。

五、转型经济条件下,企业价值评估的风险估计问题

在企业价值评估中,收益法是国内外公认的主要评估方法,我国评估界也开始从过去的资产基础法转向收益法评估企业价值。在运用收益法时,一个关键的因素就是需要用同风险相符的贴现率来折现企业未来的现金流。在成熟市场经济条件下,企业面临的宏观经济环境较为稳定,市场行为较为规范企业面临的未来风险相对更易预期和估计。但在转型经济条件下,企业交易双方所面临的风险和障碍远大于成熟市场,企业价值评估也变得格外困难。在我国转型经济中,企业面临的风险包括通胀率波动、经济不稳定、资本控制权变动、国家有关政策的变化、合同法和投资者权益定义模糊、会计制度松弛等。对这些风险的评估不同,对企业的估值就会大相径庭。传统的评估方法大多数将风险反映在贴现率中,缺乏深入的分析,也无助于人们对风险更好地理解。评估人员也可采用另外一种方法考虑风险,即进行加权平均风险概率的分析,将风险反映在现金流预测中。首先,评估人员可以根据宏观经济各项指标及行业和公司未来可能面临的风险建立不同的假设情境,并对各种假设情境的概率进行估计。然后,分析各种假设情境下现金流的各组成部分是如何变化的,并对现金流量过进行调整。

六、资料收集

(一)企业价值评估中的需收集的信息资料

根据企业价值评估相关准则的要求,以及评估实践经验,企业价值评估需要收集的信息资料涉及以下几个方面:企业内部信息、企业经营环境(外部)信息、市场信息等。

1. 企业内部信息

与企业价值评估相关的企业内部信息主要包括企业的法律文件、经营信息、财务信息、管理信息和其他信息。

(1)企业的法律文件,例如公司章程、企业各项规章制度、企业重要经营协议合同,包括供货、销货、特许经营、技术转让、房屋设备租赁、银行贷款、保险、劳动合同等。

(2)企业的经营信息,例如企业的类型、规模、主要产品或服务、行业竞争地位、企业年度生产经营计划及执行情况分析、企业发展规划及其相应配套规划等。

(3)企业的财务信息,例如企业的财务报表,包括近几年的资产负债表、利润表、现金流量表、企业资产清单,以及上述资料的比较表等。

(4)企业管理信息,例如企业机构组织示意图、主要领导人简介、人力管理模式等。

(5)企业其他信息,例如企业已做过的资产评估报告、尚未判决的法律诉讼、税务信息等。

2. 企业经营环境(外部)信息

这里所称的企业经营环境信息主要是指与企业经营发展密切相关的宏观经济信息,以及

产业经济信息。

（1）宏观经济信息，例如当前国家经济发展趋势、经济增长速度、国家宏观经济政策等。

（2）产业经济信息，例如产业发展趋势、产业布局、产业在国民经济发展中的地位和作用、产业发展速度、产业技术指标、经济指标和财务指标等。

（3）市场信息

企业价值评估需要的市场信息从大的方面讲主要是资本市场上的相关信息，如与被评估企业相同或相似的上市公司的市场价格、投资回报率、各种价值比率；与被评估企业相同或相似的并购企业交易价格，投资回报率、各种价值比率等。

（二）信息资料的来源渠道

在企业价值评估中，评估人员所需的信息资料主要来自于企业内部和外部，具体而言，包括以下渠道：

1. 企业内部

企业内部是提供企业价值评估相关信息的重要来源。评估人员需要事先编制企业评估资料需求清单，由企业价值评估的委托方根据清单提供相关信息。当然，评估项目的委托方可能不具备完整和合适的信息资料，评估人员应在有关人员的协助下进行调查取证，包括走访企业核心人员、现场勘察等。

2. 企业外部

外部信息资料一般来源于：

（1）政府部门

许多有关企业的信息资料可通过查看各级政府部门的资料获取，如国资委掌握大中型国有企业的信息资料、商务部掌握外资企业的信息资料、工商部门掌握公司的基本等级信息、税务部门掌握企业税收缴纳的信息资料、统计部门有关产业的统计数据等。

（2）证券交易机构

证券市场交易机构包括证监会、证券交易所、证券公司、基金公司等，他们可以提供上市公司的许多相关资料，包括年报、股票价格、行业投资价值分析报告、个股投资价值分析报告等。

（3）媒体

媒体包括杂志社、出版社、网站等，他们可以提供有关宏观经济形势分析、产业分析、企业分析等方面的信息资料。

（4）行业协会或管理机构

行业协会或管理机构是企业价值评估中的一个很好的信息来源，它们能够提供有关产业结构与发展情况，市场竞争情况等信息。

将收集到的信息资料同评估目的核对，删掉不需要的信息，追加收集新需要的信息。并将通过不同渠道收集到的信息资料结合起来互相印证，以保证信息资料的完整新和系统性，并坚定信息的真实性和有效性。通过分析将收集到的信息资料分类汇总，并以图表、数据的形式整理出来，以便更好地服务于评估的各个环节。

七、现场勘察

现场勘察对于整个评估过程极有意义。它不仅可以帮助评估人员获得更加可靠的信息，提高企业价值评估的效率，还有助于被评估企业的管理者了解评估的预期目标。

（一）现场勘察的作用

1. 了解企业的历史

企业的历史应包括企业及其前身是何时成立,在企业发展过程中是否有任何并购或分立,组织基本形式是否有任何改变,企业经营方向是否有任何变化,以及服务地域是否有任何改变。当然也包括企业所有权的主要变化。

一个企业的历史可能比较悠久,但与价值评估分析最相关的部分通常是最近的历史。一个公司主要时间年表会有助于评估人员决定多少年的公司财务数据将会同目前的评估工作相关,并在分析财务报表的时候辨别企业或具体经营环境的主要变化。

2. 了解企业现状

评估人员通过访谈提出问题:企业是做什么的? 为什么要选择做这个产品或服务? 是什么使这个企业有资格做这个产品或服务? 企业所从事业务在经济领域的前景如何? 企业的优势和劣势何在? 能够使企业盈利的关键因素是什么? 企业所在行业的特性是什么? 技术变化对行业影响如何? 在可预见的未来,这个行业的发展趋势如何? 评估师还需要了解企业发展的情况,包括现有产品的进一步开发,新产品和新市场的开拓。还须了解公司的资本性支出情况、收购兼并情况、设立分支机构情况以及公司的研发项目和研发进展。

最后还要了解企业的无形资产,这是现在评估中愈来愈多地被提出的问题。企业的管理层能否定量地分析出自己企业的品牌、商标、版权和专利对于企业获利的贡献? 或者企业是否由于所处地理位置优越、优惠的供货合同或很好的客户关系而获得经济利益呢?

3. 了解管理层收入状况

评估师应该询问公司高级管理人员的年龄、健康状况、受教育程度、职业证书、工作经验、其他背景以及到本公司工作多长时间,判断核心管理人员的红利以及补助是否太多或不足,从而影响企业的正常经营和未来发展。

4. 了解企业经营状况

企业的经营状况是否确实如书面材料所说,评估人员会通过现场勘察鉴定并进一步了解企业是如何经营的,效率如何,企业的前景是越来越好还是日薄西山,了解企业的经营状况大概要了解以下四个方面:第一,企业的原材料与供应商;第二,企业与雇员或与政府之间的关系;第三,企业的存货情况;第四,企业的土地、厂房和设备。

5. 了解企业市场及其开拓情况

评估人员需要了解企业的市场及其开拓情况,包括:企业客户是谁? 为什么客户要买这个企业的产品或服务而不买其他同类企业的? 企业的目标市场是在增长还是在萎缩? 哪些力量决定企业产品或服务的需求以及需求的改变? 市场是否有季节性、周期性或长期性特色? 是否存在某些技术进步而导致市场的份额变化? 若真如此,企业想在竞争中保住原有的市场份额,下一步该怎么办? 如何应对? 如何有效行动? 企业是如何参与竞争的? 其核心竞争力在哪里? 评估人员应该让企业尽量列出它每一项产品或服务的在每一个局部市场上所有竞争对手的名单和市场份额,这样可以粗略估算现有的市场份额以及今后的发展趋势。

6. 了解企业的财务状况

评估人员为了鉴定书面资料所反映财务信息的真实性、合理合法性,可以同企业的财务负责人、控股股东、企业的外聘会计师以及律师进行访谈,访谈的内容包括:流动资产、固定资产、无形资产、流动负债、资本结构、账外的资产与负债、盈利能力与利润、企业保险状况以及股东分红的情况。通过这样一系列的访谈可以是评估人员更清晰地认识到企业会计政策和会计估计是否公允,财务报表是否真实地反映企业的财务状况。

(二) 现场勘察的范围

现场勘察的范围主要是针对被评估企业的资产展开的,一般包括企业的存货、厂房、设备土地等实物资产。

1. 企业的存货

存货包括原材料、在产品和产成品等。评估人员需要通过企业有关人员的协助了解存货中有多少已经报废,有多少受到损坏,有多少是存放多年或根本不能使用的,有哪些存货已经毫无价值却仍然记在账面上,又有哪些存货有剩余价值却已经冲销,存货的周转情况如何。

2. 企业的厂房与设备

企业厂房的规模大小、结构类型,设备维修状况如何,使用率是否很高,是否还有闲置的厂房和设备以备以后的生产发展等,这些对企业的价值有多大的影响。

3. 企业的土地

在我国,土地所有权属于国家和集体,企业对土地只有使用权,在会计上可以单独作为无形资产入账,也可以和地上建筑物一起作为房地产入账。由于土地属于稀缺资源,总体而言具有升值趋势,而在会计上一般不对土地的价值增加调整,这就可能造成土地的账实不符。为此,评估人员需要通过现场勘察,掌握企业土地的相关信息,从而对企业土地对企业价值的影响有初步的判断。

第二节 企业价值评估

结合我国市场经济的发展状况,在众多的企业价值评估方法中,我们选择收益法、市场法、成本法这三大基本评估方法来评估企业的价值。

一、收益法评估企业价值

(一) 收益法的基本原理

1. 收益法评估企业价值的核心问题

在运用收益法对企业价值进行评估时,一个必要的前提是判断企业是否具有持续的盈利能力。只有当企业具有持续的盈利能力时,运用收益法对企业进行价值评估才具有意义。运用收益法对企业进行价值评估,关键在于对以下三个问题的解决:

首先,要对企业的收益予以界定。企业的收益能以多种形式出现,包括净利润、净现金流量(股权自由现金流量)。息前净现金流量(企业自由现金流量)等。选择以何种形式的收益作为收益法中的企业收益,在一定程度上会直接或间接地影响评估人员对企业价值的最终判断。

其次,要对企业的收益进行合理的预测。要求评估人员对企业的将来收益进行精确预测,是不可能的。但是,由于企业收益的预测直接影响对企业盈利能力的判断,是决定企业最终评估值的关键因素,所以,在评估中应全面考虑影响企业盈利能力的因素,客观、公正地对企业的收益作出合理的预测。在企业价值评估实务中,企业收益通常采用期望收益率或期望收益额。

最后,在对企业的收益做出合理的预测后,要选择合适的折现率。合适的折现率的选择直接关系到对企业取得未来收益面临的风险的判断。由于不确定性的客观存在,对企业取得未来收益的风险进行判断至关重要。能否对企业取得未来收益的风险作出恰当的判断,从而选择合适的贴现率,对企业的最终评估值具有较大影响。

2. 收益法的具体评估技术思路

(1) 企业永续经营假设前提下的收益法

a. 年金法。年金法是评价企业价值的一种具体技术方法,适用于未来预期收益相对稳定、所在行业发展相对稳定的企业价值评估。

(1) 年金法的基本公式

$$P = A/r \qquad\qquad (9-1)$$

式中:P——企业评估价值;

A——企业每年的年金收益;

r——资本化率。

由于企业预期收益并不能表现为年金形式,评估人员如果要适用年金法评估企业价值,还需要对被评估企业的预期收益进行综合分析,确定被评估企业的预期年金收益。将企业未来若干年的预期收益进行年金化处理而得到企业年金是若干种分析测算企业年金收益方法中的一种。如果采用将企业未来若干年的预期收益进行年金化处理而得到企业年金的方法,年金法的数学概括式可以写成:

$$P = \sum_{i=1}^{n}\left[R_i \times (1+r)^{-i}\right] \div \sum_{i=1}^{n}\left[(1+r)^{-i}\right] \div r \qquad\qquad (9-2)$$

式中:$\sum_{i=1}^{n}\left[R_i \times (1+r)^{-i}\right]$——企业前 n 年预期收益折现值之和;

$\sum_{i=1}^{n}\left[(1+r)^{-i}\right]$——年金现值系数之和;

r——折现率及资本化率。

用于企业价值评估的年金法,是将已处于均衡状态,其未来收益具有充分的稳定性和可预测性的企业未来若干年的预期收益进行年金化处理,然后再把已年金化的企业预期收益进行收益资本化,估测企业的价值。将企业相对稳定的、可预测的未来若干年预期收益进行年金化处理,仅仅是评估人员分析判断企业未来预期收益的一种方式。如果评估人员认为通过将企业未来若干年的预期收益进行年金化处理而得到的企业年金,足以反映出被评估企业未来预期收益能力和水平,这个企业年金就可以作为评价企业价值的收益额。如果评估人员并不能确信通过年金化处理而得到的企业年金可以反映出被评估企业未来预期收益能力和水平,这个企业年金就不可以直接作为企业价值评估的收益额,而需要通过其他方法估测适合于被评估企业的收益额。

【例 9-1】 待估企业预计未来 5 年的预期收益额为 100 万元、120 万元、110 万元、130 万元和 120 万元,假定企业永续经营,不改变经营方向、经营模式和管理模式,折现率及资本化率均为 10%,运用年金法估测该企业的持续经营价值接近 1 153 万元。具体过程如下:

$$P = \sum_{i=1}^{n} [R_i \times (1+r)^{-i}] \div \sum_{i=1}^{n} [(1+r)^{-i}] \div r$$

$$= (100 \times 0.909\ 1 + 120 \times 0.826\ 4 + 110 \times 0.751\ 3 + 130 \times 0.683\ 0 + 120$$

$$\times 0.620\ 9) \div (0.909\ 1 + 0.826\ 4 + 0.751\ 3 + 0.683\ 0 + 0.620\ 9) \div 10\%$$

$$= (91 + 99 + 83 + 89 + 75) \div 3.790\ 7 \div 10\%$$

$$= 437 \div 3.790\ 7 \div 10\%$$

$$= 1\ 153(万元)$$

b. 分段法。分段法是将永续经营的企业的收益预测分为前后两段。将企业的收益预测分为前后两段的理由在于：在企业发展的某一个期间，企业的生产经营可能处于不稳定状态，因此企业的收益也是不稳定的，而在这个不稳定期间之后，企业的生产经营可能会达到某种均衡状态，其收益是稳定的或按某种规律进行变化。对于不稳定阶段企业的预期收益采取逐年预测，并折现累加的方法。而对于稳定阶段的企业收益，则可以根据企业预期收益稳定程度，按企业年金收益，或按企业的收益变化规律所对应的企业预期收益形式进行折现和资本化处理。将企业前后两段收益现值加在一起便构成企业的评估价值。

假设企业评估基准日后第二段收益取得了年金收益形式（企业评估基准日后第一段收益期最后一年的收益），分段法的数学概括式可写成：

$$P = \sum_{i=1}^{n} [R_i \times (1+r)^{-i}] + \frac{R_n}{r} \times (1+r)^{-n} \qquad (9-3)$$

假设从$(n+1)$年起的后段，企业预期年收益将按一固定比率(g)增长，则分段法的数学概括式可写成：

$$P = \sum_{i=1}^{n} [R_i \times (1+r)^{-i}] + \frac{R_n(1+g)}{r-g} \times (1-r)^{-n} \qquad (9-4)$$

【例 9-2】 待估企业预计未来 5 年的预期收益额为 100 万元、120 万元、150 万元、160 万元和 200 万元，并根据企业的实际情况推断，从第 6 年开始，企业的年收益额将维持在 200 万元水平上，假定资本化率为 10%，使用分段法估测企业的价值。

运用公式：

$$P = \sum_{i=1}^{n} [R_i \times (1+r)^{-i}] + \frac{R_n}{r} \times (1+r)^{-n}$$

$$= (100 \times 0.909\ 1 + 120 \times 0.826\ 4 + 150 \times 0.751\ 3 + 160 \times 0.683$$

$$+ 200 \times 0.620\ 9) + 200/10\% \times 0.620\ 9$$

$$= 536 + 2\ 000 \times 0.620\ 9$$

$$= 1\ 778(万元)$$

承上例资料，假如评估人员根据企业的实际情况推断，企业从第 6 年起，收益额将在第 5 年的水平上以 2% 的增长率保持增长，其他条件不变，试估测待估企业的价值。

运用公式：

$$P = \sum_{i=1}^{n} [R_i \times (1+r)^{-i}] + \frac{R_n(1+g)}{(r-g)} \times (1+r)^{-n}$$

$$= (100 \times 0.909\ 1 + 120 \times 0.826\ 4 + 150 \times 0.751\ 3 + 160 \times 0.683$$

$$+ 200 \times 0.620\ 9) + 200(1+2\%)/(10\% - 2\%) \times 0.620\ 9$$

$$= 536 + 204/8\% \times 0.620\ 9$$

$$=536+2\,550\times0.620\,9$$
$$=536+1\,583$$
$$=2\,119(万元)$$

（2）企业有限持续经营假设前提下的收益法

a. 关于企业有限持续经营假设的适用。对企业而言,它的价值在于其所具有的持续盈利能力。一般而言,对企业价值的评估应该在持续经营前提下进行。只有在特殊的情况下,才能在有限持续经营假设前提下对企业价值进行评估。如企业章程已对企业经营期限做出规定,而企业的所有者无意逾期继续经营企业,则可在该假设前提下对企业进行价值评估。评估人员在运用该假设对企业价值进行评估时,应对企业能否适用该假设做出合理判断。

b. 企业有限持续经营假设是从最有利于企业投资的角度,争取在不追加资本性投资的前提下,充分利用企业现有的资源,最大限度地获取投资收益。直至企业无法持续经营为止。

c. 对于有限持续经营假设前提下企业价值评估的收益法,其评估思路与分段法类似。首先,将企业在可预期的经营期限内的收益加以估测并折现;其次将企业在经营期限后的残余资产的价值加以估测及折现;而后,将两者相加:其公式为:

$$P = \sum_{i=1}^{n}[R_i \times (1+r)^{-i}] + P_n \times (1+r)^{-n} \qquad (9-5)$$

式中:P_n——第 n 年企业资产的变现值;

其他符号含义同前。

在企业价值评估中应用收益法的具体技术思路和方法还有许多,评估人员可以参考本教材关于评估途径和方法的有关章节的内容,在遵循收益法基本原理的基础上,依据被评估企业的具体情况设计具体的评估技术思路和方法,这里不做过多地介绍。

（二）收益的界定及预测

企业的收益额是运用收益法对企业价值进行评估的关键参数。在企业的价值评估中,企业的收益额需要从两个方面来认识和把握:其一,在将企业收益额作为企业获利能力的标志来认识和把握的时候,企业的收益额是指企业在合法的前提下,所获得的归企业所有的所得额,其二,在将企业收益额作为运用收益法评价企业价值的一种媒介的时候,企业的收益额可以是广义上的企业收益额,如息税前利润、企业自由现金流量等。作为企业获利能力标志的企业收益额,是评估人员把握衡量企业价值的根本依据。作为运用收益法评价企业价值的一种媒介的企业收益额,是评估人员把握衡量和判断企业价值的工具。

1. 企业收益的界定

在对企业收益进行具体界定时,应首先注意以下两个方面:

（1）从性质上讲,即从企业价值决定因素的角度上讲,企业创造的不归企业权益主体所有的收入,不能作为企业价值评估中的企业收益。如税收,不论是流转税还是所得税都不能视为企业收益。

（2）凡是归企业权益主体所有的企业收支净额,都可视为企业的收益:无论是营业收支、资产收支,还是投资收支,只要形成净现金流入量,就可视为企业收益。

企业的收益有两种基本表现形式:企业净利润和企业净现金流量(净现金流量＝净利润＋折旧及摊销－追加资本性支出)。而选择净利润还是净现金流量作为企业价值评估的收益基础对企业的最终评估值存在一定的影响。因此,在对企业的收益进行具体界定时,除了需要对企业创造的收入是否归企业所有进行确认之外,还要对企业的收益形式进行明确的界定。一般而言,应选择企业的净现金流量作为用收益法进行企业价值评估的收益基础。就企业价值与收益额的关系而言,实证研究表明,企业的利润虽然与企业价值高度相关,但企业价值最终由其现金流量决定而非由其利润决定。就反映企业价值的可靠性而言,企业的净现金流量是企业实际收支的差额,不容易被更改,而企业的利润则要通过一系列复杂的会计程序进行确定,而且可能由于企业管理当局的利益而被更改。当然,作为运用收益法评价企业价值的一种媒介的企业收益,还可以通过息前净现金流量(企业自由现金流量)、息税前利润、息税前净现金流量等具体指标反映和表示,并通过间接法评估出企业价值。在企业价值评估中选择什么形式和口径的收益额作为折现的基础和标的,则要与每次的评估目标和评估效率相关。

在对企业的收益形式做出说明之后,在企业价值的具体评估中还需要根据评估目标的不同,对不同口径的收益做出选择,如净现金流量(股权自由现金流量)、净利润、息前净现金流量(企业自由现金流量)等的选择。因为不同口径的收益额,其折现值的价值内涵和数量是有差别的。在假设折现率口径与收益额口径保持一致的前提下,净利润或净现金流量(股权自由现金流量)折现或资本化为企业股东全部权益价值(净资产价值或所有者权益价值);净利润或净现金流量加上扣税后的长期负债利息折现或资本化为企业投资资本价值(所有者权益+长期负债);净利润或净现金流量加上扣税后的全部利息(企业自由现金流量)折现或资本化为企业整体价值(所有者权益价值和付息债务之和)。

选择什么口径的企业收益作为收益法评估企业价值的基础,首先应服从企业价值评估的目标,即企业价值评估的目的和目标是评估反映股东全部权益价值(企业所有者权益或净资产价值),还是反映企业所有者权益及长期债权人权益之和的投资资本价值,或企业整体价值(所有者权益价值和付息债务之和)。其次,对企业收益口径的选择,应在不影响企业价值评估目的的前提下,选择最能客观反映企业正常盈利能力的收益额作为对企业进行价值评估的收益基础。对于某些企业,净现金流量(股权自由现金流量)就能客观地反映企业的获利能力,而另一些企业可能采用息前净现金流量(企业自由现金流量)更能反映企业的获利能力,如果企业评估的目标是企业的股东全部权益价值(净资产价值),使用净现金流量(股权自由现金流量)最为直接,即评估人员直接利用企业的净现金流量(股权由现金流量)评估出企业的股东全部权益价值。此种评估方式也被称作企业价值评估的"直接法"。当然,评估人员也可以利用企业的息前净现金流量(企业自由现金流量)首先估算出企业的整体价值(所有者权益价值和付息债务之和),然后再从企业整体价值中扣减企业的付息债务后得到股东全部权益价值。此种评估方式也被称作企业价值评估的"间接法"。评估人员是运用企业的净现金流量(股权自由现金流量)直接估算出企业的股东全部权益价值(净资产价值),还是采用间接的方法先估算企业的整体价值,再估算企业的股东全部权益价值(净资产价值),取决于企业的净现金流量或是企业的息前净现金流量更能客观地反映出企业的获利能力。掌握收益口径和表现形式与不同层次的企业价值的对应关系,以及不同层次企业价值之间的关系是企业价值评估中非常重要的事情。

2. 企业收益预测

严格意义上讲,企业的收益预测或盈利预测应该由企业的管理当局完成。评估师需要对企业提供的盈利预测进行核实和判断,并与企业管理层沟通,确定企业预期收益。基于目前国内企业价值评估的实际情况,被评估企业未必都能提供管理当局的企业盈利预测,或者企业不能提供令人信服的企业盈利预测。在许多情况下,企业的收益预测需要评估师来做,再与企业管理层沟通,确定企业预期收益。不论是对委托方提供的收益预测资料进行核实和判断,还是注册资产评估师独立进行企业预期收益预测,其工作程序与步骤大致如下:首先,是对企业收益的历史及现状的分析与判断。其次,是对企业未来可预测的若干年的预期收益的预测。最后,是对企业未来持续经营条件下的长期预期收益趋势的判断。

（1）对企业收益的历史与现状进行分析和判断的目的,是对企业正常的盈利能力进行掌握和了解,为企业收益的预测创造一个工作平台。

通过对企业收益的历史及现状的分析,判断企业的正常盈利能力,首先要根据企业的具体情况确定分析的重点。对于已有较长经营历史且收益稳定的企业,应着重对其历史收益进行分析,并在该企业历史收益的平均趋势的基础上判断企业的盈利能力。而对于发展历史不长的企业,就要着重对其现状进行分析并主要在分析该企业未来发展机会的基础上判断企业的盈利能力。此外,还要对财务数据并结合企业的实际生产经营情况加以综合分析。可以作为分析判断企业盈利能力参考依据的财务指标有:企业资金利润率、投资资本利润率、净资产利润率、成本利润率、销售收入利润率、企业资金收益率、投资资本收益率、净资产收益率、成本收益率、销售收入收益率等,有关利润率指标与收益率指标的区别主要在于:前者是企业的利润总额与企业资金占用额之比,而后者是企业的净利润与企业的资金占用额之比。

为较为客观地判断企业的正常盈利能力,还必须结合影响企业盈利能力的内部及外部因素进行分析。首先,要对影响企业盈利能力的关键因素进行分析与判断。评估人员应通过与企业管理人员的充分交流和自身的分析判断,对企业的核心竞争力存在一个较为清晰的认识。其次,要对企业所处的产业及市场地位有一个客观的认识。企业所处产业的发展前景、企业在该产业及市场中的地位、企业的主要竞争对手的情况等都是评估人员应该了解和掌握的。再次,对影响企业发展的可以预见的宏观因素,评估人员也应该加以分析和考虑。如对某家污染严重的企业价值进行评估时,评估人员就应该考虑国家的环境政策对企业未来盈利的影响。总之,只有结合企业内部与外部的因素进行分析,才能对企业的正常盈利能力做出正确的判断。

（2）企业收益预测的基础。对用于衡量企业盈利能力的企业收益不仅存在不同形式及口径上的界定问题,还存在收益预测基础的问题。企业收益预测的基础存在以下两个方面的问题:

a. 什么是预期收益预测的出发点,即是否以企业的实际收益为出发点。企业在评估基准日的实际收益是企业内部与外部各种因素共同作用的结果。在这些因素中,许多是属于一次性的或偶然性的因素。如果以企业评估基准日的实际收益作为预测企业未来预期收益的基础而不加以调整,意味着将在企业未来经营中不复存在的因素仍然作为影响企业未来预期收益的因素加以考虑。一般情况下(评估企业的市场价值时),企业价值评估的预期收益的基础,应该是在正常的经营条件下,排除影响企业盈利能力的偶然因素和不可比因素之后的企业正常收益。

b. 如何客观把握新的产权主体的行为对企业预期收益的影响。企业的预期收益既是企业存量资产运作的函数,又是未来新产权主体经营管理的函数。一般情况下,评估企业的市场价值时,评估人员对企业价值的判断,只能基于对企业存量资产运作的合理判断,而不能基于对新产权主体行为的估测。因此,新产权主体的行为对企业预期收益的影响,也不应成为预测企业预期收益的影响因素。从这个角度来说,对于企业预期收益的预测,应以企业的存量资产为出发点,可以考虑对存量资产的合理改进乃至合理重组,但必须以反映企业的正常盈利能力为基础,任何不正常的个人因素或新产权主体的超常行为等因素对企业预期收益的影响不应予以考虑。评估企业的投资价值时,可以考虑特定的新产权主体的具体情况对被评估企业价值的影响,以及新产权主体的介入可能产生的合并效应等。

c. 企业收益预测的基本步骤:企业预期收益的预测大致可分为以下几个步骤:评估基准日审计后企业收益的调整;企业预期收益趋势的总体分析和判断,企业预期收益预测。

第一步,评估基准日审计后企业收益的调整。评估基准日审计后企业收益的调整包括两部分工作。其一是对审计后的财务报表进行非正常因素调整,主要是损益表和现金流量表的调整。将一次性、偶发性,或以后不再发生的收入或费用进行剔除,把企业评估基准日的利润和现金流量调整到正常状态下的数量,为企业预期收益的趋势分析打好基础。其二是研究审计后报表的附注和相关揭示,对在相关报表中揭示的影响企业预期收益的非财务因素进行分析,并在该分析的基础上对企业的收益进行调整,使之能反映企业的正常盈利能力。

第二步,企业预期收益趋势的总体分析和判断。企业预期收益趋势的总体分析和判断,是在对企业评估基准日审计后实际收益调整的基础上,结合企业管理层提供的预期收益预测数据或预算和评估机构调查收集到的有关信息的资料进行的。这里需要强调指出:第一,对企业评估基准日审计后调整财务报表,尤其是客观收益的调整仅作为评估人员进行企业预期收益预测的参考依据,不能用于其他目的。第二,企业提供的关于预期收益的预测是评估人员预测企业未来预期收益的重要参考资料。但是,评估人员不可以仅仅凭企业提供的收益预测作为对企业未来预期收益预测的唯一根据,评估人员应在自身专业知识和所收集的其他资料的基础上做出客观、独立的判断。第三,尽管对企业在评估基准日的财务报表进行了必要的调整,并掌握了企业提供的收益预测,评估人员还必须深入到企业现场进行实地考察和现场调研,与企业的核心管理层进行充分的交流,了解企业的生产工艺过程、设备状况、生产能力和经营管理水平,再辅之以其他数据资料对企业未来收益趋势做出合乎逻辑的总体判断。

第三步,企业预期收益的预测。企业预期收益的预测是在前两个步骤完成的前提下,运用具体的技术方法和手段进行测算。在一般情况下,企业的收益预测也分两个时间段。对于已步入稳定期的企业而言,收益预测的分段较为简单:一是对企业评估基准日后前若干年的收益进行预测;二是对企业评估基准日后若干年后的各年收益进行预测。而对于仍处于发展期,其收益尚不稳定的企业而言,对其收益预测的分段应是首先判断出企业在何时步入稳定期,其收益呈现稳定性。而后将其步入稳定期的前一年作为收益预测分段的时点。对企业何时步入稳定期的判断,应在与企业管理人员的充分沟通和占有大量资料并加以理性分析的基础上进行,其确定较为复杂。以下主要介绍处于稳定期的企业预期收益的预测。

对企业评估基准日后若干年的预期收益进行预测,若干年可以是 3 年,也可以是 5 年,或其他时间跨度。若干年的时间跨度的长短取决于评估人员对预测值的精度要求,以及评估人员的预测手段和能力。对评估基准日后若干年的收益预测是在评估基准日调整的企业收益或企业历史收益的平均收益趋势的基础上,结合影响企业收益实现的主要因素在未来预期变化的情况,采用适当的方法进行的。目前较为常用的方法有综合调整法、产品周期法、实践趋势法等。不论采用何种预测方法,首先都应进行预测前提条件的设定,因为企业未来可能面临的各种不确定性因素是无法一项不漏地纳入评估工作中的。科学合理地设定预测企业预期收益的前提条件是必须的,这些前提条件包括:国家的政治、经济等政策变化对企业预期收益的影响,除已经出台尚未实施的以外,只能假定其将不会对企业预期收益构成重大影响;不可抗拒的自然灾害或其他无法预期的突发事件,不作为预期企业收益的相关因素考虑;企业经营管理者的某些个人行为也未在预测企业收益时考虑等。

在明确了企业收益预测前提条件的基础上,就可以着手对企业评估基准日后若干年的预期收益进行预测。预测的主要内容有:对影响被评估企业及所属行业的特定经济及竞争因素的估计;未来若干年市场的产品或服务的需求量或被评估企业市场占有份额的估计;未来若干年销售收入的估计;未来若干年成本费用及税金的估计;完成上述生产经营目标需追加投资及技术、设备更新改造因素的估计;未来若干年预期收益的估计等,关于企业的收益预测,评估人员不得不加分析地直接引用企业或其他机构提供的方法和数据,应把企业或其他机构提供的有关资料作为参考,根据可收集到的数据资料,在经过充分分析论证的基础上做出独立的预测判断。

当然,企业预期收益的预测和选择还与企业价值评估价值类型有关。评估企业市场价值的收益额应该是企业的客观收益,即并不完全按照评估基准日时企业的经营方式、经营水平、管理水平所能实现的收益作为评价企业价值的基础;而是按照企业本身具有的、企业外部环境允许,企业在正常合理的经营方式、经营水平、管理水平下所能实现的收益,即企业的客观收益作为评价企业价值的收益基础。无论是在预测的过程中,还是在具体选择过程中,都应该注意所使用的收益额与评估结果的价值类型的匹配与协调。如果评估结果是市场价值以外的价值的某一具体价值表现形式,则要根据评估结果的具体价值定义对收益额的要求,合理预测企业收益,选择恰当的收益额。

运用损益表或现金流量表的形式表现预期企业收益的结果通俗易懂,便于理解和掌握。需要说明的是,用企业损益表或现金流量表来表现企业预期收益的结果,并不等于说企业预期收益预测就相当于企业损益表或现金流量表的编制。企业收益预测的过程是一个比较具体、需要大量数据并运用科学方法的分析运作过程。用损益表或现金流量表表现的仅仅是该过程的结果。所以,企业的收益预测不能简单地等同于企业损益表或现金流量表的编制,而是利用损益表或现金流量表的已有栏目或项目,通过对影响企业收益的各种因素变动情况的分析,在评估基准日企业收益水平的基础上,对应表内各项目(栏目)进行合理的测算、汇总分析得到所测年份的各年企业收益。

表9-1是一张可供借鉴的收益预测表。如测算的收益层次和口径与该表有差异,可在其基础上进行适当调整。如采用其他方式测算企业收益,评估人员可自行设计企业收益预测表。

表 9-1　企业 20××—20××年收益预测表　　　　　　单位:万元

	20××年	20××年	20××年
一、产品的销售收入			
减:产品销售税金			
产品销售成本			
其中:折旧			
二、产品销售利润			
加:其他销售利润			
减:管理费用			
财务费用			
三、营业利润			
加:投资收益			
营业外收入			
减:营业外支出			
四:利润总额			
减:所得税			
五、净利润			
加:追加资本性支出			
六、净现金流量			

　　不论采用何种方法测算企业收益,都需注意以下几个基本问题:一定收益水平是一定资产运作的结果。在企业收益预测时应保持企业预测收益与其资产及其盈利能力之间的对应关系;企业的销售收入或营业收入与产品销售量(服务量)及销售价格的关系,会受到价格需求弹性的制约,不能不考虑价格需求弹性而想当然地价量并长;在考虑企业销售收入的增长时,应对企业所处产业及细分市场的需求、竞争情况进行分析,不能在不考虑产业及市场的具体竞争情况下对企业的销售增长做出预测;企业销售收入或服务收入的增长与其成本费用的变化存在内在的一致性,评估人员应根据具体的企业情况,科学合理地预测企业的销售收入及各项成本费用的变化;企业的预期收益与企业所采用的会计政策、税收政策关系极为密切,评估人员不可以违背会计政策及税收政策,以不合理的假设作为预测的基础,企业收益预测应与企业未来实行的会计政策和税收政策保持一致。

　　企业未来前若干年的预期收益测算可以通过一些具体的方法进行。而对于企业未来更久远的年份的预测收益,则难以具体地进行测算。可行的方法是在企业未来前若干年预算收益测算的基础上,从中找出企业收益变化的取向和趋势,并借助某些手段,诸如采用假设的方式把握企业未来长期收益的变化区间和趋势。比较常用的假设是保持假设,即假定企业未来若干年以后各年的收益水平维持在一个相对稳定的水平上不变。当然也可以根据企业的具体情况,假定企业收益在未来若干年以后将在某个收益水平上,每年保持一个递增比率等。但是不论采用何种假设,都必须建立在合乎逻辑,符合客观实际的基础上,以保证企业预期收益预测的相对合理性和准确性。

（三）折现率的测算

作为投资报酬率通常由两部分组成：一是无风险报酬率（正常投资报酬率）；二是风险投资报酬率。

1. 企业评估中选择折现率的基本原则

在运用收益法评估企业价值时，折现率起着至关重要的作用，它的微小变化会对评估结果产生较大的影响。因此，在选择和确定折现率时，必须注意以下几方面的问题。由于折现率与资本化率的构成相同，测算及选择思路也相同，下面我们就以折现率为代表来说明折现率与资本化率的测算原则和方法。

（1）折现率不低于投资的机会成本。在存在着正常的资本市场和产权市场的条件下，任何一项投资的回报率不应低于该投资的机会成本。在现实生活中，政府发行的国库券利率和银行储蓄利率可以作为投资者进行其他投资的机会成本。由于国库券的发行主体是政府，几乎没有破产或无力偿付的可能，投资的安全系数大。银行虽大多属于商业银行，但我国的银行仍属国家垄断或严格监控，其信誉也非常高，储蓄也是一种风险极小的投资。因此，国库券和银行储蓄利率可看成是其他投资的机会成本，相当于无风险投资报酬率。

（2）行业基准收益率不宜直接作为折现率，但行业平均收益率可作为确定折现率的重要参考指标。我国的行业基准收益率是基本建设投资管理部门为筛选建设项目，从拟建项目对国民经济的净贡献方面，按照行业统一制定的最低收益率标准，凡是投资收益率低于行业基准收益率的拟建项目不得上马。只有投资收益率高于行业基准收益率的拟建项目才有可能得到批准进行建设。行业基准收益率旨在反映拟建项目对国民经济的净贡献的高低，包括拟建项目可能提供的税收收入和利润，而不是对投资者的净贡献。因此，不宜直接将其作为企业产权变动时价值评估的折现率。再者，行业基准收益率的高低也体现着国家的产业政策。在一定时期，属于国家鼓励发展的行业，其行业基准收益率可以相对低一些；属于国家控制发展的行业，国家就可以适当调高其行业基准收益率，达到限制项目建设的目的。因此，行业基准收益率不宜直接作为企业评估中的折现率。而随着我国证券市场的发展，行业的平均收益率日益成为衡量行业平均盈利能力的重要指标，可作为确定折现率的重要参考指标。

（3）贴现率不宜直接作为折现率。贴现率是商业银行对未到期票据提前兑现所扣金额（贴现息）与期票票面金额的比率。贴现率虽然也是将未来值换算成现值的比率，但贴现率通常是银行根据市场利率和贴现票据的信誉程度来确定的，且票据贴现大多数是短期的，并无固定期间周期。从本质上讲，贴现率接近于市场利率。而折现率是针对具体评估对象的风险而生成的期望投资报酬率。从内容上讲，贴现率与折现率并不一致，简单地把银行贴现率直接作为企业评估的折现率是不妥当的。但也要看到，在有些情况下，如对采矿权评估所使用的贴现现金流量法，正是以贴现率折现评估价值的。但就是在这种情况下，所使用的贴现率也包括安全利率和风险溢价两部分，与真正意义的贴现率不完全一样。

2. 风险报酬率的估测

在折现率的测算过程中，无风险报酬率的选择相对比较容易一些，通常是以政府债券利率和银行储蓄利率为参考依据。而风险报酬率的测度相对比较困难。它因评估对象、评估时点的不同而不同：就企业而言，在未来的经营过程中要面临着经营风险、财务风险、行业风险、通货膨胀风险等。从投资者的角度，要投资者承担一定的风险，就要有相对应的风险补偿。风险越大,要求补偿的数额也就越大。风险补偿额相对于风险投资额的比率就叫风险报酬率。

在测算风险报酬率的时候,评估人员应注意以下因素:

(1)国民经济增长率及被评估企业所在行业在国民经济中的地位;

(2)被评估企业所在行业的发展状况及被评估企业在行业中的地位;

(3)被评估企业所在行业的投资风险;

(4)企业在未来经营中可能承担的风险等。

在充分考虑和分析了以上各因素以后,风险报酬率可通过以下两种方法估测:

(1)风险累加法。企业在其持续经营过程中可能要面临许多风险,像前面已经提到的行业风险、经营风险、财务风险、通货膨胀等。风险因素累加法通常应当考虑的因素包括:市场权益风险、公司规模风险、行业和市场经营风险、财务风险等。将企业可能面临的风险对回报率的要求予以量化并累加,便可得到企业评估折现率中的风险报酬率。用数学公式表示为:

风险报酬率=行业风险报酬率+经营风险报酬率+财务风险报酬率+其他风险报酬率

$$(9-6)$$

行业风险主要指企业所在行业的市场特点、投资开发特点,以及国家产业政策调整等因素造成的行业发展不确定性给企业预期收益带来的影响。

经营风险是指企业在经营过程中,由于市场需求变化、生产要素供给条件变化以及同类企业间的竞争给企业的未来预期收益带来的不确定性影响。

财务风险是指企业在经营过程中的资金融通、资金调度、资金周转可能出现的不确定性因素影响企业的预期收益。

其他风险包括了国民经济景气状况、通货膨胀等因素的变化可能对企业预期收益的影响。注意,如果在折现率中的风险报酬率中考虑了通货膨胀率因素,则在企业收益额的预测中也应考虑通货膨胀可能会对企业预期收益的影响。

量化上述各种风险所要求的回报率,可以采取参照物类比加经验判断的方式测算。它要求评估人员充分了解国民经济的运行态势、行业发展方向、市场状况、同类企业竞争情况等。只有在充分了解和掌握上述数据资料的基础上,对于风险报酬率的判断才能较为客观合理。当然,在条件许可的情况下,评估人员应尽量采取统计和数理分析方法对风险回报率进行量化。

(2)β系数法。β系数法主要用于估算被评估企业(或被评估企业所在行业)的风险报酬率。其基本思路是,被评估企业(或行业)风险报酬率是社会平均风险报酬率与被评估企业(或被评估企业所在行业)风险和社会平均风险的相关系数(β系数)的乘积。

从理论上讲,β系数是指某个上市公司相对于充分风险分散的市场投资组合的风险水平的参数。在企业价值评估实践中,有时也将β系数作为相对于充分风险分散的市场投资组合而言的某个行业的系统风险。在成熟市场国家和地区,β系数可以采用参照行业比较法、参照企业比较法,以及相关的数学模型测算。

β系数法估算风险报酬率的步骤为:

a. 将市场期望报酬率扣除无风险报酬率,求出市场期望平均风险报酬率;

b. 将企业(或企业所在行业)的风险与充分风险分散的市场投资组合的风险水平进行比较及其测算,求出企业所在行业的β系数;

c. 用市场平均风险报酬率乘以企业(或企业所在行业)的β系数,便可得到被评估企业

（或企业所在行业）的风险报酬率。

用数学公式表示为：

$$R_r = (R_m - R_f) \times \beta \qquad (9-7)$$

式中：R_r——被评估企业所在行业的风险报酬率；

　　　R_m——市场期望报酬率；

　　　R_f——无风险报酬率；

　　　β——企业所在行业的 β 系数

如果所求 β 系数是被评估企业所在行业的 β 系数，而不是被评估企业的 β 系数，则需要再考虑企业的规模、经营状况及财务状况，确定企业在其所在行业中的地位系数，及企业特定风险调整系数（α），然后与企业所在行业的风险报酬率相乘，得到该企业的风险报酬率 R_q 如下式所示：

$$R_q = (R_m - R_f) \times \beta \times \alpha \qquad (9-8)$$

如果所求 β 系数是被评估企业的 β 系数，直接利用 β 系数就可以，不需要再考虑企业特定风险调整系数 α 因素。

3. 折现率的测算

如果能通过一系列方法测算出风险报酬率，则企业评估的折现率的测算就相对简单。其中，累加法、资本资产定价模型和加权平均资本模型是测算企业价值评估中的折现率及资本化率较为常用的方法。

（1）累加法。累加法是采用无风险报酬率加风险报酬率的方式确定折现率或资本化率。累加法测算折现率的数学表达式如下：

$$R = R_f + R_r \qquad (9-9)$$

式中：R——企业价值评估中的贴现率；

　　　R_f——无风险报酬率；

　　　R_r——风险报酬率。

（2）资本资产定价模型。资本资产定价模型是用来测算权益资本折现率的一种工具，其数学表达式是：

$$R = R_{f1} + (R_m - R_{f2}) \times \beta \times \alpha \qquad (9-10)$$

式中：R——企业价值评估中的贴现率；

　　　R_{f1}——现行无风险报酬率；

　　　R_m——市场期望报酬率历史平均值；

　　　R_{f2}——历史平均无风险报酬率；

　　　β——被评估企业所在行业权益系统风险系数；

　　　α——企业特定风险调整系数。

（3）加权平均资本成本模型。加权平均资本成本模型是以企业的所有者权益和企业负债所构成的全部资本，以及全部资本所需求的回报率，经加权平均计算来获得企业评估所需折现率的一种数学模型。

$$R = E \div (D+E) \times K_e + D \div (D+E) \times (1-t) \times K_d \qquad (9-11)$$

式中：E——权益的市场价值；

　　　D——债务的市场价值；

K_e——权益资本要求的投资回报率；

K_d——债务资本要求的回报率；

T——被评估企业适用的所得税税率。

加权平均资本成本模型作为一种工具，有时也可以利用其他参数测算评估人员需要求取的资本成本或投资回报率。例如，使用企业的权益资本与长期负债所构成的投资资本，以及投资资本组成要素各自要求的回报率和它们各自的权重，经加权平均获得企业投资资本价值评估所需要的折现率。用数学公式表示为：

企业投资资本要求的折现率＝长期负债占投资资本的比重×长期负债成本＋权益资本占投资资本的比重×权益资本成本

(9-12)

其中：权益资本要求的回报率＝无风险报酬率＋风险报酬率

负债成本是指扣除了所得税后的长期负债成本。

确定各种资本权数的方法一般有三种：

(1) 以企业资产负债表中(账面价值)各种资本的比重为权数；

(2) 以占企业外发证券市场价值(市场价值)的现有比重为权数；

(3) 以在企业的目标资本构成中应该保持的比重为权数。

4. 收益额与折现率口径一致的问题

根据不同的评估价值目标，用于企业价值评估的收益额可以有不同的口径，如净利润、净现金流量(股权自由现金流量)、息前净利润、息前净现金流量(企业自由现金流量)等。而折现率作为一种价值比率，就要注意折现率的计算口径。有些折现率是从股权投资回报率的角度考虑，有些折现率既考虑了股权投资的回报率，同时又考虑了债权投资的回报率。净利润、净现金流量(股权自由现金流量)是股权收益形式，因此只能用股权投资回报率作为折现率，而息前净利润、息前净现金流量和企业自由现金流量等是股权与债权收益的综合形式，因此，只能运用股权与债权综合投资回报率，即只能运用通过加权平均资本成本模型获得的折现率。如果运用行业平均资金收益率作为折现率，就要注意计算折现率时的分子与分母的口径与收益额的口径的一致的问题。折现率既有按不同口径收益额为分子计算的折现率，也有按同一口径收益额为分子，而以不同口径资金占用额或投资额为分母计算的折现率。如企业资产总额收益率、企业投资资本收益率、企业净资产收益率等。所以，在运用收益法评估企业价值时，必须注意收益额与计算折现率所使用的收益额之间结构与口径上的匹配和协调，以保证评估结果合理且有意义。

（四）企业价值的估算

【例9-3】 某大型化工企业拟进行战略重组，需要了解企业股东全部权益价值，因此要进行企业价值评估。评估基准日为2007年12月31日。根据委托方的要求，以及评估人员对本次评估目的及相关条件的分析，同意将持续经营价值作为本次评估结果的价值类型。评估过程和结果如下：

1. 被评估企业有关历史资料的统计分析

根据本次评估目的及价值类型对评估信息资料的要求，对被评估企业评估基准日以前年度的财务决算和有关资料进行了整理分析，2002—2007年收支情况见表9-2和表9-3。

评估人员采用的主要指标有：销售收入、成本、利润以及企业净现金流。分析结果如下：

(1) 从近几年被评估企业的发展情况看，只有2003年出现过负增长，但下降幅度很小，销售收入下降 4% 左右。从 2004 年开始出现稳定的增长趋势。

（2）2002—2007 年企业收支结构的比例没有太大的变化,销售成本占销售收入的比例基本上维持在 40% 左右。

2. 分析、预测企业未来发展情况

根据本次评估目的及价值类型对评估信息资料预测的要求,对被评估企业评估基准日以后年度的相关资料进行了分析预测,分析预测都是基于被评估企业现有的经营方向、经营能力、管理能力及合理的改进的前提下进行的,具体情况如下:

（1）按被评估企业目前设备使用状况及其他生产条件分析,被设评估企业每年只要有 200 万元左右的技术改造资金投入,企业的生产经营就能长期进行下去,并能保持略有增长的势头。

（2）对被评估企业未来市场预测。从目前及可用预测的年份来看,被评估企业生产的主要产品具有较高的声誉,产品行销全国 20 多个省市,现有用户 15 000 多个。企业所在地区有 23 条送货上门的供应渠道,其他地区有 31 个代销售网点。该企业产品的主要用户均为重点骨干企业,从经济发展的趋势来看,市场对该企业产品的需求还会进一步增加。因此,被评估企业拥有一个比较稳定且能发展的销售市场。

表 9-2　企业 2002—2007 年各项收入支出的比较　　　　　　　　单位:万元

项　目	2007 年		2006 年		2005 年		2004 年		2003 年		2002 年	
	金额	增长比例（%）	金额	增长比例（%）	金额	增长比例（%）	金额	增长比例（%）	金额	增长比例（%）	金额	增长比例（%）
销售收入	4 200	14.5	3 668.3	9	3 366.6	18.8	2 834.9	17.8	2 406.5	−5	2 533	100
销售税金	626.6	14.5	547.3	11.2	492.3	15.9	424.6	23.7	343.3	−1.4	348.3	100
销售成本	2 283.7	18.2	1 932.6	31.1	1 473.8	30	1 133.7	15.6	980.9	1.4	967.1	100
其中:折旧	374		354		303		254		238		214	100
销售及其他费用	162.3	−5.3	171.3	3.8	165.1	69.5	97.4	135.3	41.4	7.5	38.5	100
产品销售利润	1 127.4	10.8	1 017	−17.7	1 235	4.8	1 179.2	13.3	1 040.9	−11.7	1 179.2	100
其他销售利润			306.8	9 024	3.4	54.1	7.4	3 700	0.2	−88.9	1.8	100
营业外支出	100	4.9	95.3	29.8	73.4	33	55.2	129.1	24.1	84	13.1	100
营业外收入	22	−39.6	36.4	413.64	8.8	49.7	17.5	32.6	13.2	26.9	10.4	100
利润总额	1 049.4	−16.5	1 264.9	7	1 174	2.2	1 148.9	11.5	1 030.2	−12.6	1 178.3	100
税款（按实际税额）	356.07	−32.1	524.3	4.4	502.1	−0.9	506.6	2.5	494.3	−4.8	519	100
净利润	693.33	6.4	740.6	10.2	672	4.6	642.3	19.9	535.9	−18.7	659.3	100
（+)折旧	374		354		303		254		238		214	100
（—)追加投资	662.5	27.6	519.2	27.1	408.6	27.9	319.5	18.4	269.9	15.3	234	100
企业净现金流量	404.83	−29.7	575.4	1.6	566.4	1.8	576.8	14.4	504	−21.2	639.3	100
销售收入	4 200	100	3 668.3	100	3 366.6	100	2 834.9	100	2 406.5	100	2 533	100
销售税金	626.6	14.6	547.3	14.9	492.3	14.6	424.6	15	343.3	14.3	348.3	13.7

表 9-3 企业 2002—2007 年各年收入支出结构比例　　　　　单位:万元

项　目	2007 年		2006 年		2005 年		2004 年		2003 年		2002 年	
	金额	占销售额比例(%)	金额	占销售额比例(%)	金额	占销售额比例(%)	金额	占销售额比例(%)	金额	占销售额比例(%)	金额	占销售额比例(%)
销售成本	2 283.7	54.4	1 932.6	53	1 473.8	43.8	1 133.7	40	980.9	40.7	967.1	38.2
其中:折旧	374	8.9	354	9.6	303	9	254	9	238	9.9	214	8.4
销售及其他费用	162.3	3.9	171.3	5	165.1	4.9	97.4	3.4	41.4	1.7	38.5	1.5
产品销售利润	1 127.4	26.8	1 017	27.7	1 235	36.7	1 179.2	41.6	1 040.9	43.3	1 179.2	46.5
其他销售利润			306.8	8.4	3.4	0.1	7.4	0.3	0.2		1.8	0.1
营业外支出	100	2.4	95.3	2.6	73.4	2.2	55.2	1.9	24.1	1	13.1	0.6
营业外收入	22	0.5	36.4	1	8.8	0.3	17.5	0.6	13.2	0.5	10.4	0.4
利润总额	1 049.4	25	1 264.9	34.2	1 174	34.8	1 148.9	40.5	1 030.2	47	1 178.3	46.5
税款(实际税额)	356.07	8.5	524.3	14.3	502.1	14.9	506.6	17.9	494.3	20.5	519	20.5
净利润	693.33	16.5	740.6	20.2	672	20	642.3	22.7	535.9	22.3	659.3	26
(+)折旧	374	8.9	354	9.6	303	9	254	9	238	9.9	214	8.5
(-)追加投资	662.5		519.2		408.6		319.5		269.9		234	
企业净现金流量	404.83	9.6	575.4	15.7	566.4	16.8	576.8	20.4	504	21	639.3	25.3

（3）未来产品成本预测。该企业产品的主要原料来源并不稀缺,也不受季节影响,故未来市场物价变动对其产品的影响不大。占成本比重较大的电费,在 2006 年和 2007 年已做了较大的调整,在今后一段时间里不会有太大的升幅。如果以后电价继续调整,产品价格也会相应调整,从而电价因素不会对企业未来收益造成太大的影响。

（4）从目前情况分析,在今后一段时间里,国家主要经济政策不会有太大变化,经济继续保持平稳增长。

（5）未来 5 年(2008—2012 年)企业收益情况预测见表 9-4。

表 9-4 对企业未来收益的预测　　　　　单位:万元

项目　　　　年份	2008	2009	2010	2011	2012
销售收入	4 437.6	4 705.8	5 213.8	5 473.9	5 730.9
销售税金	670.8	704.9	746.6	775.1	813.5
销售成本	2 350	2 500	2 700	2 900	3 100
销售及其他费用	200.9	211.7	222.4	233	223.7
产品销售利润	1 215.9	1 289.2	1 544.8	1 565.8	1 593.7

（续表）

项目＼年份	2008	2009	2010	2011	2012
其他销售利润					
营业外收入	8	8	8	8	8
营业外支出	90	95	100	105	110
利润总额	1 133.9	1 202.2	1 452.8	1 468.8	1 491.7
税款（按实际税额）	283.5	300.6	363.2	367.2	372.9
净利润	850.4	901.6	1 089.6	1 101.6	1 118.8
（＋）折旧	385	410	442	475	508
（－）追加投资	655.2	425.4	454.1	521	541
企业净现金流量	580.2	886.2	1 077.5	1 055.6	1 085.8
折现系数（按9％）	0.917	0.842	0.772	0.708	0.65
净现值	532	746.2	831.8	747.4	705.8

3. 评定估算

（1）依据企业以前年度生产增减变化及企业财务收支分析，以及对未来市场的预测，评估人员认为被评估企业未来5年的销售收入，将在2007年的基础上略有增长，增长速度将保持在4％—6％之间。

（2）根据企业的生产能力状况，从2009年开始需要追加的投资将会减少（2003—2004年追加的投资高于正常年份水平），即从2009年起企业的净现金流量将会增加，2013年及以后各年的预期收益将维持在2012年的收益水平上。

（3）适用的折现率及资本化率的确定，因为本次评估目标是企业股东全部权益价值，适用的折现率及资本化率的测算方式采用了资本资产定价模型。

根据评估人员对资本市场的深入调查分析，初步测算证券市场平均期望报酬率为10％，被评估企业所在行业对于风险分散的市场投资组合的系统风险水平β值为0.8，无风险报酬率取3％，由于被评估企业是一个非上市公司，股权的流动性不强，且企业规模不大，在行业中的地位并不突出。但由于被评估企业产品信誉较高，生产经营稳步增长，而且未来市场潜力很大，企业的投资风险并不很大。所以，确定企业在其所在的行业中的地位系数，即企业特定风险调整系数α为1.07，依据资本资产定价模型测算被评估企业的折现率为9％。

$$R = R_{f1} + (R_m - R_{f2}) \times \beta \times \alpha$$
$$= 3\% + (10\% - 3\%) \times 0.8 \times 1.07$$
$$= 9\%$$

（4）所得税税率按当时适用的税率25％进行计算。

（5）评估人员根据现有的数据对被评估企业永续经营期间的风险因素进行了初步的分析，没有发现明显高于已预测年份的风险迹象，因此假设资本化率与折现率相同。

4. 评估结果

按收益法中的分段法评估思路估算，企业股东全部权益价值为10 128万元。企业股东全部权益价值的评估步骤为：

（1）计算未来 5 年(2008—2012 年)企业净现金流量的折现值之和：

$$532＋746.2＋831.8＋747.4＋705.8＝3563.2(万元)$$

（2）从未来第 6 年(2013 年)开始,计算永久性现金流量现值。

① 将未来永久性收益折成未来第 5 年(2012 年)的价值：

$$1085.8÷9\%＝12064.44(万元)$$

② 按第 5 年的折现系数,将企业预期第二段收益价值折成现值：

$$12064.44×0.65＝7841.88(万元)$$

（3）企业股东全部权益价值的评估价值：

$$3563.2＋7841.88＝11405.1(万元)$$

（五）收益法的适用性和局限性

收益法是企业价值评估三种基本方法中较为常用的一种方法,该种方法适用的基本前提是被评估企业满足持续经营假设前提,即该企业可以按照现状持续经营下去,或者是按照既定的状态持续经营下去,在可预测的未来不会因为经营业务本身的原因导致停产,企业未来的经营是可以预测的,企业未来发展状态的运动规律要么按照现状保持不变,要么按照未来一个特定的状态保持不变,并且这个状态目前可以被预测,只有满足这种发展状态的企业才可以使用收益法评估。对于未来发展状态不可预测的,或者说未来发展是符合随机运动规律的,由于其未来发展不确定,因此一般不适合采用收益法评估,这种运动模式的企业需要采用期权定价等方式进行评估。

因此,收益法评估一般仅适用于满足持续经营假设的企业评估。满足持续经营假设的企业其未来发展方式确定或者可以被准确预测,这种企业的评估适合采用收益法。对于不能满足上述条件的企业或资产,收益法一般不适用。

二、市场法评估企业价值

（一）市场法基本原理

市场法在企业价值评估中的应用是通过在市场上找出若干个与被评估企业相同或相似的参照企业,以参照企业的市场交易价格及其财务数据为基础测算出来的价值比率,通过分析、比较、修正被评估企业的相关财务数据,在此基础上确定被评估企业的价值比率,并通过这些价值比率得到被评估企业的初步评估价值,最后通过恰当的评估方法确定被评估企业的评估价值。

（1）企业价值评估的市场法是基于相同及类似企业应该具有相同或类似交易价格的理论推断。因此,企业价值评估市场法的技术路线是首先在市场上寻找与被评估企业相类似的可比企业的交易案例,通过对所寻找到的交易案例中类似可比企业交易价格及其价值比率的分析,从而确定适用于被评估企业的价值比率和评估价值。

（2）运用市场法评估企业价值存在两个障碍。一是被评估企业与参照企业之间的"可比性"问题。企业不同于普通的资产,企业间或多或少都存在着个体差异。每一个企业都存在不同的特性,除了所处行业、规模大小等可确认的因素各不相同外,影响企业形成盈利能力的无形因素更是纷繁复杂。因此,几乎难以找寻到能与被评估企业直接进行比较的类似企业。二是企业交易案例的差异。即使存在能与被评估企业进行直接比较的类似企业,要找到能与被评估企业的产权交易相比较的交易案例也相当困难。

参考企业比较法是指通过对资本市场上与被评估企业处于同一或类似行业的上市公司的经营和财务数据进行分析,计算适当的价值比率或经济指标,在与被评估企业比较分析的基础上,得出评估对象价值的方法。

并购案例比较法是指通过分析与被评估企业处于同一或类似行业的公司的买卖、收购及合并案例,获取并分析这些交易案例的数据资料,计算适当的价值比率,在与被评估企业比较分析的基础上,得出评估对象价值的方法。

(二) 运用市场法评估企业价值的基本步骤

(1) 明确被评估企业的基本情况,包括评估对象范围及其相关权益情况。

(2) 恰当选择与被评估对象进行比较分析的参照企业。参照企业应与被评估对象在同一行业或受同一经济因素影响,它们已经交易或具有交易价格,参照企业与被评估企业之间具有可比性。

(3) 将参照企业与被评估企业的财务数据和经济指标进行必要的分析、对比和调整,保证它们之间在财务报告的编制基础、评估对象范围、重要数据的计算、反映方式等方面具有可比性。例如,调整非正常收入和支出、调整非经营性资产和无效资产等。

(4) 选择并计算恰当的价值比率。在选择并计算价值比率过程中,评估人员应当注意以下若干事项:

① 选择的价值比率应当有利于评估对象价值的判断;

② 用于价值比率计算的参照企业的相关数据应当恰当可靠;

③ 用于价值比率计算的相关数据口径和计算方式应当一致;

④ 被评估企业与参照企业相关数据的计算方式应当一致;

⑤ 将参照企业的价值比率应用于被评估企业。

(5) 将价值比率应用于被评估企业所对应的财务数据,并考虑适当的调整得出初步评估结论。

(6) 根据被评估企业的特点,在考虑了对于缺乏控制权、流动性,以及拥有控制权和流动性等因素可能对评估对象的评估价值产生影响的基础上,评估人员在进行必要分析的基础上,以恰当的方式进行调整,以形成最终评估结论并在评估报告中明确披露。

(三) 参考企业比较法和并购案例比较法的运用

不论是参考企业比较法,还是并购案例比较法,运用上述方法的核心问题是确定适当的价值比率,价值比率的测算思路可用公式

表示如下:

$$\frac{V_1}{X_1} = \frac{V_2}{X_2} \tag{9-13}$$

$$即:V_1 = X_1 \times \frac{V_2}{X_2} \tag{9-14}$$

式中:V_1——被评估企业价值;

　　V_2——可比企业价值;

　　X_1——被评估企业与企业价值相关的可比指标;

　　X_2——可比企业与企业价值相关的可比指标;

$\dfrac{V}{X}$——通常又称为可比价值倍数。

式中 X 参数通常选用以下财务变量：

（1）利息、折旧和税收前利润，即 EBIDTA；

（2）无负债的净现金流量，即企业自由现金流量；

（3）净现金流量，即股权自由现金流量；

（4）净利润；

（5）销售收入；

（6）净资产；

（7）账面价值等。

确定价值比率的关键在于两点：

（1）对可比企业的选择。判断企业的可比性存在两个标准，首先是行业标准。处于同一行业的企业存在着某种可比性。但在同一行业内选择可比企业时应注意，目前的行业分类过于宽泛，处于同一行业的企业可能所生产的产品和所面临的市场完全不同，在选择时应加以注意。即使是处于同一市场，生产同一产品的企业，由于其在该行业中的竞争地位不同，规模不同，相互之间的可比性也不同。因此，在选择时应尽量选择与被评估企业的地位相类似的企业。其次是财务标准。既然企业都可以视为在生产同一种产品，那么存在相同的盈利能力的企业通常具有相类似的财务结构。因此，可以从财务指标和财务结构的分析中对企业的可比性进行判断。

（2）对可比指标的选择。对可比指标的选择只遵循一个原则：即可比指标应与企业的价值直接相关。在企业价值评估中，现金流量和利润是最主要的候选指标，因为企业的现金流量和利润直接反映了企业的盈利能力，也就与企业的价值直接相关。

基于成本和便利的原因，目前运用市场法对企业价值进行评估主要在证券市场上寻找与被评估企业可比的上市公司作为参照企业，即采用参考企业比较法。在运用参考企业比较法过程中，通常使用市盈率乘数（P/E）法对企业价值进行评估。市盈率乘数法的思路是将上市公司的股票年收益和被评估企业的利润作为可比指标，在此基础上评估企业价值的方法。其基本思路是，首先，从证券市场上搜寻与被评估企业相似的可比企业，按企业的不同的收益口径，如利息、折旧和税收前利润、息前净现金流、净利润等，计算出与之相应的市盈率。其次，确定被评估企业不同口径的收益额。第三，以可比企业相应口径的市盈率乘以被评估企业相应口径的收益额，初步评定被估企业的价值。最后，对于按不同样本计算的企业价值分别给出权重，加权平均计算企业价值，在运用该方法时，还需对评估结果进行适当调整，以充分考虑被评估企业与上市公司的流动性、控制权等差异。

由于企业的个体差异始终存在，把某一个相似企业的某个关键参数作为比较的唯一的标准，往往会产生一定的误差。为了降低单一样本、单一参数所带来的误差和变异性，目前国际上比较通用的办法是采用多样本、多参数的综合方法。例如，评估 W 公司的价值，我们从市场上找到了 3 个（一般为 3 个以上的样本）相似的公司 A、B、C，然后分别计算各公司的市场价值与销售额的比率、与账面价值的比率以及与净现金流量的比率，这里的比率即为可比价值倍数（V/X），得到结果如表 9-5 所示。

表9-5　参照公司价值比率汇总表

单位:万元

	A公司	B公司	C公司	平均
市价/销售额	1.2	1	0.8	1
市价/账面价值	1.3	1.2	2	1.5
市价/净现金流量	20	15	25	20

　　把3个样本公司的各项可比价值倍数分别进行平均,就得到了应用于W公司评估的3个倍数。需要注意的是,计算出来的各个公司的比率或倍数在数值上相对接近是十分重要的。如果它们差别很大,就意味着平均数附近的离差是相对较大的,所选样本公司与目标公司在某项特征上就存在着较大的差异性,此时的可比性就会受到影响,需要重新筛选样本公司。

　　表9-5所示,得出的数值结果具有较强的可比性。此时假设W公司的年销售额为1亿元,账面价值为6 000万元,净现金流量为500万元,然后我们使用从表9-5得到的3个倍数计算出W公司的指示价值,再将3个指示价值进行算术平均,如表9-6所示。

表9-6　W公司的评估价值

单位:万元

项目	W公司实际数据	可比公司平均比例	W公司指标价值
销售额	10 000	1	10 000
账面价值	6 000	1.5	9 000
净现金流量	500	20	10 000
W公司的平均价值			9 700

　　表9-6中得到的3个可比价值倍数分别是1.0、1.5、20,然后分别以W公司的3个指标10 000万元、6 000万元、500万元分别乘以3个可比价值倍数,得到W公司的3个指标价值10 000万元、9 000万元、10 000万元,将3个指标价值进行平均得到W公司的评估价值,为9 700万元。

(四)市场法的适用性和局限性

　　市场法是基于市场有效性理论基础的一种评估方法。因此,市场法的应用首先要具备一个有效的市场,市场法评估主要是依赖可比对象的价值数据与财务等分析确定被评估企业的价值,因此可比对象相关数据的可获得性就决定了市场法的适用性,可比对象相关数据的来源及可靠性就决定了市场法评估结论的可靠性。因此可比对象的数据要具有可获得性,如果没有可获得性,市场法就难以使用。

三、成本法评估企业价值

(一)成本法基本原理

　　企业价值评估中的成本法实际上是我国资产评估行业中的一种习惯性称谓,严格地讲,企业价值评估中应用的所谓"成本法",应该称作"资产基础途径"中的"资产加和法"。资产加和法具体是指在合理评估企业各项资产价值和负债的基础上确定企业价值的评估方法。

　　成本法(资产加和法)实际上是通过对企业账面价值的调整得到企业价值。其理论基础也是"替代原则"。成本法是以企业要素资产的再建为出发点,有忽视企业的获利能力的可能性,

195

而且在评估中很难考虑那些未在财务报表上出现的资产，如企业的管理效率、自创商誉、销售网络等。因此，以持续经营为前提对企业进行评估时，成本法一般不应当作为唯一使用的评估方法。

在运用成本法评估企业价值之前，应对企业的盈利能力以及相匹配的单项资产进行认定，以便在委托方委托的评估范围基础上，进一步界定纳入企业盈利能力范围内的资产和闲置资产的界限，明确评估对象的作用空间和评估前提。作为一项原则，评估人员在对构成企业的各个单项资产进行评估时，应该首先明确各项资产的评估前提，即持续经营假设前提和非持续经营假设前提。在不同的假设前提下，运用成本法评估出的企业价值是有区别的。对于持续经营假设前提下的各个单项资产的评估，应按贡献原则评估其价值。而对于非持续经营假设前提下的单项资产的评估，则按变现原则进行。

在持续经营假设前提下，一般不宜单独运用成本法对企业价值进行评估。因为运用成本法评估企业价值，是通过分别估测构成企业的所有可确指资产价值后加和而成的。此种方法无法把握持续经营企业价值的整体性，亦难以把握各个单项资产对企业的贡献。对企业各单项资产间的工艺匹配和有机组合因素产生出的整合效应，即不可确指的无形资产，很难进行有效衡量。因此，在一般情况下，不宜单独运用成本法评估一个在持续经营假设前提下的企业价值。在特殊情况下，评估人员采用成本法对持续经营企业价值进行评估，应予以充分的说明。

在运用成本法评估持续经营企业时、在对构成企业的各单项资产进行评估时，应考虑各个单项资产之间的匹配情况以及各个单项资产对于整体企业的贡献。另外，还要充分考虑在持续经营前提下，当企业的单项资产有了评估溢价或升值时的税收因素，才可以客观地反映企业价值。

(二) 各单项资产价值的估算

下面列举了对企业某些单项资产评估时应注意的问题：

1. 现金

除对现金进行点钞核数外，还要通过对现金及企业运营的分析，判断企业的资金流动能力和短期偿债能力。

2. 应收账款及预付款

从企业财务的角度，应收账款及预付款都构成企业的资产。而从企业资金周转的角度，企业的应收账款应当保持一个合理比例。企业应收账款占销售收入的比例，以及账龄的长短大致可以反映一个企业的销售情况、企业产品的市场需求及企业的经营能力等，并为预期收益的预测提供参考。

3. 存货

存货本身的评估并不复杂，但通过对存货进行评估，可以了解企业的经营状况，至少可以了解企业产品在市场中的竞争地位。畅销产品、正常销售产品、滞销产品和积压产品的比重，将直接反映企业在市场上的竞争地位，并为企业预期收益预测提供基础。

4. 机器设备与建筑物

机器设备和建筑物是企业进行生产经营和保持盈利能力的基本物质基础。设备的新旧程度、技术含量、维修保养状况、利用率等，不仅仅决定机器设备本身的价值，同时还对企业未来的盈利能力产生重大影响。按照机器设备及建筑物对企业盈利能力的贡献评估其现时价值，是持续经营假设前提下运用加和法评估企业单项资产的主要特点。

5．长期投资

资产评估人员运用成本法进行企业价值评估,应当对长期股权投资项目进行分析,根据相关项目的具体资产、盈利状况及其对评估对象价值的影响程度等因素,合理确定是否将其单独评估。

6．无形资产

企业拥有无形资产的多寡,以及研制开发无形资产的能力,是决定企业市场竞争能力及盈利能力的决定性因素。在评估过程中,要弄清每一种无形资产的盈利潜力,以便为企业收益预测打下坚实基础。

在对企业各个单项资产实施评估并将评估值加和后,就可以以此作为运用成本法评估出的企业价值。

资产评估人员如对同一企业采用多种评估方法评估其价值时,应当对运用各种评估方法形成的各种初步价值结论进行分析,在综合考虑运用不同评估方法及其初步价值结论的合理性及所使用数据的质量和数量的基础上,形成合理评估结论。

（三）成本法的应用

甲公司拟进行资产重组,委托资产评估机构对企业股东全部权益价值进行评估。评估情况如下:

（1）甲公司经过审计后的有形资产账面净值为 920 万元,评估值为 1 000 万元,负债为400 万元。

（2）企业原账面无形资产仅有土地使用权一项,经审计后的账面价值为 100 万元。评估人员采用市场法评估后的市场价值为 300 万元。

（3）甲公司刚开发完成一套产品质量控制系统应用软件,在同行业中居于领先地位,已经通过专家鉴定并投入生产使用。该套软件的实际开发成本为 50 万元,维护成本很低,如果目前重新开发软件,所需的开发软件所需的开发成本进本保持不变。

解答:用加和法评估,评估值＝1 000－400＋300＋50＝950(万元)

（四）成本法的适用性和局限性

成本法的理论基础是成本价值论。但是对于投资者而言,更关注的是投资未来的收益,未来收益与成本实际并没有必然联系,这是成本法评估最大的理论缺陷。有可能会出现一种情况是某种财产购置或构建的成本很高,但是该财产预计未来不能产生收益,按照会计学上的定义,甚至不能称为资产。因此,在采用成本法评估时应该先确认纳入评估范围内的资产,全部应该是对于企业经营业务具有重要作用的资产,也就是预计能为企业产生收益的资产。

另一方面,在评估实务中也存在这样一种情况,企业拥有的一项要素预计可以为企业产生预期收益,对企业价值具有重大影响,但是由于存在法律法规方面的限制,这些价值要素不能单独转让,或者对其取得的成本无法准确计量。如中国目前较为普遍的从事特定行业的准入资质、行政许可等,对于具有这样重大"资产"的企业,采用成本法评估就受到限制,或者成本法不适用这样的企业评估。

思 考 题

一、单项选择题

1. 从不同口径收益额与其评估值的价值内涵的角度考虑,利用净利润指标作为企业价值评估的收益额,其资本化价值应该是企业的( )价值。

    A. 部分股权   B. 所有者权益   C. 投资资本   D. 总资产

2. 被评估企业经评估后的所有者权益 100 万元,流动负债 200 万元,长期负债 100 万元,长期投资 150 万元,被评估企业的投资资本应该是( )万元。

    A. 150   B. 200   C. 250   D. 400

3. 判断企业价值评估预期收益的基础应该是( )。

    A. 企业正常收益   B. 企业历史收益   C. 企业现实收益   D. 企业未来收益

4. 评估人员在企业价值评估的过程中,估测折现率应该遵循的基本原则是折现率不应该( )。

    A. 低于行业基准收益率   B. 高于行业基准收益率

    C. 低于投资机会成本   D. 高于投资机会成本

5. 在企业价值评估中,当确定了收益额的口径后,评估人员需要注意( )的选择应与收益额的口径相匹配。

    A. 评估方法   B. 预测企业收益持续的时间

    C. 企业价值类型   D. 折现率

6. 评估基准日被评估企业年利润总额为 1 000 万元,年折旧及摊销额为 200 万元,净资产总额为 2 000 万元,企业适用的所得税税率为 33%。同行业的同类型上市公司平均每股价格与每股净利润之比值是 8,平均每股销售收入与每股净资产之比值为 2.5,仅就上述数据分析,被评估企业的股东全部权益评估价值可能最接近于( )万元。

    A. 4 288   B. 5 000   C. 5 360   D. 8 000

7. 被评估企业在评估基准日的净利润为 1 000 万元,净现金流量为 1 100 万元,账面净资产为 5 000 万元。评估基准日同类型上市公司平均每股销售收入与每股净利润之比值是 12,平均每股价格与每股净现金流量之比值为 10,平均每股销售收入与每股净资产之比值是 3。仅就上述数据分析,被评估企业的评估价值最接近于( )万元。

    A. 8 000   B. 11 000   C. 12 000   D. 15 000

8. 被评估企业的净现金流量为 100 万元,长期负债利息 100 万元,流动负债为 49.25 万元,所得税税率 33%,当折现率为 10% 时企业的投资资本价值最有可能接近于( )万元。

    A. 1 000   B. 1 330   C. 1 670   D. 2 000

9. 评估企业的资产价值,选择( )作为折现的收益额最为直接。

    A. 利润

    B. 净利润

    C. 净现金流量＋负债利息(1－所得税税率)

    D. 净现金流量＋长期利息(1－所得税税率)

二、多项选择题

1. 注册资产评估师在运用参考企业比较法评估企业价值时,确定适当价值比例的关键在于( )。
    A. 并购案例　　　　B. 可比指标　　　　C. 可比企业　　　　D. 无风险报酬率

2. 关于企业价值评估中市场法的有关说法正确的有( )。
    A. 运用市场法评估企业价值存在两个障碍:企业的个体差异和企业交易案例的差异
    B. 市场法中常用的两种具体方法是参考企业比较法和并购案例比较法
    C. 市场法的两种方法的核心问题是确定适当的价值比率或经济指标
    D. 在寻找参照企业的过程中,为了降低单一样本,单一参数所带来的误差,国际上通用的办法是采用多样本、多参数的综合方法

3. 企业评估中选择折现率的基本原则有( )。
    A. 折现率不低于投资的机会成本
    B. 行业基准收益率不宜直接作为折现率,但是行业平均收益率可作为折现率的重要参考指标
    C. 银行票据的贴现率不宜直接作为折现率
    D. 应该高于国库券利率

4. 运用收益法评估企业价值的核心问题是( )。
    A. 收益期限的确定
    B. 要对企业的收益予以界定
    C. 要对企业的收益进行合理的预测
    D. 在对企业的收益做出合理的预测后,要选择合适的折现率

5. 界定企业价值评估具体范围时应划为"待定产权资产"的是( )。
    A. 溢余资产　　　　B. 闲置资产　　　　C. 产权纠纷资产　　　　D. 难以界定产权资产

6. 企业价值评估的一般范围应包括( )。
    A. 产权主体自身占用资产　　　　　　B. 控股子公司中的投资部分
    C. 非控股子公司中的投资部分　　　　D. 债务人的资产

三、案例分析题

甲公司进行资产重组,委托资产评估机构对企业股东全部权益价值进行评估。评估基准日为 2009 年 12 月 31 日。评估人员经调查分析,得到以下相关信息:

(1)甲公司经过审计后的有形资产账面价值为 920 万元,评估值为 1 000 万元,负债为 400 万元。

(2)企业原账面无形资产仅有土地使用权一项,经审计后的账面价值为 100 万元。评估人员采用市场法评估后的市场价值为 300 万元。

(3)甲公司刚开发完成一套产品质量控制系统应用软件,在同行业中居领先地位,已经通过专家鉴定并投入生产使用。该软件投入使用后将有利于提高产品质量,增强企业竞争力,目前市场上尚未出现同类型软件。该套软件的实际开发成本为 50 万元,维护成本很低,目前如果重新开发此软件所需的开发成本基本保持不变。

(4)甲公司长期以来具有良好的社会形象,产品在同行业中具有较强的竞争力。评估基

准日后未来 5 年的企业净现金流量分别为 100 万元、130 万元、120 万元、140 万元和 145 万元;从第 6 年起,企业净现金流量将保持在前 5 年各年净现金流量计算的年金水平上。

(5) 评估人员通过对资本市场的深入调查分析,初步测算证券市场平均期望报酬率为 12%,被评估企业所在行业对于风险分散的市场投资组合的系统风险水平 β 值为 0.7,无风险报酬率为 4%。由于该企业特定风险调整系数 α 为所在行业系统风险水平的 1.08 倍。

(6) 企业所得税税率为 25%,甲公司能够持续经营。

【要求】 折现率取整数,其他计算小数点后保留两位。

(1) 根据所给条件,分别用资产加和法和收益法评估甲公司股东全部权益价值。

(2) 对上述两种评估方法所的评估结果进行比较,分析其差异可能存在的原因。

(3) 如果评估机构最终以上述两种评估方法所得结果的算术平均数作为评估结论,你认为是否妥当? 应如何处理?

(4) 给出甲公司股东全部权益价值的最终评估结果,并简单说明原因。

第十章 资产评估报告

第一节 编制资产评估报告书

一、资产评估报告的基本概念

1. 资产评估报告

资产评估报告,是指注册资产评估师根据资产评估准则的要求,在履行了必要的评估程序后,对评估对象在评估基准日特定目的下的价值发表的、由其所在评估机构出具的书面专业意见。注册资产评估师应当根据评估业务的具体情况,提供能够满足委托方和其他评估报告使用者合理需求的评估报告,并在评估报告中提供必要信息,使评估报告使用者能够合理理解评估结论。资产评估报告是按照一定格式和内容来反映评估目的、假设、程序、标准、依据、方法、结果及适用条件等基本情况的报告书。广义的资产评估报告还是一种工作制度。它规定评估机构在完成评估工作之后必须按照一定程序的要求,用书面形式向委托方及相关主管部门报告评估过程和结果。狭义的资产评估报告即资产评估结果报告,既是资产评估机构与注册资产评估师完成对资产作价,就被评估资产在特定条件下价值所发表的专家意见,也是评估机构履行评估合同情况的总结,还是评估机构与注册资产评估师为资产评估项目承担相应法律责任的证明文件。

《国际评估准则》(IVS)和美国《专业评估执业统一准则》(USPAP)对评估报告都是从报告类型与报告要素来进行规范的。我国2007年发布的《资产评估准则——评估报告》是根据要素与内容对评估报告进行规范的重要评估准则。2008年发布的《企业国有资产评估报告指南》,则从国有资产评估报告的基本内容与格式方面,对评估报告的标题、文号、声明、摘要、正文、附件、评估明细表和评估说明等进行了规范。

2. 资产评估报告的作用

资产评估报告有以下几方面的作用:

(1) 它对委托评估的资产提供价值意见。资产评估报告是经具有资产评估资格的机构根据委托评估资产的特点和要求,组织注册资产评估师及相应的专业人员,遵循评估准则和标准,履行必要的评估程序,运用科学的方法对被评估资产价值进行评定和估算后,提出的书面价值意见,该价值意见不代表任何当事方的利益,是一种独立的专业人士的评估意见,具有较强的公正性与客观性,因而成为被评估资产作价的重要参考。

(2) 资产评估报告是反映和体现资产评估工作情况,明确委托方、受托方、产权持有方及有关方面责任的依据。它用文字的形式,对受托资产评估业务的目的、背景、范围、依据、程序、方法等方面和评估的结果进行说明和总结,体现了评估机构的工作成果。同时,资产评估报告也反映和体现受托的资产评估机构与执业人员的权利与义务,并以此来明确委托方、受托方等有关方面的法律责任。在资产评估现场工作完成后,注册资产评估师要根据现场工作取得的有关资料和估算数据,撰写评估结果报告,向委托方报告。负责评估项目的注册资产评估师同时在报告上行使签字的权利,并提出报告使用的范围和评估结果实现的前提等具体条款。当然,资产评估报告也是评估机构履行评估协议和向委托方或有关方面收取评估费用的依据。

(3)对资产评估报告进行审核,是管理部门完善资产评估管理的重要手段。资产评估报告是反映评估机构和注册资产评估师职业道德、执业能力水平以及评估质量高低和机构内部管理机制完善程度的重要依据。有关管理部门通过审核资产评估报告,可以有效地对评估机构的业务开展情况进行监督和管理。

(4)资产评估报告是建立评估档案、归集评估档案资料的重要信息来源。注册资产评估师在完成资产评估业务之后,必须按照档案管理的有关规定,将评估过程中收集的资料、工作记录以及资产评估过程的有关工作底稿进行归档,以便进行评估档案的管理和使用。由于资产评估报告是对整个评估过程的工作总结,其内容包括了评估过程的各个具体环节和各有关资料的收集及记录,因此,不仅评估报告的底稿是评估档案归集的主要内容,撰写资产评估报告过程中采用的各种数据、各个依据、工作底稿和资产评估报告制度中形成有关文字记录等都是资产评估档案的重要信息来源。

3. 资产评估报告的种类

国际上对资产评估报告有不同的分类,如将评估报告分为完整型评估报告、简明型评估报告、限制型评估报告等。随着我国资产评估业务种类的不断增加,我国的资产评估报告种类也在不断地丰富与完善。

可以将资产评估报告分为以下几个不同的种类:

(1)整体资产评估报告与单项资产评估报告

按资产评估的范围划分,资产评估报告可分为整体资产评估报告和单项资产评估报告。凡是对整体资产进行评估所出具的资产评估报告称为整体资产评估报告。凡是仅对某一部分、某一项资产进行评估所出具的资产评估报告称为单项资产评估报告,尽管资产评估报告的基本格式是一样的,但因整体资产评估与单项资产评估在具体业务上存在一些差别,两者在报告的内容上也必然会存在一些差别。一般情况下,整体资产评估报告的报告内容不仅包括资产,也包括负债和所有者权益方面;而单项资产评估报告除在建工程外,一般不考虑负债和以整体资产为依托的无形资产等。

(2)完整型评估报告、简明型评估报告与限制型评估报告

按照国际惯例,评估报告也可以分为完整型评估报告、简明型评似报告和限制型评估报告。注册资产评估师应当在评估报告中明确说明评估报告的类型。

完整型评估报告、简明型评估报告、限制型评估报告三种评估意见的根本区别在于所提供信息的详细程度不同。完整型评估报告和简明型评估报告之间的重要区别在于提供资料的详细程度。简明型评估报告应该对解决评估问题具有重要意义的信息做出概略说明。限制型评估报告是仅仅供委托方使用的。

(3)现实型评估报告、预测型评估报告与追溯型评估报告

根据评估基准日的不同选择,可以分为:评估基准日为现在时点的现实型评估报告;评估基准日为未来时点的预测型评估报告;评估基准日为过去时点的追溯型评估报告。关于评估报告的使用有效期,通常要求评估基准日与经济行为实现日相距不超过1年。

二、资产评估报告的基本要素

注册资产评估师应当在执行必要的资产评估程序后,根据相关评估准则编制并由所在评估机构出具评估报告。注册资产评估师应当在评估报告中披露必要信息,使评估报告使用者能够合理理解评估结论。

1. 资产评估报告应包括以下基本要素

(1) 标题及文号;

(2) 声明;

(3) 摘要;

(4) 正文;

(5) 附件。

2. 在评估报告中,注册资产评估师应该根据评估项目具体情况,就被评估资产的基本情况进行说明(以企业价值评估为例),一般包括:

(1) 评估对象的存在状况、权利状况和受到的限制。

(2) 注册资产评估师应当在评估报告中披露所有影响评估分析、判断和结论的评估假设和限定条件,并就其对评估结论的影响进行必要说明。

(3) 注册资产评估师应当在评估报告的评估程序实施过程和情况说明部分中,重点披露被评估企业的财务分析、调整以及评估方法的运用实施过程。

(4) 注册资产评估师在评估报告中披露财务分析、调整情况时,通常应当包括下列内容:

a. 被评估企业历史财务资料分析总结,列示能够充分满足评估目的需要和揭示被评估企业特性的若干年度的资产负债表和损益表的汇总资料;

b. 对财务报告、企业申报资料所作的重大或实质性调整;

c. 相关预测所涉及的关键性评估假设和限定条件;

d. 被评估企业与其所在行业平均经济效益状况比较。

(5) 注册资产评估师在评估报告中披露评估方法运用实施过程和情况时,通常应当包括下列内容:

a. 选择评估方法的过程和依据;

b. 评估方法的运用和逻辑推理计算过程;

c. 分成率、折现率、经济寿命期等重要参数的获取来源和形成过程;

d. 对初步评估结论进行综合分析,形成最终评估结论的过程。

(6) 注册资产评估师应当根据评估项目的具体情况,在评估报告中对被评估企业的基本情况进行说明,一般包括:

a. 企业名称、类型与组织形式;

b. 企业历史状况;

c. 企业主要产品或服务;

d. 市场和客户状况;

e. 企业管理状况;

f. 季节或周期因素对企业运营的影响;

g. 企业运营常规流程;

h. 企业主要资产状况,包括有形资产、无形资产以及主要负债;

i. 企业发展前景;

j. 企业、股权等以往市场交易情况;

k. 相关竞争状况;

l. 影响企业生产经营的宏观经济因素;

m. 影响企业生产经营的行业发展前景;

n. 其他需要说明的企业状况。

注册资产评估师可以根据评估业务性质、评估对象情况、委托方和其他评估报告使用者的要求,合理确定评估报告的详略程度。

三、国有资产评估报告的基本制度

企业国有资产评估报告基本制度是规定资产评估机构与注册资产评估师完成企业国有资产评估工作后,由相关国有资产管理部门或代表单位对评估报告进行核准、备案的制度。

1. 资产评估报告基本制度的产生与发展

1991 年,国务院以 91 号令颁布的《国有资产评估管理办法》规定,资产评估机构对委托单位(国有资产占有单位)被评估资产的价值进行评定和估算,要向委托单位提出资产评估结果报告书,委托单位收到资产评估机构的资产评估报告书后,应当报其主管部门审查,主管部门同意后,报同级国有资产管理行政主管部门确认资产评估结果。经国有资产管理行政主管部门授权或委托,国有资产占有单位的主管部门也可以确认资产评估结果。该文件还规定,国有资产管理行政主管部门应当自收到占有单位报送的资产评估结果报告书之日起 45 日内组织审核、验证协商、确认资产评估结果,并下达确认通知书。这就是我国最早的资产评估报告制度。1993 年,原国家国有资产管理局制定和发布了《关于资产评估报告书的规范意见》(国资办发〔1993〕55 号),1995 年,原国家国有资产管理局又制定和颁布了《关于资产评估立项、确认工作的若干规范意见》,1996 年 5 月 7 日,国资办发〔1996〕23 号文件转发了中国资产评估协会制定的《资产评估操作规范意见(试行)》,规定了资产评估报告书及送审专用材料的具体要求,以及资产评估工作底稿的项目档案管理,进一步完善了资产评估报告制度。1999 年,财政部财评字〔1999〕91 号《关于印发〈资产评估报告基本内容与格式的暂行规定〉的通知》及财评字〔1999〕302 号补充规定,对原有的资产评估报告有关制度做了进一步修改完善,使资产评估报告制度不仅适应国有资产评估,也同样适用于非国有资产的评估。2000 年,财政部财企〔2000〕256 号《关于调整涉及股份有限公司资产评估项目管理权的通知》对涉及股份有限公司资产评估项目的受理审核事权在财政部和省级财政部门之间进行分工。2001 年 12 月 31 日,国务院办公厅以国办发〔2001〕102 号《国务院办公厅转发财政部〈关于改革国有资产评估行政管理方式加强资产评估监督管理工作的意见〉的通知》,对资产评估项目管理方式进行了重大改革,取消对国有资产评估项目的立项确认审批制度,实行核准制和备案制,并加强对资产评估活动的监管。

2. 资产评估报告的基本内容

根据《资产评估准则——评估报告》,2008 年 11 月 28 日,中国资产评估协会发布了《企业国有资产评估报告指南》,并规定于 2009 年 7 月 1 日起施行。根据《企业国有资产评估报告指南》规定,注册资产评估师根据企业国有资产评估管理的有关规定执行资产评估业务,编制和出具企业国有资产评估报告,应当遵守该指南。金融企业和行政事业单位国有资产评估报告另行规范。

《企业国有资产评估报告指南》所指企业国有资产评估报告,由标题、文号、声明、摘要、正文、附件、评估明细表和评估说明构成。

其中,评估报告正文应当包括:

(1) 委托方、产权持有单位和委托方以外的其他评估报告使用者;

(2) 评估目的;

(3) 评估对象和评估范围;

(4) 价值类型及其定义;

(5) 评估基准日;

(6) 评估依据;

(7) 评估方法;

(8) 评估程序实施过程和情况;

(9) 评估假设;

(10) 评估结论;

(11) 特别事项说明;

(12) 评估报告使用限制说明;

(13) 评估报告日;

(14) 注册资产评估师签字盖章,评估机构或者经授权的分支机构加盖公章,法定代表人或者其授权代表签字,合伙人签字。

第二节　资产评估报告书的制作

一、资产评估报告书的制作步骤

资产评估报告的制作是评估机构与注册资产评估师完成评估工作的最后一道工序,也是资产评估工作中的一个重要环节。制作资产评估报告主要有以下几个步骤:

1. 整理工作底稿和归集有关资料

资产评估现场工作结束后,注册资产评估师必须着手对现场工作底稿进行整理,按资产的性质进行分类。同时对有关询证函、被评估资产背景材料、技术鉴定情况和价格取证等有关资料进行归集和登记。对现场未予确定的事项,还需进一步落实和查核。这些现场工作底稿和有关资料都是编制资产评估报告的基础。

2. 评估明细表的数字汇总

在完成现场工作底稿和有关资料的归集任务后,注册资产评估师应着手评估明细表的数字汇总。明细表的数字汇总应根据明细表的不同级次先明细表汇总,然后分类汇总,再到资产负债表式的汇总。在数字汇总过程中应反复核对各有关表格的数字的关联性和各表格栏目之间数字的勾稽关系,防止出错。

3. 评估初步数据的分析和讨论

在完成评估明细表的数字汇总，得出初步的评估数据后，应召集参与评估工作过程的有关人员，对评估报告的初步数据的结论进行分析和讨论，比较各有关评估数据，复核记录估算结果的工作底稿，对存在作价不合理的部分评估数据进行调整。

4. 编写评估报告

编写评估报告又可分为两步：

第一步，在完成资产评估初步数据的分析和讨论，对有关部分的数据进行调整后，由具体参加评估的各评估小组负责人员草拟出各自负责评估部分资产的评估说明，同时提交全面负责、熟悉本项目评估具体情况的人员草拟出资产评估报告。

第二步，将评估基本情况和评估报告初稿的初步结论与委托方交换意见，听取委托方的反馈意见后，在坚持独立、客观、公正的前提下，认真分析委托方提出的问题和建议，考虑是否应该修改评估报告，对评估报告中存在的疏忽、遗漏和错误之处进行修正，待修改完毕即可撰写资产评估正式报告。

5. 资产评估报告的签发与送交

注册资产评估师撰写出资产评估正式报告后，经审核无误，按以下程序进行签名盖章：先由负责该项目的注册评估师签章（两名或两名以上），再送复核人审核签章，最后送评估机构负责人审定签章并加盖机构公章。

资产评估报告签发盖章后即可连同评估说明及评估明细表送交委托单位。

二、资产评估报告制作的技术要点

资产评估报告制作的技术要点是指在资产评估报告制作过程中的主要技能要求，它具体包括了文字表达、格式与内容方面的技能要求，以及复核与反馈等方面的技能要求。

注册资产评估师应当在执行必要的评估程序后，编制并由所在评估机构出具评估报告，同时在评估报告中提供必要信息，使评估报告使用者能够合理理解评估结论。注册资产评估师应当根据评估业务具体情况，提供能够满足委托方和其他评估报告使用者合理需求的评估报告。

1. 文字表达方面的技能要求

资产评估报告既是一份对被评估资产价值发表专业意见的重要法律文件，又是一份用来明确资产评估机构和注册资产评估师工作责任的文字依据，所以它的文字表达技能要求既要清楚、准确，又要提供充分的依据说明，还要全面地叙述整个评估的具体过程。其文字的表达必须准确，不得使用模棱两可的措辞。其陈述既要简明扼要，又要把有关问题说明清楚，不得带有任何诱导、恭维和推荐性的陈述。

2. 格式和内容方面的技能要求

对资产评估报告格式和内容方面的技能要求，按照现行政策规定，应该遵循《资产评估准则——评估报告》，涉及企业国有资产评估的，还应该遵循《企业国有资产评估报告指南》。

3. 评估报告的复核及反馈方面的技能要求

资产评估报告的复核与反馈也是资产评估报告制作的具体技能要求。通过对工作底稿、评估说明、评估明细表和报告正文的文字、格式及内容的复核和反馈，可以使有关错误、遗漏等问题在出具正式报告之前得到修正。对评估人员来说，资产评估工作是一项由多个评估人员同时作业的中介业务,每个评估人员都有可能因能力、水平、经验、阅历及理论方法的限制而产生工作盲点和工作疏忽,所以,对资产评估报告初稿进行复核就成为必要。就对评估资产的情况熟悉程度来说,大多数资产委托方和占有方对委托评估资产的分布、结构、成新率等具体情况比评估机构和评估人员更熟悉,所以在出具正式报告之前征求委托方意见,收集反馈意见很有必要。

对资产评估报告必须建立起多级复核和交叉复核的制度,明确复核人的职责,防止流于形式的复核。收集反馈意见主要渠道是委托方或占有方熟悉资产具体情况的人员。对委托方、产权持有者或资产占有方意见的反馈信息,应谨慎对待,应本着独立、客观、公正的态度去接受其反馈意见。

4. 撰写报告应注意的事项

资产评估报告的制作技能除了需要掌握上述三个方面的技术要点外,还应注意以下事项:

(1)实事求是,切忌出具虚假报告。报告必须建立在真实、客观的基础上,不能脱离实际情况,更不能无中生有。报告拟订人应是参与该项目并较全面了解该项目情况的主要评估人员。

(2)坚持一致性原则,切忌出现表里不一。报告文字、内容前后要一致,摘要、正文、评估说明、评估明细表内容与格式、数据要一致。

(3)提交报告要及时、齐全和保密。在完成资产评估工作后,应按业务约定书的约定时间及时将报告送交委托方。送交报告时,报告及有关文件要送交齐全。此外,要做好客户保密工作,尤其是对评估涉及的商业秘密和技术秘密,更要加强保密工作。

(4)评估机构应当在资产评估报告中明确评估报告使用者。报告使用方式,提示评估报告使用者合理使用评估报告。应注意防止报告的恶意使用,避免报告的误用,合法规避执业风险。

(5)注册资产评估师执行资产评估业务,应当关注评估对象的法律权属,并在评估报告中对评估对象法律权属及其证明资料来源予以必要说明。注册资产评估师不得对评估对象的法律权属提供保证。

(6)注册资产评估师执行资产评估业务受到限制无法实施完整的评估程序时,应当在评估报告中明确披露受到的限制、无法履行的评估程序和采取的替代措施。

三、企业国有资产评估报告实例

根据中国资产评估协会发布的《企业国有资产评估报告指南》,从以下方面对评估报告进行举例说明。

1. 评估报告的标题、文号、声明和摘要示例

A 公司拟收购 C 公司所持有的 B 公司股权项目
资产评估报告
XYZ 评报字【2010】第 100 号
评估报告声明

一、在执行本资产评估业务中,我们遵循相关法律法规和资产评估准则,恪守独立、客观和公正的原则;根据我们在执业过程中收集的资料,评估报告陈述的内容是客观的,并对评估结

论合理性承担相应的法律责任。

二、评估对象涉及的资产、负债清单由委托方、被评估单位申报并经其签章确认;提供真实、合法和完整的资料,恰当使用评估报告是委托方和相关当事方的责任。

三、我们与评估报告中的评估对象没有现存或者预期的利益关系;与相关当事方没有现存或者预期的利益关系,对相关当事方不存在偏见。

四、我们已对评估报告中的评估对象及其所涉及资产进行现场调查;我们已对评估对象及其所涉及资产的法律权属状况给予必要的关注,对评估对象及其所涉及资产的法律权属资料进行了查验,并对已经发现的问题进行了如实披露,且已提请委托方及相关当事方完善产权以满足出具评估报告的要求。

五、我们出具的评估报告中的分析、判断和结论受评估报告中假设和限定条件的限制,评估报告使用者应当充分考虑评估报告中载明的假设、限定条件、特别事项说明及其对评估结论的影响。

资产评估报告摘要

XYZ 资产评估有限责任公司接受 A 公司委托,根据有关法律、法规和资产评估准则、资产评估准则,采用资产基础法与收益法,按照必要的评估程序,为 A 公司拟收购 C 公司所持有的 B 公司股权之目的所涉及的 B 公司股权资产价值进行了评估工作。现将资产评估情况摘要报告如下:

一、委托方:A 公司(全称);被评估单位:B 公司(全称)。

二、评估目的:股权收购。

三、评估对象与评估范围:为 B 公司股东全部权益的市场价值。

四、价值类型:市场价值。

五、评估基准日:2009 年 12 月 31 日。

六、评估方法:采用资产基础法及收益法。

七、评估结论:经评估,在评估基准日和持续经营前提下,B 公司股东全都权益的市场价值为×××万元。评估结论使用有效期为一年。

八、报告提出日期:2010 年 3 月 28 日。

重要提示 以上内容摘自资产评估报告,欲了解本评估项目的全面情况,应认真阅读资产评估报告全文。

2. 评估报告正文示例

A 公司拟收购 C 公司所持有的 B 公司股权项目
资产评估报告
XYZ 评报字【2010】第 100 号

A 公司:

XYZ 资产评估有限责任公司接受贵单位的委托,根据有关法律、法规和资产评估准则,资产评估原则,采用资产基础法、收益法及其他方法,按照必要的评估程序,对 A 公司拟收购 C 公司所持有的 B 公司股权目的所涉及的 B 公司股东全部权益在 2009 年 12 月 31 日的市场价值进行了评估工作。现将资产评估情况报告如下:

一、委托方、被评估单位和委托方以外的其他报告使用者概况

（一）委托方简介（略）

（二）产权持有单位（略）

（三）被评估单位简介（略）

（四）其他评估报告使用者（略）

（五）委托方与被评估单位的关系（略）

二、评估目的

A 公司拟收购 C 公司所持有的 B 公司股权，为此需要对 B 公司股权资产价值进行评估，以提供 B 公司股东全部权益之市场价值的参考意见。

三、评估对象和评估范围

本次评估对象为 B 公司股东全部权益的市场价值。

本次评估范围为，至评估基准日，B 公司经审计后的账面资产、负债状况。

资产负债表（略）

上述资产和负债已经过×××会计师事务所有限责任公司审计，评估是在经过审计的基础上进行的。

评估的具体范围以 B 公司提供的全部资产及相关负债评估申报明细表为基础，凡列入表内并经核实的资产均在本次评估范围之内。

四、企业价值类型及定义

根据本次评估目的等相关条件及《企业价值评估指导意见》的有关规定，本报告价值类型选用市场价值。

市场价值是指自愿买方和自愿卖方在各自理性行事且未受任何强迫压制的情况下，对在评估基准日进行正常公平交易中，某项资产应当进行交易的价值估计数额。

本报告所述"评估价值"系指本评估机构及评估人员对所委托评估的资产在评估基准日的外部经济环境前提和本报告所载明的特定条件下，为本报告前述所列明之目的而提出的价值意见。

五、评估基准日

根据委托方要求，本次资产评估的基准日为 2009 年 12 月 31 日。

资产评估基准日是评估结论开始成立的一个特定时日，在形成评估结论过程中所选用的各种作价标准、依据均要在该时点有效，本次评估中的一切取价标准均为评估基准日有效的价格标准。由于委估资产的自身状况及外部经济环境的不断变化，不同的评估基准日，其评估结论是不同的。

本次资产评估基准日的确定是根据 B 公司特点、报表出具时间等因素后，在本着有利于保证评估结果有效地服务于评估目的，减少和避免评估基准日后的调整事项，准确划定评估范围，准确高效地清查核验资产，合理选取评估作价依据的原则，由委托方和被评估单位与评估师商定的。

六、评估依据

本次评估的依据主要包括资产评估经济行为依据、政策法规依据、产权依据及取价依据和其他参考资料等，具体如下：

（一）经济行为依据（略）

（二）法规依据（略）

（三）产权依据（略）

（四）取价依据（略）

七、评估方法

根据国家有关资产评估的规定，本着独立、客观、公正、科学的原则，采用资产基础法与收益法对 B 公司股东全部权益市场价值进行了评估。

资产基础法（略）

收益法（略）

八、评估程序实施过程和情况

本公司接受资产评估委托后，选派资产评估人员，组成评估项目组，进行资产评估的前期准备、现场评估等工作，整个评估过程包括接受委托、资产清查、评定估算、评估汇总、提交报告等，具体过程如下：

（一）接受委托（略）

（二）资产清查（略）

（三）评定估算（略）

（四）评估汇总（略）

（五）提交报告（略）

九、评估假设和限定条件

（一）特殊性假设与限制条件（略）

（二）一般性假设和限制条件（略）

十、评估结论

1. 资产基础法评估结果（略）

2. 收益法评估结果（略）

3. 两种评估结果分析（略）

4. 最终评估结果

根据以上分析及评估得出：截至评估基准日，在评估假设及限定条件下，B 公司股东全部权益的市场价值评估值为人民币×××万元。

十一、特别事项说明

本评估报告书存在如下特别事项，请报告使用者予以注意：

1. 本报告所称"评估值"系指我们对所评估资产在现有用途不变并持续经营，以及在评估基准日之状况和外部经济环境前提下，为本报告书所列明的目的而提出的公允估值意见。

2. 受 A 公司的委托，本次评估范围以被评估单位申报资产为限。

3. 房屋建筑物取得房产证的以房产证面积评估；未取得房产证的以企业申报面积进行评估，如果今后办理产权证明时的面积数与企业申报面积有差异，可能对评估结果产生影响。

4. 本项评估是在独立、公正、客观、科学的原则下作出的，本公司及参加评估工作的全体人员与资产投资各方之间无任何特殊利害关系，评估人员在评估过程中恪守职业道德和规范，并进行了充分努力。

5. 本报告评估结论是对 2009 年 12 月 31 日委估资产价值的客观公允反映，本公司对这一基准日以后该资产价值发生的重大变化不负任何责任。

6. 本报告所涉及的有关法律证明文件,由委托方及资产占有方提供,其真实性由委托方及资产占有方负责。

7. 评估人员对本次评估对象的法律权属状况给予了必要的关注,但不对其作任何形式的保证。

8. 本报告含有若干备查文件,备查文件构成本报告之重要组成部分,与本报告正文具有同等法律效力。

十二、评估报告使用限制说明

1. 本评估报告只能用于本报告载明的评估目的和用途。同时,本次评估结论是反映评估对象在本次评估目的下,根据公开市场的原则确定的现行公允市价,没有考虑将来可能承担的抵押、担保事宜,以及特殊的交易方可能追加付出的价格等对评估价格的影响,同时,本报告也未考虑国家宏观经济政策发生变化以及遇有自然力和其他不可抗力对资产价格的影响。当前述条件以及评估中遵循的持续经营原则等其他情况发生变化时,评估结论一般会失效。评估机构不承担由于这些条件的变化而导致评估结果失效的相关法律责任。

2. 本评估报告只能由评估报告载明的评估报告使用者使用。评估报告书的使用权归委托方所有,未经委托方许可,我公司不会随意向他人公开。

3. 未征得本公司同意,评估报告的内容不得被摘抄、引用或披露于公开媒体,法律、法规规定以及相关当事方另有约定的除外。

4. 评估报告的使用有效期:根据国家的现行有关规定,资产评估结果的有效期为一年,即自评估目的在评估基准日后的一年内实现时,可以评估结果作为底价或作价依据(还需结合评估基准日的期后事项的调整)。超过一年,需重新进行资产评估。

十三、评估报告提出日期

本评估报告提出日期为 2010 年 3 月 28 日。

十四、评估机构和注册资产评估师签章

XYZ 资产评估有限责任公司(盖章)

电话:×××	法定代表人(签字)
传真:×××	注册资产评估师(签字)
2010 年 3 月于中国・北京	注册资产评估师(签字)

3. 评估报告附件(略)

4. 评估说明(略)

5. 评估明细表(略)

四、资产评估报告书的运用

资产评估报告由评估机构出具后,资产评估委托方、资产评估管理方和有关部门对资产评估报告及有关资料要根据需要进行使用。

1. 委托方对资产评估报告的使用

委托方在收到受托评估机构送交的正式评估报告及相关资料后,可以依据评估报告所揭示的评价目的和评估结论,合理使用资产评估结果。根据有关规定,委托方依据评估报告所揭示的评估目的及评估结论,可以作为以下几种具体的用途:

(1) 根据评估目的。作为资产的作价基础,包括:

a. 整体或部分改建为有限责任公司或股份有限公司；

b. 以非货币资产对外投资；

c. 合并、分立、清算；

d. 除上市公司以外的原股东股权比例变动；

e. 除上市公司以外的整体或部分产权（股权）转让；

f. 资产转让、置换、拍卖；

g. 整体资产或者部分资产租赁给非国有单位；

h. 确定涉讼资产价值；

i. 国有资产占有单位收购非国有资产；

j. 国有资产占有单位与非国有资产单位置换资产；

k. 国有资产占有单位接受非国有资产单位以实物资产偿还债务；

l. 法律、行政法规规定的其他需要进行评估的事项。

（2）作为企业进行会计记录或调整账项的依据。委托方在根据评估报告所揭示的资产评估目的使用资产评估报告资料的同时，还可依照有关规定，根据资产评估报告资料进行会计记录或调整有关财务账项。

（3）作为履行委托协议和支付评估费用的主要依据。当委托方收到评估机构的正式评估报告及有关资料后，在没有异议的情况下，应根据委托协议，履行支付评估费用的承诺及其他有关承诺。

此外，资产评估报告及有关资料也是有关当事人因资产评估纠纷向纠纷调处部门申请调处的申诉资料之一。

委托方在使用资产评估报告及有关资料时必须注意以下几个方面：

（1）只能按报告所揭示的评估目的使用报告，一份评估报告只允许按一个用途使用。

（2）只能在报告的有效期内使用报告，超过报告的有效期，原资产评估结果无效。

（3）在报告有效期内，资产评估数量发生较大变化时，应由原评估机构或者资产占有单位按原评估方法做相应调整后才能使用。

（4）涉及国有资产产权变动的评估报告及有关资料必须经国有资产管理部门或授权部门核准或备案后方可使用。

（5）作为企业会计记录和调整企业账项使用的资产评估报告及有关资料，必须根据国家相关法规执行。

2. 资产评估管理机构对资产评估报告的使用

资产评估管理机构主要是指对资产评估进行行政管理的主管机关和对资产评估行业进行自律管理的行业协会。对资产评估报告的使用是资产评估管理机构实现对评估机构行政管理和行业自律管理的重要过程。资产评估管理机构通过对评估机构出具的资产评估报告有关资料的使用，有助于了解评估机构从事评估工作的业务能力和组织管理水平。由于资产评估报告是反映资产评估工作过程的工作报告，因此，一方面，通过对资产评估报告资料的检查与分析，评估管理机构能大致判断该机构的业务能力和组织管理水平。另一方面，也是对资产评估结果质量进行评价的依据。资产评估管理机构通过资产评估报告能够对评估机构的评估结果质量的好坏做出客观的评价，从而能够有效实现对评估机构和评估人员的管理。再一方面，它能为国有资产管理提供重要的数据资料。通过对资产评估报告的统计与分析，可以及时了解国有资产占有和使用状况以及增减值变动情况,为进一步加强和改善国有资产管理服务。

3. 其他有关部门对资产评估报告的使用

除了资产评估管理机构可运用资产评估报告资料外,有些政府管理部门也需要使用资产评估报告,主要包括国有资产监督管理部门、证券监督管理部门、保险监督管理部门、工商行政管理、税务、金融和法院等有关部门。

国有资产监督管理部门对资产评估报告的使用,主要体现在对国有产权进行管理方面,通过对国有资产评估项目的核准或备案,可以加强国有产权的有效管理,规范国有产权的转让行为。

证券监督管理部门对资产评估报告的使用,主要体现在对申请上市的公司有关申报材料及招股说明书的审核,对上市公司定向发行股票、公司并购、公司合并、资产收购、资产置换、以资抵债等重大资产重组行为时的评估定价行为的审核。当然,证券监督管理部门还可运用资产评估报告和有关资料加强对取得证券业务评估资格的评估机构及有关人员的业务管理。

工商行政管理部门对资产评估报告的使用,主要表现在对公司设立、公司重组、增资扩股等经济行为时,对资产定价进行依法审核。

商务管理部门、保险监督管理部门、税务部门、金融部门和人民法院等也能通过对资产评估报告的使用达到实现其管理职能的目的。

思 考 题

一、单项选择题

1. 资产评估明细表的基本内容不包括(　　)。

    A. 评估结论的效力、使用范围和有效期

    B. 资产及其负债的名称、发生日期、账面价值等

    C. 反映资产及其负债特征的项目

    D. 备注栏目

2. 资产评估报告的基本要素中,不包括(　　)。

    A. 首部、绪言、评估目的和评估基准日

    B. 评估种类与对象、评估原则

    C. 委托方与资产占有方简介

    D. 评估过程与评估结论

3. 在评估报告中,对于不纳入资产评估汇总表的评估结果,应在资产评估报告正文的(　　)中单独列示。

    A. 评估基准日期后重大事项　　　　　　B. 特殊事项说明

    C. 评估结论　　　　　　　　　　　　　D. 评估范围和对象

4. 关于进行资产评估有关事项的说明应由(　　)共同撰写。

    A. 评估机构与委托方　　　　　　　　　B. 评估机构与资产占有方

    C. 委托方与资产占有方　　　　　　　　D. 委托方、资产占有方和评估机构

5. 根据财政部财评字[1999]91号《资产评估报告基本内容与格式的暂行规定》,资产评估报告应包括资产评估报告书正文、资产评估说明和(　　)。

    A. 评估结论   B. 资产评估明细表

    C. 资产评估报告书分析   D. 资产评估明细表及相关附件

6. 资产评估报告书正文的基本内容的尾部应当写明出具评估报告书的机构名称并加盖公章，还要由评估机构法定代表人和至少（　　）名负责评估的注册资产评估师签名盖章。

    A. 一   B. 两   C. 三   D. 四

7. "资产清查核实情况说明"的基本内容不包括（　　）。

    A. 资产及负债清查情况的说明

    B. 实物资产的分布情况与特点

    C. 资产清查核实的内容以及资产清查调整说明

    D. 影响资产清查的事项

8. 资产评估说明的基本内容中，主要用来反映评估中选定的评估方法、采用的评估思路及实施的评估工作的是（　　）。

    A. "关于进行资产评估有关事项的说明"的基本内容

    B. "各项资产及负债的评估技术说明"的基本内容

    C. "评估依据的说明"的基本内容

    D. "评估结论及其分析"的基本内容

9. （　　）可以作为企业进行会计记录的依据和作为支付评估费用的依据。

    A. 资产评估合同   B. 资产评估报告书

    C. 资产评估工作底稿   D. 资产评估协议

10. 经国有资产管理行政主管部门确认的资产评估结果，除国家经济政策发生重大变动或经济行为当事人另有协议外，自评估基准日起（　　）内有效。

    A. 一年   B. 一年半   C. 二年   D. 半年

二、多项选择题

1. 资产评估说明的基本内容中，"整体资产评估收益现值法评估验证说明"的基本内容包括（　　）。

    A. 收益现值法的应用简介   B. 无形资产的评估说明

    C. 贴现率的选取   D. 企业营业收入、成本费用的预测

2. 资产评估报告中"关于进行资产评估有关事项说明"，具体包括（　　）等项目。

    A. 资产及负债清查情况说明   B. 实物资产分布情况说明

    C. 在建工程评估说明   D. 关于资产评估基准日的说明

3. 对评估报告进行逻辑分析，应对下列（　　）进行因果关系分析。

    A. 评估目的、评估依据的前提条件与评估方法选择之间的一致性

    B. 评估范围与资产权益之间的一致性

    C. 评估程序、评估方法和评估作价之间的一致性

    D. 资产权益、作价的前提条件与作价依据之间的一致性

4. 对于客户而言，资产评估报告具有（　　）的用途。

    A. 作为产权交易作价的基础资料

    B. 作为企业进行会计记录的依据

    C. 作为法庭辩论的举证材料

D. 作为支付费用的依据

5. 资产评估报告书的作用是（　　）。

　A. 决定被评估资产的作价

　B. 考核资产评估工作质量的依据

　C. 建立评估档案、归集评估档案资料的重要信息来源

　D. 管理部门完善资产评估管理的重要依据

6. 资产评估报告书的基本内容包括（　　）。

　A. 评估立项申请

　B. 评估结果成立的前提条件

　C. 取得评估结果的主要过程

　D. 评估委托合同及其主要内容

7. 编写资产评估报告的基本要求有（　　）。

　A. 实事求是　　　　　　　　　　B. 内容全面、准确、简练

　C. 编制及时　　　　　　　　　　D. 详细规定委托双方的权利和义务

8. 资产评估说明的基本内容中，"评估依据说明"主要用来说明进行评估工作所遵循的具体（　　）。

　A. 行为依据　　　　B. 产权依据　　　　C. 取价依据　　　　D. 方法依据

9. 资产评估说明的基本内容中，"评估依据说明"的基本内容有（　　）。

　A. 经济行为文件　　　　　　　　B. 企业内部审核制度

　C. 产权证明文件　　　　　　　　D. 重大合同

10. 资产评估报告是管理机构对评估机构进行（　　）的手段之一。

　A. 监督管理　　　　　　　　　　B. 收取行政费用

　C. 资格审查　　　　　　　　　　D. 评价工作质量好坏

资产评估准则——评估程序

第一章　总　则

第一条　为规范注册资产评估师履行评估程序行为，维护社会公共利益和资产评估各方当事人合法权益，根据《资产评估准则——基本准则》，制定本准则。

第二条　本准则所称评估程序，是指注册资产评估师执行资产评估业务所履行的系统性工作步骤。

第三条　注册资产评估师执行资产评估业务，应当遵守本准则。

第四条　注册资产评估师执行与价值估算相关的其他业务，可以参照本准则。

第二章　基本要求

第五条　注册资产评估师执行资产评估业务，应当遵守法律、法规和资产评估准则的相关规定，履行适当的评估程序。

第六条　注册资产评估师通常执行下列基本评估程序：

（一）明确评估业务基本事项；

（二）签订业务约定书；

（三）编制评估计划；

（四）现场调查；

（五）收集评估资料；

（六）评定估算；

（七）编制和提交评估报告；

（八）工作底稿归档。

注册资产评估师不得随意删减基本评估程序。

第七条　注册资产评估师应当根据本准则，结合评估业务具体情况，制定并实施适当的具体评估步骤。

第八条　注册资产评估师在执行评估业务过程中，由于受到客观限制，无法或者不能完全履行评估程序，可以根据能否采取必要措施弥补程序缺失和是否对评估结论产生重大影响，决定继续执行评估业务或者终止评估业务。

第九条　注册资产评估师应当指导业务助理人员履行评估程序。

第十条　注册资产评估师应当记录评估程序履行情况，形成工作底稿。

第三章　评估程序要求

第十一条　注册资产评估师应当明确下列评估业务基本事项：

（一）委托方、产权持有者和委托方以外的其他评估报告使用者；

（二）评估目的；

（三）评估对象和评估范围；

（四）价值类型；

（五）评估基准日；

（六）评估报告使用限制；

（七）评估报告提交时间及方式；

（八）评估服务费总额、支付时间和方式；

（九）委托方与注册资产评估师工作配合和协助等其他需要明确的重要事项。

第十二条　注册资产评估师应当根据评估业务具体情况，对自身专业胜任能力、独立性和业务风险进行综合分析和评价，并由评估机构决定是否承接评估业务。

第十三条　评估机构在决定承接评估业务后，应当与委托方签订业务约定书。评估目的、评估对象、评估基准日发生变化，或者评估范围发生重大变化，评估机构应当与委托方签订补充协议或者重新签订业务约定书。

第十四条　注册资产评估师应当编制评估计划。评估计划的内容涵盖现场调查、收集评估资料、评定估算、编制和提交评估报告等评估业务实施全过程。

评估计划通常包括评估的具体步骤、时间进度、人员安排和技术方案等内容。

注册资产评估师可以根据评估业务具体情况确定评估计划的繁简程度。

第十五条　注册资产评估师编制的评估计划，应当根据评估业务实施过程中的情况变化进行必要调整。

第十六条　注册资产评估师应当将编制的评估计划报评估机构相关负责人审核、批准。

第十七条　注册资产评估师执行资产评估业务，应当根据评估业务具体情况对评估对象进行适当的现场调查。

第十八条　注册资产评估师应当要求委托方提供涉及评估对象和评估范围的详细资料。

注册资产评估师应当要求委托方或者产权持有者对其提供的评估明细表及相关证明材料以签字、盖章或者其他方式进行确认。

第十九条　注册资产评估师应当通过询问、函证、核对、监盘、勘查、检查等方式进行调查，获取评估业务需要的基础资料，了解评估对象现状，关注评估对象法律权属。

第二十条　注册资产评估师在执行现场调查时无法或者不宜对评估范围内所有资产、负债等有关内容进行逐项调查的，可以根据重要程度采用抽样等方式进行调查。

第二十一条　注册资产评估师应当根据评估业务需要和评估业务实施过程中的情况变化及时补充或者调整现场调查工作。

第二十二条　注册资产评估师应当根据评估业务具体情况收集评估资料，并根据评估业务需要和评估业务实施过程中的情况变化及时补充收集评估资料。

第二十三条　注册资产评估师收集的评估资料包括直接从市场等渠道独立获取的资料，从委托方、产权持有者等相关当事方获取的资料，以及从政府部门、各类专业机构和其他相关部门获取的资料。

评估资料包括查询记录、询价结果、检查记录、行业资讯、分析资料、鉴定报告、专业报告及政府文件等形式。

第二十四条　注册资产评估师应当根据评估业务具体情况对收集的评估资料进行必要分

析、归纳和整理,形成评定估算的依据。

第二十五条　注册资产评估师应当根据评估对象、价值类型、评估资料收集情况等相关条件,分析市场法、收益法和成本法等资产评估方法的适用性,恰当选择评估方法。

第二十六条　注册资产评估师应当根据所采用的评估方法,选取相应的公式和参数进行分析、计算和判断,形成初步评估结论。

第二十七条　注册资产评估师应当对形成的初步评估结论进行综合分析,形成最终评估结论。

注册资产评估师对同一评估对象需要同时采用多种评估方法的,应当对采用各种方法评估形成的初步评估结论进行分析比较,确定最终评估结论。

第二十八条　注册资产评估师应当在执行评定估算程序后,根据法律、法规和资产评估准则的要求编制评估报告。

第二十九条　注册资产评估师应当根据相关法律、法规、资产评估准则和评估机构内部质量控制制度,对评估报告及评估程序执行情况进行必要的内部审核。

第三十条　注册资产评估师提交正式评估报告前,可以在不影响对最终评估结论进行独立判断的前提下,与委托方或者委托方许可的相关当事方就评估报告有关内容进行必要沟通。

第三十一条　注册资产评估师完成上述评估程序后,由其所在评估机构出具评估报告并按业务约定书的要求向委托方提交评估报告。

第三十二条　注册资产评估师在提交评估报告后,应当按照法律、法规和资产评估准则的要求对工作底稿进行整理,与评估报告一起及时形成评估档案。

第四章　附则

第三十三条　本准则自 2008 年 7 月 1 日起施行。

资产评估准则——机器设备

第一章　总则

第一条　为规范注册资产评估师执行机器设备评估业务行为，维护社会公共利益和资产评估各方当事人合法权益，根据《资产评估准则——基本准则》，制定本准则。

第二条　本准则所称机器设备是指人类利用机械原理以及其他科学原理制造的、特定主体拥有或者控制的有形资产，包括机器、仪器、器械、装置、附属的特殊建筑物等。

第三条　本准则所称机器设备评估是指注册资产评估师依据相关法律、法规和资产评估准则，对单独的机器设备或者作为企业资产组成部分的机器设备的价值进行分析、估算并发表专业意见的行为和过程。

第四条　注册资产评估师执行机器设备评估业务，应当遵守本准则。

第五条　注册资产评估师执行与机器设备价值估算相关的其他业务，可以参照本准则。

第二章　基本要求

第六条　注册资产评估师执行机器设备评估业务，应当遵守相关法律、法规以及资产评估基本准则，并考虑其他评估准则的相关规定。

第七条　注册资产评估师执行机器设备评估业务，应当具备机器设备的相关专业知识及相应的评估经验，具备从事机器设备评估的专业胜任能力。当注册资产评估师执行某项特定业务缺乏特定的专业知识和经验时，应当采取恰当的弥补措施，必要时应当聘请专家协助工作。

第八条　注册资产评估师应当了解，机器设备的评估对象分为单台机器设备和机器设备组合。单台机器设备是指以独立形态存在、可以单独发挥作用或者以单台的形式进行销售的机器设备。机器设备组合是指为了实现特定功能，由若干机器设备组成的有机整体。机器设备组合的价值不必然等于单台机器设备价值的简单相加。

第九条　注册资产评估师应当了解，在对持续经营前提下的企业价值进行评估时，机器设备作为企业资产的一个组成部分，其价值取决于它对企业价值的贡献程度。

第十条　注册资产评估师执行机器设备评估业务，应当根据评估目的等相关条件，选择恰当的价值类型。

第十一条　注册资产评估师执行机器设备评估业务，应当考虑机器设备所依存资源的有限性、所生产产品的市场寿命、所依附土地和房屋建筑物的使用期限、国家的法律、法规以及环境保护、能源等产业政策对机器设备价值的影响。

第三章　操作要求

第十二条　注册资产评估师执行机器设备评估业务，应当了解评估结论的用途，明确评估目的。

第十三条 注册资产评估师应当根据机器设备的预期用途,明确评估假设。包括:

(一)继续使用或者变现;

(二)原地使用或者移地使用;

(三)现行用途使用或者改变用途使用。

第十四条 注册资产评估师对需要改变使用地点,按原来的用途继续使用,或者改变用途继续使用的机器设备进行评估时,应当考虑机器设备移位或者改变用途对其价值产生的影响。

第十五条 注册资产评估师执行机器设备评估业务,应当根据评估目的、评估假设等条件,明确评估范围是否包括设备的安装、基础、附属设施,是否包括软件、技术服务、技术资料等无形资产。对于附属于不动产的机器设备,注册资产评估师应当合理划分不动产与机器设备的评估范围,避免重复或者遗漏。

第十六条 注册资产评估师执行机器设备评估业务,应当对机器设备进行现场逐项调查或者抽样调查,确定机器设备是否存在、明确机器设备存在状态并关注其权属。如果采用抽样的方法进行现场调查,注册资产评估师应当充分考虑抽样风险。因客观原因等因素限制,无法实施现场调查的,注册资产评估师应当采取适当措施加以判断,并予以恰当披露。

第十七条 注册资产评估师应当根据评估对象的具体情况,合理确定现场调查内容。

第十八条 注册资产评估师通常可以通过现场观察、利用机器设备使用单位所提供的技术档案、检测报告、运行记录等历史资料,利用专业机构的检测结果,对机器设备的技术状态做出判断。必要时,注册资产评估师可以聘请专业机构对机器设备进行技术鉴定。

第十九条 注册资产评估师应当关注机器设备的权属,要求委托方或者相关当事方对机器设备的权属做出承诺。注册资产评估师应当对机器设备的权属相关资料进行必要的查验。

第二十条 注册资产评估师应当通过恰当方式获得机器设备的市场信息,并对其真实性、可靠性进行必要的判断。

第四章 评估方法

第二十一条 注册资产评估师执行机器设备评估业务,应当根据评估对象、价值类型、资料收集情况等相关条件,分析成本法、市场法和收益法三种资产评估基本方法的适用性,并恰当选择。

第二十二条 注册资产评估师运用成本法评估机器设备时,应当:

(一)明确机器设备的重置成本包括购置或者购建设备所发生的必要的、合理的成本、利润和相关税费等。注册资产评估师应当合理确定重置成本的构成要素;

(二)明确重置成本可以划分为更新重置成本与复原重置成本。注册资产评估师应当优先选用更新重置成本;

(三)了解机器设备的实体性贬值、功能性贬值和经济性贬值,以及可能引起机器设备贬值的各种因素,采用科学的方法,合理估算各种贬值;

(四)了解对具有独立运营能力或者独立获利能力的机器设备组合进行评估时,成本法一般不应当作为唯一使用的评估方法。

第二十三条 注册资产评估师运用市场法评估机器设备时,应当:

(一)明确活跃的市场是运用市场法评估机器设备的前提条件,注册资产评估师应当考虑

市场是否能够提供足够数量的可比资产的销售数据,以及数据的可靠性;

(二)明确参照物与评估对象具有相似性和可比性是运用市场法的基础,应当使用合理的方法对参照物与评估对象的差异进行调整;

(三)了解不同交易市场的价格水平可能存在差异。注册资产评估师应当根据评估对象的具体情况,确定可以作为评估依据的合适的交易市场,或者对市场差异作出调整;

(四)明确拆除、运输、安装、调试等因素对评估结论的影响。

第二十四条 注册资产评估师运用收益法评估机器设备时,应当:

(一)明确收益法一般适用于具有独立获利能力或者获利能力可以量化的机器设备;

(二)合理确定收益期限、合理量化机器设备的未来收益;

(三)合理确定贴现率。

第五章 披露要求

第二十五条 注册资产评估师执行机器设备评估业务,应当在履行必要的评估程序后,根据《资产评估准则——评估报告》编制评估报告,并进行恰当披露。

第二十六条 无论单独出具机器设备评估报告,还是将机器设备评估作为评估报告的组成部分,注册资产评估师都应当在评估报告中披露必要信息,使评估报告使用者能够合理理解评估结论。

第二十七条 注册资产评估师在编制机器设备评估报告时,应当反映机器设备的相关特点。

(一)对机器设备的描述一般包括物理特征、技术特征和经济特征,注册资产评估师应当根据具体情况确定需要描述的内容;

(二)除了机器设备评估明细表,在评估报告中应当包括对评估对象的文字描述,使评估报告使用者了解机器设备的概况,包括机器设备的数量、类型、安装、存放地点、使用情况等;了解评估对象是否包括了安装、基础、管线及软件、技术服务、资料、备品备件等;

(三)对评估程序实施过程的描述,应当反映对设备的现场及市场调查、评定估算过程;说明设备的使用情况、维护保养情况、贬值情况等;

(四)在评估假设中明确机器设备是否改变用途、改变使用地点等;

(五)应当明确机器设备是否存在抵押及其他限制情况。

第六章 附则

第二十八条 本准则自 2008 年 7 月 1 日起施行。

附件 3：

资产评估准则——不动产

第一章 总则

第一条 为规范注册资产评估师执行不动产评估业务行为，维护社会公共利益和资产评估各方当事人合法权益，根据《资产评估准则——基本准则》，制定本准则。

第二条 本准则所称不动产是指土地、建筑物及其他附着于土地上的定着物，包括物质实体及其相关权益。

第三条 本准则所称不动产评估是指对不动产的价值进行分析、估算并发表专业意见的行为和过程，包括单独的不动产评估和企业价值评估中的不动产评估。

第四条 注册资产评估师执行不动产评估业务，应当遵守本准则。

第五条 注册资产评估师执行与不动产价值估算相关的其他业务，可以参照本准则。

第二章 基本要求

第六条 注册资产评估师执行不动产评估业务，应当遵守相关法律、法规以及资产评估基本准则，并考虑其他评估准则的相关规定。

第七条 注册资产评估师执行不动产评估业务，应当具备不动产评估相关专业知识和相应的评估经验，具备从事不动产评估的专业胜任能力。

第八条 注册资产评估师执行不动产评估业务，应当明确评估对象，根据评估目的等相关条件选择适当的价值类型，恰当运用评估方法，形成合理的评估结论。

第九条 注册资产评估师执行不动产评估业务，应当关注不动产的权属，要求委托方对不动产的权属做出承诺。注册资产评估师应当对不动产的权属资料进行必要的查验。

第十条 不动产评估应当在评估对象符合使用管制要求的情况下进行。对于不动产使用的限制条件，应当以有关部门依法规定的用途、面积、高度、建筑密度、容积率、年限等技术指标为依据。

第十一条 当不动产存在多种利用方式时，应当在合法的前提下，以最优利用方式进行评估。

第十二条 注册资产评估师对不动产进行评估所采用的评估方法可以参考相关的国家标准。

第三章 操作要求

第十三条 注册资产评估师执行不动产评估业务，应当要求委托方明确不动产包含的内容和评估结果的预期用途，确定不动产评估对象和评估目的。不动产评估对象，可以是不动产对应的全部权益，也可以是不动产对应的部分权益。

不动产评估目的包括不动产转让、抵押、租赁、保险、税收、征收、征用、企业产权变动，以及财务报告目的等。

第十四条 注册资产评估师执行不动产评估业务，应当全面了解不动产的实物状况、权益状况和区位状况，掌握评估对象的主要特征。

第十五条 注册资产评估师执行不动产评估业务，应当根据评估目的和不动产具体情况进行合理假设。

第十六条 不动产组成部分的价值存在相互影响关系。建筑物对于其所占有的土地使用权存在价值减损的可能。如果建筑物对于其所占有的土地使用权存在价值减损情形，评估土地使用权价值时应当合理计算该损失金额并加以扣除。

第十七条 对于土建工程与设备安装工程为一体的不动产，注册资产评估师应当关注设备安装工程与不动产的关系，合理进行区分，并应当考虑机器设备等资产对不动产价值的影响。

第十八条 注册资产评估师执行不动产评估业务，一般情况下，应当对所评估的不动产进行现场调查，明确不动产存在状态并关注其权属状况。特殊情况下，如果采用抽样等方法对不动产进行现场调查，注册资产评估师应当制定合理的抽样方法，并充分考虑抽样风险。

对于不动产处于隐蔽状况或者因客观原因无法进行实地查看的部分，应当采取适当措施加以判断并予以恰当披露。

第十九条 对于水利工程、码头、桥涵、道路等不动产，注册资产评估师应当根据不动产的价值特性和资产特点，通过设计概算、工程图纸、竣工决算资料、定额标准等技术资料，结合对不动产的现场查看，了解不动产的结构、工程量、工程费用分摊、建设周期以及收益等情况。

第二十条 注册资产评估师执行不动产评估业务，应当关注不动产的相邻关系、租约限制和动产对不动产价值的影响。

第二十一条 注册资产评估师在利用其他评估机构出具的不动产评估报告时，应当对其不动产评估结果进行必要的分析和判断，合理加以利用。

第四章 评估方法

第二十二条 注册资产评估师执行不动产评估业务，应当根据评估对象特点、价值类型、资料收集情况等相关条件，分析市场法、收益法和成本法三种资产评估基本方法以及假设开发法、基准地价修正法等衍生方法的适用性，恰当选择评估方法。

第二十三条 注册资产评估师采用市场法评估不动产时，应当收集足够的交易实例。收集交易实例的信息一般包括：

（一）交易实例的基本状况，主要有：名称、坐落、四至、面积、用途、产权状况、土地形状、土地使用期限、建筑物建成日期、建筑结构、周围环境等；

（二）成交日期；

（三）成交价格，包括总价、单价及计价方式；

（四）付款方式；

（五）交易情况，主要有交易目的、交易方式、交易税费负担方式、交易人之间的特殊利害关系、特殊交易动机等。

第二十四条 用作参照物的交易实例应当具备下列条件：

（一）在区位、用途、规模、建筑结构、档次、权利性质等方面与评估对象类似；

（二）成交日期与评估基准日接近；

（三）交易类型与评估目的吻合；

（四）成交价格为正常价格或者可修正为正常价格。

第二十五条　注册资产评估师运用市场法评估不动产时，应当进行交易情况修正、交易日期修正和不动产状况修正。

交易情况修正是将参照物实际交易情况下的价格修正为正常交易情况下的价值。交易日期修正是将参照物成交日期的价格修正为评估基准日的价值。不动产状况修正是将参照物状况下的价格修正为评估对象状况下的价值，可以分为区域状况修正、权益状况修正和实物状况修正。

第二十六条　注册资产评估师运用收益法评估不动产时，应当了解：

（一）不动产应当具有经济收益或者潜在经济收益；

（二）不动产未来收益及风险能够较准确地预测与量化；

（三）不动产未来收益应当是不动产本身带来的收益；

（四）不动产未来收益包含有形收益和无形收益。

第二十七条　注册资产评估师运用收益法评估不动产时，应当合理确定收益期限、净收益与贴现率。

（一）收益期限应当根据建筑物剩余经济寿命年限与土地使用权剩余使用年限等参数，并根据有关法律、法规的规定，合理确定；

（二）确定净收益时应当考虑未来收益和风险的合理预期；

（三）贴现率与不动产的收益方式、收益预测方法、风险状况有关，也因不动产的组成部分不同而存在差异。贴现率的口径应当与预期收益口径保持一致。

第二十八条　运用收益法评估不动产时，有租约限制的，租约期内的租金宜采用租约所确定的租金，租约期外的租金应当采用正常客观的租金，并在评估报告中恰当披露租约情况。

第二十九条　注册资产评估师运用成本法评估不动产，估算重置成本时，应当了解：

（一）重置成本采用客观成本；

（二）不动产重置成本采取土地使用权与建筑物分别估算、然后加总的评估方式时，重置成本的相关成本构成应当在两者之间合理划分或者分摊，避免重复计算或者漏算；

（三）不动产的重置成本通常采用更新重置成本。当评估对象为具有特定历史文化价值的不动产时，应当尽量采用复原重置成本。

第三十条　注册资产评估师应当对不动产所涉及的土地使用权剩余年限、建筑物经济寿命年限及设施设备的经济寿命年限进行分析判断，合理确定不动产的经济寿命年限。

第三十一条　注册资产评估师应当全面考虑可能引起不动产贬值的主要因素，合理估算各种贬值。建筑物的贬值包括实体性贬值、功能性贬值和经济性贬值。确定建筑物的实体性贬值时，应当综合考虑建筑物已使用年限、经济寿命年限和土地使用权剩余年限的影响。

确定住宅用途建筑物实体性贬值时，应当考虑土地使用权自动续期的影响。当土地使用权自动续期时，应当根据建筑物的经济寿命年限确定其贬值额。

第三十二条　注册资产评估师运用假设开发法评估不动产时，应当了解：

（一）假设开发法适用于具有开发和再开发潜力，并且其开发完成后的价值可以合理确定的不动产；

（二）开发完成后的不动产价值是开发完成后不动产状况所对应的价值；

（三）后续开发建设的必要支出和应得利润包括:后续开发成本、管理费用、销售费用、投资利息、销售税费、开发利润和取得待开发不动产的税费等；

（四）假设开发方式应当是满足规划条件下的最佳开发利用方式。

第三十三条　注册资产评估师运用基准地价修正法评估土地使用权价值时,应当根据评估对象的价值内涵与基准地价内涵的差异,合理确定调整内容。在土地级别、用途、权益性质等要素一致的情况下,调整内容一般包括交易日期修正、区域因素修正、个别因素修正、使用年期修正和开发程度修正等。

第五章　企业价值评估中的不动产评估

第三十四条　企业所拥有的不动产通常在存货、投资性房地产、固定资产、在建工程以及无形资产等科目中核算。

第三十五条　在企业价值评估中,注册资产评估师应当关注企业经营方式及不动产实际使用方式对不动产价值的影响。

第三十六条　在企业价值评估中,注册资产评估师应当结合企业价值评估的价值类型合理设定不动产评估的假设前提和限制条件。

第三十七条　在企业价值评估中,作为存货的房地产、投资性房地产和自用房地产的价值影响因素存在差异。

第三十八条　在企业价值评估中,注册资产评估师进行不动产评估时,应当分析不动产的财务核算方式以及是否存在不动产未结合同和尚未支付款项,明确不动产的评估价值内涵与实际的支出、尚未发生的支出之间的关系,避免重复计算或者漏算。

第三十九条　在企业价值评估中,不动产作为企业资产的组成部分,评估价值受其对企业贡献程度的影响。

第四十条　在企业价值评估中,对于溢余不动产,注册资产评估师应当考虑不动产的持有目的、收益状况和实现交易的可能性,采用恰当的评估方法,合理确定其评估价值。

第六章　披露要求

第四十一条　注册资产评估师执行不动产评估业务,应当在履行必要的评估程序后,根据《资产评估准则——评估报告》编制评估报告,并进行恰当披露。

第四十二条　无论单独出具不动产评估报告,还是将不动产评估作为评估报告的组成部分,注册资产评估师都应当在评估报告中披露必要信息,使评估报告使用者能够合理理解评估结论。

第四十三条　注册资产评估师执行不动产评估业务,在编制评估报告时应当对不动产的总体情况、主要特点和权属状况进行披露。

第四十四条　评估报告应当说明利用其他评估机构的不动产评估报告的情况。

第七章　附则

第四十五条　本准则自 2008 年 7 月 1 日起施行。

资产评估准则——无形资产

第一章 总 则

第一条 为规范注册资产评估师执行无形资产评估业务行为,维护社会公众利益和资产评估各方当事人合法权益,根据《资产评估准则——基本准则》,制定本准则。

第二条 本准则所称无形资产,是指特定主体所拥有或者控制的,不具有实物形态,能持续发挥作用且能带来经济利益的资源。

第三条 本准则所称无形资产评估,是指注册资产评估师依据相关法律、法规和资产评估准则,对无形资产的价值进行分析、估算并发表专业意见的行为和过程。

第四条 涉及土地使用权、矿业权、水域使用权等的评估另行规范。

第五条 注册资产评估师执行无形资产评估业务,应当遵守本准则。

第六条 注册资产评估师执行与无形资产价值估算相关的其他业务,可以参照本准则。

第二章 基本要求

第七条 注册资产评估师执行无形资产评估业务,应当遵守相关法律、法规以及资产评估基本准则,并考虑其他评估准则的相关规定。

第八条 注册资产评估师执行无形资产评估业务,应当具备无形资产评估的相关专业知识及评估经验,具备从事无形资产评估的专业胜任能力。

第九条 注册资产评估师执行无形资产评估业务,应当恪守独立、客观、公正的原则,保持应有的职业谨慎,不得以预先设定的价值作为评估结论。

第十条 注册资产评估师执行无形资产评估业务,应当充分考虑评估目的、市场条件、评估对象自身条件等因素,恰当选择价值类型。

第十一条 注册资产评估师执行无形资产评估业务,应当获取充分信息,并确信信息来源是可靠的,利用的信息是恰当的。

第十二条 注册资产评估师执行无形资产评估业务,应当合理使用评估假设和限定条件。

第十三条 当注册资产评估师执行无形资产评估业务,缺乏执行特定评估业务所需的特殊专业知识和经验时,可以聘请相关专家协助工作,但应当采取必要措施确信专家工作的合理性。

注册资产评估师执行无形资产评估业务,应当对评估过程中所引用的专家意见或者专业报告的独立性与专业性进行判断,恰当引用专家意见或者专业报告。

第三章 评估对象

第十四条 注册资产评估师接受无形资产评估委托时,应当要求委托方明确评估对象,应当关注评估对象的权利状况及法律、经济、技术等具体特征。

第十五条　注册资产评估师执行无形资产评估业务，应当根据具体经济行为，谨慎区分可辨认无形资产和不可辨认无形资产，单项无形资产和无形资产组合。

第十六条　可辨认无形资产包括专利权、商标权、著作权、专有技术、销售网络、客户关系、特许经营权、合同权益等。不可辨认无形资产是指商誉。

第十七条　注册资产评估师执行无形资产评估业务，应当要求委托方根据评估对象的具体情况与评估目的，对无形资产进行合理的分离或者合并，注册资产评估师应当恰当进行单项无形资产或者无形资产组合的评估。

第十八条　注册资产评估师执行无形资产评估业务，应当关注评估对象的产权因素、获利能力、成本因素、市场因素、有效期限、法律保护、风险因素等相关因素。

第四章　操作要求

第十九条　注册资产评估师执行无形资产评估业务，应当明确评估对象、评估目的、评估基准日、评估范围、价值类型和评估报告使用者。

第二十条　无形资产评估目的一般包括转让、许可使用、出资、拍卖、质押、诉讼、损失赔偿、财务报告、纳税等。

第二十一条　注册资产评估师执行无形资产评估业务，一般应当关注以下事项：

（一）无形资产权利的法律文件、权属有效性文件或者其他证明资料；

（二）无形资产是否能带来显著、持续的可辨识经济利益；

（三）无形资产的性质和特点，目前和历史发展状况；

（四）无形资产的剩余经济寿命和法定寿命，无形资产的保护措施；

（五）无形资产实施的地域范围、领域范围、获利能力与获利方式；

（六）无形资产以往的评估及交易情况；

（七）无形资产实施过程中所受到国家法律、法规或者其他资产的限制；

（八）无形资产转让、出资、质押等的可行性；

（九）类似无形资产的市场价格信息；

（十）宏观经济环境；

（十一）行业状况及发展前景；

（十二）企业状况及发展前景；

（十三）其他相关信息。

第二十二条　无形资产一般与其他资产共同发挥作用，注册资产评估师应当分析所评估无形资产的作用，合理确定该无形资产的价值。

第二十三条　注册资产评估师执行无形资产评估业务，应当关注宏观经济政策、行业政策、经营条件、生产能力、市场状况、产品生命周期等各项因素对无形资产效能发挥的制约，关注其对无形资产价值产生的影响。

第五章　评估方法

第二十四条　注册资产评估师执行无形资产评估业务，应当根据评估目的、评估对象、价值类型、资料收集情况等相关条件，分析收益法、市场法和成本法三种资产评估基本方法的适用性，恰当选择一种或者多种资产评估方法。

第二十五条　注册资产评估师使用收益法时应当：

（一）在获取的无形资产相关信息基础上，根据被评估无形资产或者类似无形资产的历史实施情况及未来应用前景，结合无形资产实施或者拟实施企业经营状况，重点分析无形资产经济收益的可预测性，恰当考虑收益法的适用性；

（二）合理估算无形资产带来的预期收益，合理区分无形资产与其他资产所获得收益，分析与之有关的预期变动、收益期限，与收益有关的成本费用、配套资产、现金流量、风险因素；

（三）保持预期收益口径与贴现率口径一致；

（四）根据无形资产实施过程中的风险因素及货币时间价值等因素合理估算贴现率，无形资产贴现率应当区别于企业或者其他资产贴现率；

（五）综合分析无形资产的剩余经济寿命、法定寿命及其他相关因素，合理确定收益期限。

第二十六条　注册资产评估师使用市场法时应当：

（一）考虑被评估无形资产或者类似无形资产是否存在活跃的市场，恰当考虑市场法的适用性；

（二）收集类似无形资产交易案例的市场交易价格、交易时间及交易条件等交易信息；

（三）选择具有合理比较基础的可比无形资产交易案例，考虑历史交易情况，并重点分析被评估无形资产与已交易案例在资产特性、获利能力、竞争能力、技术水平、成熟程度、风险状况等方面是否具有可比性；

（四）收集评估对象以往的交易信息；

（五）根据宏观经济发展、交易条件、交易时间、行业和市场因素、无形资产实施情况的变化，对可比交易案例和被评估无形资产以往交易信息进行必要调整。

第二十七条　注册资产评估师使用成本法时应当：

（一）根据被评估无形资产形成的全部投入，充分考虑无形资产价值与成本的相关程度，恰当考虑成本法的适用性；

（二）合理确定无形资产的重置成本，无形资产的重置成本包括合理的成本、利润和相关税费；

（三）合理确定无形资产贬值。

第二十八条　注册资产评估师对同一无形资产采用多种评估方法时，应当对所获得各种初步价值结论进行分析，形成合理评估结论。

第六章　披露要求

第二十九条　注册资产评估师执行无形资产评估业务，应当在履行必要的评估程序后，根据《资产评估准则——评估报告》编制评估报告，并进行恰当披露。

第三十条　注册资产评估师执行无形资产评估业务，应当在评估报告中披露必要信息，使评估报告使用者能够合理理解评估结论。

第三十一条　注册资产评估师应当在评估报告中明确说明下列内容：

（一）无形资产的性质、权利状况及限制条件；

（二）无形资产实施的地域限制、领域限制及法律法规限制条件；

（三）宏观经济和行业的前景；

（四）无形资产的历史、现实状况与发展前景；

（五）无形资产的获利期限；

（六）评估依据的信息来源；

（七）其他必要信息。

第三十二条　注册资产评估师应当在评估报告中明确说明无形资产评估的价值类型及其定义。

第三十三条　注册资产评估师应当在评估报告中明确说明有关评估方法的下列内容：

（一）评估方法的选择及其理由；

（二）各重要参数的来源、分析、比较与测算过程；

（三）对初步评估结论进行分析，形成最终评估结论的过程；

（四）评估结论成立的假设前提和限制条件。

第七章　附　则

第三十四条　本准则自 2009 年 7 月 1 日起施行。

附件5：

以财务报告为目的的评估指南(试行)

第一章　总　则

第一条　为规范注册资产评估师执行以财务报告为目的的评估业务行为,维护社会公共利益和资产评估各方当事人合法权益,根据《资产评估准则——基本准则》,制定本指南。

第二条　本指南所称以财务报告为目的的评估,是指注册资产评估师基于企业会计准则或相关会计核算、披露要求,运用评估技术,对财务报告中各类资产和负债的公允价值或特定价值进行分析、估算,并发表专业意见的行为和过程。

第三条　注册资产评估师执行以财务报告为目的的评估业务,应当遵守本指南。

第四条　注册资产评估师可以参照本指南执行以下与以财务报告为目的的评估业务相关的其他业务,主要包括:

(一)开展与价值估算相关的议定程序,以协助企业判断与资产和负债价值相关的参数、特征等,主要包括:

1. 估算或测算资产的复原或更新重置成本;

2. 协助企业判断、确定资产使用年限、尚可使用年限、实物状态、质量等参数、特征,以及验证资产的真实存在性;

3. 协助企业确定、判断资产获利能力和预测资产的未来收益;

4. 执行与负债价值有关的议定程序。

(二)协助企业管理层对能否持续可靠地取得公允价值做出合理的评价。

第二章　基本要求

第五条　出具以财务报告为目的评估报告的评估机构,应当具有财政部门颁发的资产评估资格证书。

第六条　注册资产评估师应当遵守相关法律、法规和资产评估准则,恪守独立、客观、公正的原则,勤勉尽责,保持应有的职业谨慎,避免出现对评估结论具有重要影响的实质性疏漏,不得以预先设定的价值作为评估结论。

第七条　注册资产评估师独立开展评估业务,独立进行分析、估算并形成专业意见,不受任何部门、社会团体、企业和个人的影响。

评估机构、注册资产评估师、业务助理人员和外聘专家应当与委托方、其他相关当事方无利害关系。

第八条　注册资产评估师执行以财务报告为目的的评估业务,应当理解相关会计准则的概念和原则,知晓会计准则涉及的概念、原则与资产评估准则涉及的相关概念、原则之间的联系和区别,经过专门的培训,具备相应的专业知识和经验,胜任所执行的评估业务。

注册资产评估师应当关注以财务报告为目的的评估业务的复杂性,根据自身的专业知识和经验，审慎考虑是否有能力承接。

第九条 注册资产评估师执行以财务报告为目的的评估业务，应当由所在评估机构出具以财务报告为目的的评估报告。

当评估程序或条件受到限制，注册资产评估师无法确信评估结论的合理性，不得出具评估报告，并应当提醒委托方关注公允价值或会计准则涉及的特定价值计量的可靠性。

第十条 由于会计准则和相关法规的修改，导致在执行以财务报告为目的的评估业务时无法完全遵守本指南的要求，注册资产评估师应当在评估报告中进行说明。

第十一条 注册资产评估师执行以财务报告为目的的评估业务，应当与企业和执行审计业务的注册会计师进行必要的沟通，明确评估业务基本事项并充分理解会计准则或相关会计核算、披露的具体要求。

第十二条 注册资产评估师应当提醒委托方根据会计准则的相关要求，合理确定评估基准日。评估基准日可以是资产负债表日、购买日、减值测试日、首次执行日等。

第十三条 注册资产评估师执行以财务报告为目的的评估业务，应当获取充分信息，并进行审慎分析，确信信息来源是可靠和适当的。

第十四条 注册资产评估师应当根据评估业务具体情况确定相关评估假设，并确信相关假设有合理的支持依据。

第十五条 注册资产评估师执行以财务报告为目的的评估业务，可以聘请相关专家协助工作，但应当采取必要措施确信专家工作的合理性。

第十六条 遵守相关法律、法规和资产评估准则，对评估对象在评估基准日以财务报告为目的下的公允价值或特定价值进行分析、估算并发表专业意见，是注册资产评估师的责任。

委托方和相关当事方应当提供必要的资料，并对资料的真实性、合法性和完整性负责。

恰当使用以财务报告为目的的评估报告是委托方和相关当事方的责任。

第三章 评估对象

第十七条 注册资产评估师执行以财务报告为目的的评估业务，应当与委托方进行充分协商，明确评估对象，并充分考虑评估对象的法律、物理与经济等具体特征对评估业务的影响。

根据项目具体情况、会计准则和委托方的要求，评估对象可以是各类单项资产、负债，也可以是资产组或资产组组合。

第十八条 注册资产评估师应当关注会计准则中特定会计事项所对应的评估对象，应当从委托方取得评估对象的具体组成等详细资料，关注相关资产、负债在企业营运中的作用；并提请企业管理层按其经营意图以及会计准则的规定、相关核算要求对有关资产、负债进行妥当的分类。

第十九条 注册资产评估师应当知晓，在执行会计准则规定的合并对价分摊事项涉及的评估业务时，对应的评估对象应当是合并中取得的被购买方可辨认资产、负债及或有负债，该评估对象与被购买方企业价值评估所对应的对象不同。

注册资产评估师应当关注各类可辨认无形资产的识别和计量。

第二十条 注册资产评估师应当知晓，在执行会计准则规定的包括商誉在内的各类资产减值测试涉及的评估业务时，对应的评估对象可能是单项资产，也可能是资产组或资产组组合。其中，固定资产减值测试一般以资产组的形式出现；商誉减值测试主要以资产组或资产组组合出现。

第二十一条　注册资产评估师应当知晓,在执行会计准则规定的投资性房地产评估业务时,对应的评估对象包括已出租的土地使用权、持有并准备增值后转让的土地使用权、已出租的建筑物。

注册资产评估师应当重点关注投资性房地产现有短期或长期租约对公允价值评估的影响,包括租期、租金收取方式以及约定租金相对于市场租金的差异等。

第二十二条　注册资产评估师应当关注金融资产和金融负债公允价值计量过程中是否以单项资产或资产组为计量单位、资产核算分类、混合金融工具是否分拆等重要影响事项。

第四章　价值类型

第二十三条　注册资产评估师执行以财务报告为目的的评估业务,应当根据会计准则或相关会计核算与披露的具体要求、评估对象等相关条件明确价值类型,并对具体价值类型进行定义。

第二十四条　在符合会计准则计量属性规定的条件时,会计准则下的公允价值一般等同于资产评估准则下的市场价值;会计准则涉及的重置成本或净重置成本、可变现净值或公允价值减去处置费用的净额、现值或资产预计未来现金流量的现值等计量属性,可以理解为相对应的评估价值类型。

第二十五条　注册资产评估师协助企业进行资产减值测试,应当关注评估对象在减值测试日的可回收价值、资产预计未来现金流量的现值以及公允价值减去处置费用的净额之间的联系和区别。

(一)注册资产评估师应当知晓可回收价值等于资产预计未来现金流量的现值或公允价值减去处置费用的净额孰高者。在已确信资产预计未来现金流量的现值或公允价值减去处置费用的净额其中任何一项数值已超过所对应的账面价值,并通过减值测试的前提下,可以不必计算另一项数值。

(二)注册资产评估师在协助计算资产预计未来现金流量的现值时,应当知晓对资产预计未来现金流量的预测是基于特定实体现有管理模式下可能实现的收益。预测一般只考虑单项资产或资产组内主要资产项目在简单维护下的剩余经济年限,即不考虑单项资产或资产组内主要资产项目的改良或重置;资产组内资产项目于预测期末的变现净值应当纳入资产预计未来现金流量的现值的计算。

(三)注册资产评估师在协助计算公允价值减去处置费用的净额时,应当知晓会计准则允许直接以公平交易中销售协议价格,或与评估对象相同或相类似资产在其活跃市场上反映的价格,作为计算公允价值的依据。

当不存在相关活跃市场或缺乏相关市场信息时,注册资产评估师可以根据企业以市场参与者的身份,对单项资产或资产组的运营作出合理性决策,并适当地考虑相关资产或资产组内资产的有效配置、改良或重置的前提下提交的预测资料,参照企业价值评估的基本思路和方法,分析和计算单项资产或资产组的公允价值。

注册资产评估师计算公允价值减去处置费用的净额时,应当根据会计准则的具体要求合理估算相关处置费用。

第二十六条　净重置成本是指现在购买相同或相类似资产所需支付现金或现金等价物的

预计金额减去体现相关贬值因素的预计金额，贬值因素主要包括实体性贬值、功能性贬值以及经济性贬值。

第五章　评估方法

第二十七条　注册资产评估师执行以财务报告为目的的评估业务，应当根据评估对象、价值类型、资料收集情况和数据来源等相关条件，参照会计准则有关计量方法的规定，分析市场法、收益法和成本法三种资产评估基本方法及其他评估方法的适用性，恰当选择一种或多种资产评估方法。

第二十八条　注册资产评估师应当参照会计准则的规定，关注所采用的评估数据，并知晓公允价值获取层级受评估方法的选择及评估数据来源的影响。

第二十九条　注册资产评估师选择评估方法时应当与前期采用的评估方法保持一致。

如果前期采用的评估方法所依据的市场数据已发生重大变化而不再适用，或通过采用与前期不同的评估方法可使得评估结果更具代表性、更能反映评估对象的公允价值或特定价值时，注册资产评估师可以变更评估方法。

第三十条　注册资产评估师运用市场法进行以财务报告为目的的评估，应当关注相关市场的活跃程度，从相关市场获得足够的交易案例或其他比较对象，判断其可比性、适用性和合理性，并尽可能选择最接近的、比较因素调整较少的交易案例或其他比较对象作为参照物。

第三十一条　注册资产评估师运用市场法进行以财务报告为目的的评估，应当对参照物的比较因素进行比较，做出恰当、合理的调整，还应重点关注作为参照物的交易案例的交易背景、交易地点、交易市场、交易时间、交易条件、付款方式等因素。

第三十二条　注册资产评估师运用收益法进行以财务报告为目的的评估，根据评估对象的特点和应用条件，可以采用现金流量折现法、增量收益折现法、节省许可费折现法、多期超额收益折现法等具体评估方法。

第三十三条　注册资产评估师运用收益法进行以财务报告为目的的评估，应当结合相关会计准则的要求，按照资产评估准则对收益法应用的有关规定，恰当考虑收益法的适用性，选择恰当的收益口径。

第三十四条　注册资产评估师运用收益法进行以财务报告为目的的评估，应当从委托方或相关当事方获取被评估对象的经营状况和相关收益的预测资料，按照会计与评估相关准则的规定，对其进行必要的分析、判断和调整，并应充分考虑未来各种情况可能发生的概率及其影响，不得采用不合理的假设。

第三十五条　注册资产评估师应当按照资产评估准则的规定，确信贴现率与预期收益的口径保持一致。

第三十六条　注册资产评估师运用成本法进行以财务报告为目的的评估，应当按照资产评估准则的规定，考虑评估对象的实体性贬值、功能性贬值和经济性贬值。

会计准则规定的资产减值测试不适用成本法。

第三十七条　注册资产评估师应当知晓对于非以资产减值测试为目的且不存在相同或相类似资产活跃市场的，或不能可靠地以收益法进行评估的资产项目，可以采用成本法进行评估。但注册资产评估师应当获取企业的承诺，并在评估报告中披露，其评估结论仅在相关资产的评估值可以通过资产的未来运营得以全额回收的前提下成立。

第三十八条　注册资产评估师对同一评估对象采用多种评估方法时，应当对形成的各种初步价值结论进行分析，在综合考虑不同评估方法和初步价值结论的合理性及所使用数据的质量和数量的基础上，适当地评价、权衡各结果所在范围的合理性，并确定价值范围内最具代表性的结果作为评估结论。

第三十九条　注册资产评估师应当知晓相关经济合同上记载与资产或负债价值相关的金额不一定等同于该项资产或负债于某一时点的公允价值。

第四十条　注册资产评估师应当知晓相关税收法律、法规对评估对象价值估算的影响，并在相关评估过程中予以恰当的考虑和处理。

第六章　披露要求

第四十一条　注册资产评估师执行以财务报告为目的的评估业务，所出具的评估报告应当符合资产评估报告准则的要求。

第四十二条　评估报告应当包含必要信息，使报告使用者能够合理理解评估结论，其中应当重点披露以下内容：

（一）评估对象的具体描述；

（二）价值类型的定义及其与会计准则或相关会计核算、披露要求的对应关系；

（三）评估方法的选择过程和依据；

（四）评估方法的具体运用，结合相关计算过程、评估参数等加以说明；

（五）关键性假设及前提；

（六）关键性评估参数的测算、逻辑推理、形成过程和相关评估数据的获取来源；

（七）对企业提供的财务等申报资料所做的重大或实质性调整。

第四十三条　注册资产评估师执行以财务报告为目的的评估业务，应当在评估报告中披露评估结论所受到的限制，并提醒委托方关注其对财务报告的影响。

第四十四条　评估报告应当披露本次与前次评估相同或类似资产或负债时采用的评估方法是否一致；当出现不一致时，应描述相应的变动并说明变动的原因。

第七章　附　则

第四十五条　本指南自 2007 年 12 月 31 日起施行。

附件6：

资产评估准则——评估报告

第一章　总　则

第一条　为规范注册资产评估师编制和出具评估报告行为，维护社会公共利益和资产评估各方当事人合法权益，根据《资产评估准则——基本准则》，制定本准则。

第二条　本准则所称评估报告，是指注册资产评估师根据资产评估准则的要求，在履行必要评估程序后，对评估对象在评估基准日特定目的下的价值发表的、由其所在评估机构出具的书面专业意见。

第三条　注册资产评估师执行资产评估业务，编制和出具评估报告，应当遵守本准则。

第四条　注册资产评估师执行与价值估算相关的其他业务，出具价值分析报告或者其他专业意见，可以参照本准则。

第二章　基本要求

第五条　注册资产评估师应当清晰、准确地陈述评估报告内容，不得使用误导性的表述。

第六条　注册资产评估师应当在评估报告中提供必要信息，使评估报告使用者能够合理理解评估结论。

第七条　注册资产评估师执行资产评估业务，可以根据评估对象的复杂程度、委托方要求，合理确定评估报告的详略程度。

第八条　注册资产评估师执行资产评估业务，评估程序受到限制且无法排除，经与委托方协商后仍需出具评估报告的，应当在评估报告中说明评估程序受限情况及其对评估结论的影响，并明确评估报告的使用限制。

第九条　评估报告应当由两名以上（含两名）注册资产评估师签字盖章，并由评估机构加盖公章。有限责任公司制评估机构的法定代表人或者合伙制评估机构负责该评估业务的合伙人应当在评估报告上签字。

有限责任公司制评估机构的法定代表人可以授权首席评估师或者其他持有注册资产评估师证书的副总经理以上管理人员在评估报告上签字。

有限责任公司制评估机构可以授权分支机构以分支机构名义出具除证券期货相关评估业务外的评估报告，加盖分支机构公章。评估机构的法定代表人可以授权分支机构负责人在以分支机构名义出具的评估报告上签字。

第十条　评估报告应当使用中文撰写。需要同时出具外文评估报告的，以中文评估报告为准。

评估报告一般以人民币为计量币种，使用其他币种计量的，应当注明该币种与人民币的汇率。

第十一条　评估报告应当明确评估报告的使用有效期。通常，只有当评估基准日与经济行为实现日相距不超过一年时，才可以使用评估报告。

第三章　评估报告的内容

第十二条　评估报告应当包括下列主要内容：

（一）标题及文号；

（二）声明；

（三）摘要；

（四）正文；

（五）附件。

第十三条　评估报告的声明应当包括以下内容：

（一）注册资产评估师恪守独立、客观和公正的原则，遵循有关法律、法规和资产评估准则的规定，并承担相应的责任；

（二）提醒评估报告使用者关注评估报告特别事项说明和使用限制；

（三）其他需要声明的内容。

第十四条　评估报告摘要应当提供评估业务的主要信息及评估结论。

第十五条　评估报告正文应当包括：

（一）委托方、产权持有者和委托方以外的其他评估报告使用者；

（二）评估目的；

（三）评估对象和评估范围；

（四）价值类型及其定义；

（五）评估基准日；

（六）评估依据；

（七）评估方法；

（八）评估程序实施过程和情况；

（九）评估假设；

（十）评估结论；

（十一）特别事项说明；

（十二）评估报告使用限制说明；

（十三）评估报告日；

（十四）注册资产评估师签字盖章、评估机构或经授权的分支机构加盖公章，法定代表人或者其授权代表签字，合伙人签字。

第十六条　评估报告使用者包括委托方、业务约定书中约定的其他评估报告使用者和国家法律、法规规定的评估报告使用者。

第十七条　评估报告载明的评估目的应当唯一，表述应当明确、清晰。

第十八条　评估报告中应当载明评估对象和评估范围，并具体描述评估对象的基本情况，通常包括法律权属状况、经济状况和物理状况。

第十九条　评估报告应当明确价值类型及其定义，并说明选择价值类型的理由。

第二十条　评估报告应当载明评估基准日，并与业务约定书约定的评估基准日保持一致。评估报告应当说明选取评估基准日时重点考虑的因素。评估基准日可以是现在时点，也可以是过去或者将来的时点。

第二十一条　评估报告应当说明评估遵循的法律依据、准则依据、权属依据及取价依据等。

第二十二条　评估报告应当说明所选用的评估方法及其理由。

第二十三条　评估报告应当说明评估程序实施过程中现场调查、资料收集与分析、评定估算等主要内容。

第二十四条　评估报告应当披露评估假设及其对评估结论的影响。

第二十五条　注册资产评估师应当在评估报告中以文字和数字形式清晰说明评估结论。

通常评估结论应当是确定的数值。经与委托方沟通，评估结论可以使用区间值表达。

第二十六条　评估报告的特别事项说明通常包括下列内容：

（一）产权瑕疵；

（二）未决事项、法律纠纷等不确定因素；

（三）重大期后事项；

（四）在不违背资产评估准则基本要求的情况下，采用的不同于资产评估准则规定的程序和方法。

注册资产评估师应当说明特别事项可能对评估结论产生的影响，并重点提示评估报告使用者予以关注。

第二十七条　评估报告的使用限制说明通常包括下列内容：

（一）评估报告只能用于评估报告载明的评估目的和用途；

（二）评估报告只能由评估报告载明的评估报告使用者使用；

（三）未征得出具评估报告的评估机构同意，评估报告的内容不得被摘抄、引用或披露于公开媒体，法律、法规规定以及相关当事方另有约定的除外；

（四）评估报告的使用有效期；

（五）因评估程序受限造成的评估报告的使用限制。

第二十八条　评估报告载明的评估报告日通常为注册资产评估师形成最终专业意见的日期。

第二十九条　评估报告附件通常包括：

（一）评估对象所涉及的主要权属证明资料；

（二）委托方和相关当事方的承诺函；

（三）评估机构及签字注册资产评估师资质、资格证明文件；

（四）评估对象涉及的资产清单或资产汇总表。

第四章　附　则

第三十条　本准则自 2008 年 7 月 1 日起施行。

推荐阅读书目和参考文献

1. 全国注册资产评估师考试用书编写组. 资产评估. 经济科学出版社.
2. 全国注册资产评估师考试用书编写组. 财务会计. 经济科学出版社.
3. 中国资产评估协会. 全国注册资产评估师考试综合习题集. 经济科学出版社.
4. 中国资产评估协会编. 资产评估. 经济科学出版社.
5. 中国资产评估协会编. 资产评估考试大纲. 经济科学出版社.
6. 朱萍. 资产评估学教程. 上海财经大学出版社 1998 年版.
7. 于鸿君. 资产评估教程. 北京大学出版社 2000 年版.
8. 刘玉平. 资产评估. 中国财政经济出版社 2000 年版.
9. 乔志敏. 资产评估学. 中国人民大学出版社 2007 年版.
10. 全国资产评估协会编. 资产评估. 中国经济出版社.
11. 兰颖文编著. 资产评估教程. 人民邮电出版社.
12. 潘晶、周春喜主编. 资产评估学教程. 浙江大学出版社.
13. 李光洲、徐爱农编著. 资产评估教程. 立信会计出版社.
14. 周友梅、胡晓明主编. 资产评估学基础. 上海财经大学出版社 2010 年版.
15. 全国资产评估协会编. 机电设备评估基础. 中国经济出版社.
16. 薛姝主编. 房地产估价（普通高等教育"十五"国家级规划教材）. 高等教育出版社.
17. 高炳华主编. 房地产估价（世纪高职高专物业管理专业系列教材）. 华中科技大学出版社.
18. 刘玉平主编. 资产评估教程（第二版）. 中国财政经济出版社.
19. 周旭，武东潮. 房地产估价基础资料的搜集及档案建立. 中国房地产估价与经纪. 2000 年 2 期.
20. 刘德运主编. 无形资产评估. 中国财政经济出版社.
21. 陈平留、刘健、陈昌雄、郑德祥编著. 森林资源资产评估. 高等教育出版社.
22. 李金兰、郭万军、王锡武、黄选瑞. 森林景观资产与森林环境资产的评估方法. 中国资产评估. 2008 年第 11 期.
23. 李松青、刘昇玲著. 矿业权价值评估——基于实物期权理论. 社会科学文献出版社.
24. 王少豪主编. 企业价值评估. 中国水利水电出版社.
25. 张先治、池国华著. 企业价值评估. 东北财经大学出版社.
26. http://www.docin.com/p-209413575.html. 中国矿业权评估准则.
27. http://wenku.baidu.com/view/434e14791711cc7931b7165d.html. 森林资源资产评估技术规范.
28. http://www.hbpgx.org.cn/index.asp. 湖北省资产评估协会.
29. http://www.cas.org.cn/zywk/. 中国资产评估协会.
30. http://www.exam8.com/kuaiji/pinggu/. 考试吧—注册资产评估师考试—资产评

估栏目.

31. http：//club. topsage. com/forum－39－1. html. 大家论坛——注册资产评估师考试——机电设备评估和资产评估栏目.

32. http：//club. topsage. com/forum－39－1. html. 注册资产评估师—大家论坛.

33. http：//course. shufe. edu. cn/course/zcpg/jiaoxueanli. htm♯4. 上海财经大学. 资产评估学精品课程.

34. http：//www. jingpinke. com/course. 国家精品课程资源网.

35. http：//www. exam8. com/kuaiji/pinggu/kecheng. 考试吧—评估师—网络课程.

36. http：//www. cas. org. cn. 中国资产评估协会官网. 理论研究.

37. http：//www. pinggushi. com. cn. 中大资产评估师考试网.